기본서 반영 최신 개정판

예문에듀 EDU

친절한 홍교수 합격비기

AFPK®

모의고사문제집

홍영진 편저

TOMATOPASS

합격으로 가는 하이패스
토마토패스

AFPK® CFP.
한국FPSB 지정 교육기관

저자직강 동영상강의 www.tomatopass.com

자격시험 개요

응시자격

지정교육기관 AFPK 교육과정 이수자
단, 한국FPSB가 정한 교육면제 자격증 소지자는 자격에 따라 교육요건의 부분 또는 전체를 면제받을 수 있으며 부분면제의 경우에는 부분면제 과목을 제외한 나머지 과목에 대한 교육과정을 이수하여야 함

시험구성

구분	시간	시험과목	시험문항수
모듈1 (토요일)	1교시 14:00 ~ 15:50 (110분)	재무설계 개론	15
		재무설계사 직업윤리※	5
		은퇴설계	30
		부동산설계	25
		상속설계	25
	소계		100
모듈2 (토요일)	2교시 16:20 ~ 18:00 (100분)	위험관리와 보험설계	30
		투자설계	30
		세금설계	30
	소계		90

※ 별도의 시험과목으로 분류하지 않고 재무설계 개론에 포함

합격기준

1. 전체 시험에 응시한 경우
   - 전체합격기준 : 전체평균이 70% 이상이며, 모든 과목에서 40% 이상의 과락기준을 통과한 경우
   - 부분합격기준 : 다음의 기준에 해당하는 경우

   ※ 단, 부분합격의 경우 취득한 점수는 이월되지 않으며 부분합격 사실만 인정되므로 부분합격 유효기간 내에 다른 모듈을 합격해야 전체합격으로 인정됨

   - 전체평균이 70% 미만이지만, 한 모듈에서 평균 70% 이상이며 해당 모듈에서 40% 미만의 과락과목이 없는 경우
   - 전체평균은 70% 이상이나 한 모듈에서만 40% 미만의 과락과목이 있을 경우, 과락과목이 포함되지 않은 모듈의 평균이 70% 이상인 경우

2. 모듈별로 응시한 경우
   응시한 모듈에서 평균이 70% 이상이며, 모듈의 각 과목에서 40% 이상의 과락기준을 통과한 경우

   ※ 단, 취득한 점수는 이월되지 않으며 부분합격 사실만 인정되므로 부분합격 유효기간 내에 다른 모듈을 합격해야 전체 합격으로 인정됨

합격유효기간

1. 전체합격 : 합격월로부터 3년
   합격월로부터 3년 이내에 AFPK 인증을 신청하지 않을 경우 합격사실이 취소되며, 재취득을 원하는 경우 시험에 다시 응시해야 합니다.

2. 부분합격 : 합격회차로부터 연이은 4회 시험
   연이은 4회 시험 이내에 다른 모듈을 합격하지 못할 경우 부분합격의 효력이 상실되며 다시 전체시험에 응시해야 합니다.

GUIDE
자격시험 출제 기준

🔍 출제 범위

구분	시험과목	출제 범위		제외되는 범위
모듈1	재무설계 개론	각 과목 기본서 중심	교재 내용을 토대로 응용이 가능한 부분	재무설계사 직업윤리 「II – 4. 징계규정」 및 「부록(관련 규정)」
	재무설계사 직업윤리			
	은퇴설계			
	부동산설계			
	상속설계			
모듈2	위험관리와 보험설계	각 과목 기본서 중심		
	투자설계			
	세금설계			

🔍 문항 특성

AFPK 자격시험의 문항은 측정하고자 하는 지식수준에 따라 다음과 같이 분류됩니다.

1단계 : AFPK 자격인증자의 필요 역량	
개인재무설계 관련 지식의 암기 및 이해	지식 및 이해를 바탕으로 한 고객 상담

▼

2단계 : 필요 역량을 측정하기 위한 AFPK 자격시험 문제		
지식 내용을 암기하고 있는지를 측정할 수 있는 문제	지식 내용을 이해하고 의미를 파악하고 있는지를 측정할 수 있는 문제	지식 및 이해를 바탕으로 사례에 적용할 수 있는지를 측정할 수 있는 문제

▼

3단계 : AFPK 자격시험 문항의 분류		
암기형	해석형	문제해결형

〈문항 분류별 측정 내용〉

문항의 분류	측정 내용				
	기억	설명	해석	분석/계산	활용
암기형					
해석형					
문제해결형					

〈문항 분류별 특성〉

1. 암기형

암기형 문항은 재무설계 분야에서 쓰는 갖가지 사실, 용어, 원리, 원칙, 절차, 순서, 유형, 분류, 방법, 개념, 이론 등의 지식 내용을 기억하고 있는지를 측정하는 문항입니다.

> 〈예시〉
>
> 1. 소득세법상 국내 정기예금이자의 원천징수세율은 얼마인가?
> 2. 민법상 법정상속인의 상속순위를 올바르게 나열한 것은?

2. 해석형

해석형 문항은 재무설계 관련 정보 등을 해석하거나 판독할 수 있는지를 측정하는 문항입니다.

〈예시〉

1. 다음 A씨가 퇴직연금 선택 시 고려사항에 대한 설명으로 맞는 것은?

> A씨가 근무하는 회사는 확정급여형(DB형) 퇴직연금과 확정기여형(DC형) 퇴직연금을 동시에 도입하고, 근로자의 희망에 따라 선택하여 가입할 수 있도록 함

2. 다음 정보를 고려할 때, A씨의 생명보험 가입에 대한 설명으로 가장 적절한 것은?

> • 가족정보
> - A씨 본인(회사원), 배우자(회사원), 자녀(2세)
> • 재무정보
> - 소득 : 연간 88,000천원
> - 자산 : 아파트 300,000천원, 정기예금 20,000천원
> - 부채 : 주택담보대출 100,000천원(대출기간 20년, 매월 말 원리금균등분할상환 방식)

3. 문제해결형

문제해결형 문항은 기존의 지식 및 이해능력을 바탕으로 사례를 분석하고 문제를 해결할 수 있는지를 측정하는 문항입니다.

〈예시〉

1. 현재 A재화에 대한 공급곡선 및 수요곡선은 다음과 같다. 이에 대한 분석 내용으로 맞는 것은?

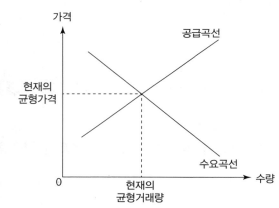

2. 주택임대차보호법상 A씨가 취할 수 있는 조치로 가장 적절한 것은?

> A씨는 20XX년 10월 10일 서울특별시 소재 A 주택을 전세로 임차하였다. 임대차기간이 끝나고 A씨는 이사를 가려고 하였으나, 임대인이 아직 보증금을 돌려주지 않고 있는 상황이다.

최근 AFPK 자격시험에서는 단순 암기형 문항보다 해석형 및 문제해결형 문항의 출제 비중이 점차 높아지고 있기 때문에, 배웠던 내용을 <u>사례에 적용할 수 있는 종합적인 판단</u>이 요구됩니다.

AFPK 자격시험 문제 출제 유형

1. 긍정형 문제

〈예시〉

1. 다음과 같은 거래가 이루어진 경우, 거래 발생 당일 자산부채상태표 변동 내역으로 맞는 것은?

> 예금 100만원을 모두 휴가비용으로 사용하였다.

	자산	부채	순자산
①	− 100만원	변동 없음	− 100만원
②	변동 없음	+ 100만원	− 100만원
③	− 100만원	+ 100만원	변동 없음
④	+ 100만원	변동 없음	− 100만원

2. 부정형 문제

〈예시〉

1. 생명보험 상품에 대한 설명으로 가장 적절하지 않은 것은?

① 유니버셜보험은 보험료 납입에 유연성이 있다.
② 변액보험을 판매하기 위해서는 별도의 자격을 갖추어야 한다.
③ 변액보험의 경우 투자에 따른 위험은 원칙적으로 보험회사가 부담한다.
④ 변액보험은 인플레이션으로 인한 생명보험 급부의 실질가치 하락에 대처하기 위해 개발되었다.

3. 조합형 문제

〈예시〉

1. 확정기여형 퇴직연금에 대한 적절한 설명으로만 모두 묶인 것은?

> 가. 퇴직급여는 적립금 운용 결과에 따라 변동된다.
> 나. 기업이 부담하는 부담금 수준이 사전에 결정된다.
> 다. 적립금 운용방법 중 하나는 원리금 보장방법을 제시해야 한다.

① 가, 나   ② 가, 다
③ 나, 다   ④ 가, 나, 다

4. 순서형 문제

〈예시〉

1. 다음 법원의 부동산 경매 절차를 순서대로 나열한 것은?

가. 법원의 경매개시결정	나. 경매실시
다. 낙찰자의 대금납부	라. 채권자에 대한 배당

① 가 – 나 – 다 – 라   ② 가 – 나 – 라 – 다
③ 나 – 다 – 라 – 가   ④ 나 – 라 – 다 – 가

5. 연결형 문제

〈예시〉

1. 주가순자산비율(PBR)에 대한 다음 설명 중 (가), (나)에 들어갈 내용을 올바르게 연결한 것은?

최근에는 투자지표로서 PBR에 대한 관심이 높아지고 있다. 보통 PBR이 1.0보다 작으면 주가가 (가) 이하로 떨어진 것을 의미하므로 (나)되어 있다고 판단한다.

① 가 : 청산가치, 나 : 과대평가   ② 가 : 청산가치, 나 : 과소평가
③ 가 : 시장가격, 나 : 과대평가   ④ 가 : 시장가격, 나 : 과소평가

🔍 법률 혹은 제도가 변경된 경우의 출제

법률 혹은 제도가 변경되어 교재 내용이 현실과 상이한 경우, 다음 기준에 따라 출제가 이루어집니다.

1. 문제에 변경된 조건을 제시하여 출제

〈예시〉 (2023년 소득세법 개정 당시)

1. 홍길동씨의 종합소득세 산출세액은 얼마인가?

※ 세법 개정에 따라 세율 구간이 변경되었으므로 종합소득세 세율은 다음 세율을 적용함

과세표준	세율
14,000천원 초과~50,000천원 이하	840천원+14,000천원 초과액의 15%

① 4,340천원   ② 4,750천원
③ 5,360천원   ④ 5,910천원

2. 교재 내용만을 학습하였더라도 문제 풀이가 가능하도록 구성하여 출제

〈예시〉 (2023년 주택임대차보호법 개정 당시)

주택임대차보호법상 최우선변제를 받을 권리가 있는 임차인의 범위(보증금이 일정 금액 이하인 임차인)

교재 내용	법률 변경
서울특별시 : 1억 5천만원	서울특별시 : 1억 6천 5백만원

상기와 같이 최우선변제를 받을 임차인의 범위에 대한 내용이 교재와 실제 법률 간에 서로 상이한 경우, "서울특별시 소재의 주택 임차인은 최우선변제를 받을 수 없다.", "주택임대차보호법상 최우선변제를 받을 수 있는 임차인의 범위는 서울특별시의 경우 보증금 1억원 이하이다."와 같이 교재 내용만을 학습하였더라도 문제 풀이(틀린 지문임을 알 수 있음)가 가능하도록 출제

3. 출제 불가

1번 혹은 2번의 경우로도 출제가 어려운 경우 출제하지 않음

AFPK 시험지에 나오는 조건문 및 정보

AFPK 시험지에는 각 교시별 시험지 첫 장에 다음과 같은 조건문이 들어가 있습니다.

1, 2교시 공통 조건문

조건문의 경우 **모든 시험문항에 적용되는 전제조건**입니다.

개별 문항에서 따로 언급되지 않으므로 반드시 **숙지**하여 주시기 바랍니다.

> 문제의 지문이나 보기에서 별다른 제시가 없으면, 모든 개인은 세법상 거주자이고 모든 법인은 내국법인이며 모든 자산, 부채 및 소득은 국내에 있거나 국내에서 발생한 것으로 가정하고, 주식은 국내 제조법인의 주식으로서 우리사주조합원이 보유한 주식이 아니며, 소득세법상 양도소득세 세율이 누진세율(6~45%)로 적용되는 특정 주식 등 기타자산에 해당하지 않는 일반주식이라고 가정함

실전모의고사 1회

실전모의고사 2회

www.tomatopass.com

실전모의고사 3회

정답 및 해설

AFPK®

실전모의고사 1회

1과목	재무설계 개론
2과목	은퇴설계
3과목	부동산설계
4과목	상속설계
5과목	위험관리와 보험설계
6과목	투자설계
7과목	세금설계

AFPK® 실전모의고사 1회

MODULE 1

수험번호		성명	

시험 유의사항

1. 시험장 내 휴대전화, 무선기, 컴퓨터, 태블릿 PC 등 통신 장비를 휴대할 수 없으며 휴대가 금지된 물품을 휴대하고 있음이 발견되면 부정행위 처리기준에 따라 응시제한 3년 이상으로 징계됨

2. 답안 작성 시 컴퓨터용 사인펜을 이용하고, 이외의 필기도구(연필, 볼펜 등) 사용 시 답안지 오류로 인식되어 채점되지 않음을 유의함

3. 답안은 매 문항마다 하나의 답만을 골라 그 숫자에 빈틈없이 표기해야 하며, 답안지는 훼손 오염되거나 구겨지지 않도록 주의해야 함. 특히 답안지 상단의 타이밍 마크를 절대로 훼손해선 안 되며, 마킹을 잘못하거나(칸을 채우지 않거나 벗어나게 마킹한 경우) 또는 답안지 훼손에 의해서 발생되는 문제에 대한 모든 책임은 응시자에 귀속됨

4. 유의사항 위반에 따른 모든 불이익은 응시자가 부담하고 부정행위 및 규정 위반자는 부정행위 세부 처리기준에 준하여 처리됨

재무설계 개론

01 재무설계에 대한 설명으로 가장 적절한 것은?

① 투자수익을 극대화하여 돈의 양을 늘리는 것을 목표로 삼는다.

② 당면한 재무이슈를 해결하기 위한 사후 대책 마련에 중점을 둔다.

③ 소득이나 자산이 많은 사람에게 재무설계가 더욱 필요하다.

④ 재무설계사는 각 분야 전문가가 하는 일의 내용을 이해하고 종합하여, 고객의 입장에서 전체 과정이 원활하게 수행될 수 있도록 잘 조율하는 역할을 할 필요가 있다.

02 현금흐름 관리의 절차가 순서대로 나열된 것은?

> 가. 지출비용을 추정한다.
> 나. 수입과 지출비용을 비교·검토하여 조정한다.
> 다. 월수입을 확인한다.
> 라. 저축 여력은 재무목표 달성에 필요한 장단기 항목에 배분한다.

① 가 - 나 - 다 - 라
② 가 - 다 - 나 - 라
③ 다 - 가 - 나 - 라
④ 다 - 가 - 라 - 나

03 다음의 재무상태표를 토대로 홍지윤 고객의 총자산을 계산한 것으로 적절한 것은?

홍지윤씨 가족의 재무상태표(20××년 12월 31일 기준)

(단위 : 천원)

자산			
항목		금액	명의
금융자산	보통예금	20,000	홍지윤
	CMA[1]	( )	홍지윤
	상장주식[2]	( )	홍지윤
부동산자산	토지[3]	( )	홍지윤
사용자산	아파트	600,000	홍지윤
기타자산	–	–	–
총자산		( )	

1) 최초 납입원금 10,000천원, 20××년 12월 31일 CMA 잔액 11,000천원
2) 20××년 12월 31일 종가 10,000천원, 최근 3개월 평균종가 11,000천원
3) 감정평가액 100,000천원, 기준시가 80,000천원

① 739,000천원
② 740,000천원
③ 741,000천원
④ 742,000천원

04 현금흐름표를 작성함으로써 파악할 수 없는 것은?

① 특정 재무거래가 재무상태에 미치는 영향
② 가계의 가용할 수 있는 현금흐름
③ 월평균 저축 여력
④ 일정 기간 동안 발생한 수입과 지출

05 재무상태 분석지표의 계산식이 적절하게 연결된 것은?

① 가계수지상태지표 $= \dfrac{\text{변동지출} + \text{고정지출}}{\text{월 순수입}}$

② 비상예비자금지표 $= \dfrac{\text{저축성자산}}{\text{변동지출} + \text{고정지출}}$

③ 소비성부채비율 $= \dfrac{\text{소비성부채상환액}}{\text{월 총수입}}$

④ 주거관련부채부담률 $= \dfrac{\text{주거관련부채상환액}}{\text{월 총수입}}$

06 화폐의 시간가치에 대한 설명으로 적절하지 않은 것은?

① 100만원을 연 7%의 단리로 2년간 예금을 했다면 2년간의 전체 이자는 총 14만원이 된다.
② 투자기간이 같다면 연 7%의 월복리 상품이 연 7%의 연복리 상품보다 만기에 수령하는 전체 이자금액이 더 많아진다.
③ 이자율은 원금에 대한 이자의 비율로 금리라고도 하며, 이자율을 표시할 때에는 기간을 명시하여야 하고 보통 1년을 기준으로 한다.
④ 미래가치는 현재의 일정 금액을 미래의 일정 시점의 화폐가치로 환산한 것으로, 현재가치를 기간에 따른 할인율로 할인하여 구한다.

07 재무설계 프로세스 1단계 고객과의 관계정립 단계에서 수행해야 할 핵심 업무로 모두 묶인 것은?

> 가. 재무설계의 정의와 내용에 대해 설명한다.
> 나. 재무설계사 본인에 대한 정보를 알린다.
> 다. 자료수집의 중요성을 설명한다.
> 라. 구체적이고 측정 가능한 재무목표를 설정한다.

① 가, 나, 다
② 가, 나, 라
③ 가, 다, 라
④ 나, 다, 라

08 업무수행범위를 합의한 업무수행 계약서에 포함하는 사항으로 모두 묶인 것은?

> 가. 재무설계사와 고객의 역할과 책임
> 나. 고객 정보의 비밀유지에 대한 확약
> 다. 발생 가능한 이해상충 상황
> 라. 다른 전문가에 대한 정보

① 다, 라
② 가, 나, 다
③ 가, 나, 라
④ 가, 나, 다, 라

09 재무설계 제안서의 작성 및 제시, 실행, 고객 상황의 모니터링에 대한 설명으로 적절하지 않은 것은?

① 재무설계 제안서는 고객의 입장에서 전문가의 눈으로 바라본 대안으로서 재무설계사의 견해가 포함된 문서이다.
② 재무설계사가 작성하는 재무설계 제안서에는 각 론별 재무설계상의 대안, 수정재무상태표와 수정 현금흐름표, 저축 여력의 기간 배분 제시 등과 같은 내용이 포함되어야 한다.
③ 재무설계 제안서의 실행은 재무설계사가 지시하기 때문에 '재무설계사의 관점에서 실행안을 보는 것'이 중요하다.
④ 일련의 성과평가 이후에는 정보수집 단계로 돌아가 재무목표를 재설정하고 이에 필요한 정보들을 수집해 다시 재무설계 프로세스를 진행할 수도 있다.

10 소비자신용의 분류가 적절하게 연결된 것은?

> 가. 주택의 건축이나 구입, 임대 등과 관련된 자금을 금융회사에서 제공하는 주택금융
> 나. 다양한 금융회사를 통한 신용대출
> 다. 신용카드사, 할부금융회사, 캐피탈회사 등을 활용하여 할부방식으로 물품 구입

	소비자금융	신용판매
①	다	가, 나
②	가, 나	다
③	가, 다	나
④	나, 다	가

11 신용정보의 구성이 적절하게 연결된 것은?

① 신용거래정보 – 재산, 소득 등
② 신용도 판단정보 – 연체정보 등
③ 신용거래능력 판단정보 – 신용카드 발급, 대출 정보 등
④ 공공정보 – 성명, 주민등록번호 등

12 대출한도 결정에 대한 설명으로 가장 적절하지 않은 것은?

① 담보인정비율(LTV)이란 주택 담보가치에 대한 대출 취급가능 금액의 비율로, 담보 제공된 주택에 설정된 선순위 근저당권 등과 같은 선순위채권 또는 임차보증금 등은 주택담보대출금액에 합산된다.

② 총부채상환비율(DTI)이란 차주의 원리금 상환액이 연간 소득에서 차지하는 비율로, 대출로 인한 부채상환액이 소득의 일정 비율을 넘지 못하도록 규제하여 대출원금의 크기를 조정하는 것을 의미한다.

③ DTI가 60%라면 상환하는 주택담보대출 연간 원리금과 기타부채의 연간 이자액의 합계가 연간 총소득의 60%를 넘지 않는 수준에서 대출을 받을 수 있다.

④ 총부채원리금상환비율(DSR)이란 부채 계산 시 주택담보대출 원리금상환액만을 고려하며, 주택담보대출 규모를 제한하기보다는 채무자의 상환위험을 관리하기 위해 금융회사에서 자율적으로 활용하고 있다.

13 고객의 재무상황과 여건이 채무자구제제도와 적절하게 연결된 것은?

> 가. 총 채무 10억원 미만, 연체기간이 3개월 이상으로 보증인에 대한 채권추심을 희망하지 않는 고객
> 나. 신용회복위원회의 협약에 가입하지 않은 금융기관에서 신용대출로 5억원을 빌렸으나 지급불능의 상태에 빠져 파산절차가 진행 중인 공무원
> 다. 연체일수가 90일 미만으로 한국신용정보원에 연체정보로 등록되지 않았으나, 연간 채무상환액이 연간 총소득의 30%를 넘어 부채부담이 큰 채무자
> 라. 총 채무액 30억원으로 그 채무가 낭비나 도박 등의 행위에 의하지 않은 채무자

> A. 프리워크아웃　　　B. 개인워크아웃
> C. 개인회생　　　　　D. 개인파산

	가	나	다	라
①	A	C	B	D
②	A	D	B	C
③	B	C	A	D
④	B	D	A	C

14 고객과의 의사소통 시 개방형 대화방식에 해당하는 것은?

① 자녀를 모두 대학에 보낼 생각이신가요?
② 만기 시 이 상품을 재가입할 계획이 있으신가요?
③ 은퇴 후 어떤 준비를 하고 있으신가요?
④ 자산은 주로 예금에 가입되어 있으신가요?

15 금융소비자보호법상 6대 판매규제와 판매규제를 준수하지 않은 사례가 적절하게 연결된 것은?

① 적합성원칙 – 계약체결 권유를 하였으나 계약이 체결되지 않아 설명서를 제공하지 않았다.

② 적정성원칙 – 일반금융소비자의 재산상황, 금융상품 처분·취득 경험 등에 대한 충분한 정보를 파악하지 않은 상태에서 공격적인 투자상품의 계약체결을 권유하였다.

③ 불공정영업행위 금지 – 대출성 상품에 관한 계약체결과 관련하여 금융소비자의 의사에 반하여 다른 금융상품의 계약체결을 강요하였다.

④ 부당권유행위 금지 – 금융소비자에게 신용대출 상품을 알선하면서 과다한 담보를 요구하였다.

16 다음 사례와 관련된 재무설계사의 고객의 대한 의무가 적절하게 연결된 것은?

> 가. 재무설계사 A는 수수료가 높은 상품의 판매를 포기하고 수수료는 적지만 고객에게 가장 적합하다고 판단되는 상품을 제안하였다.
> 나. 재무설계사 B는 본인의 전문 분야가 아닌 법률상담이 필요한 부분은 직접 상담을 실시하지 않고 전문 변호사를 고객에게 소개시켜 주었다.

	가	나
①	충실의무	진단의무
②	충실의무	자문의무
③	고지의무	충실의무
④	고지의무	자문의무

17 재무설계사의 직업윤리 원칙과 그에 대한 설명이 적절하게 연결된 것은?

> 가. 능력개발의 원칙
> 나. 성실성의 원칙
> 다. 객관성의 원칙
> 라. 공정성의 원칙

> A. 자격인증자는 고객으로부터 믿음과 신뢰의 대상이 되어야 한다.
> B. 자격인증자는 성실성을 기초로 전문가로서 고객에게 적절하다고 판단되는 서비스만 제공하여야 한다.
> C. 이해관계의 균형을 유지하기 위하여 개인적 감정과 편견 및 욕구를 초월하여야 하며, 고객에게 중대한 이해상충의 사실을 정직하게 알려야 한다.
> D. 자격인증자는 충분한 전문지식과 기법을 습득하고 유지하여야 한다.

	가	나	다	라
①	B	C	A	D
②	B	D	A	C
③	D	A	B	C
④	D	B	A	C

18 고객의 정보와 자산과 관련하여 재무설계 자격인증자가 준수하여야 하는 구체적인 행동규범에 대한 설명으로 가장 적절하지 않은 것은?

① 고객을 위한 서비스업무수행에 필요한 경우라고 하더라도 고객의 정보에 대하여 비밀을 유지하여야 한다.

② 고객의 니즈 및 목표 파악과 임무완수에 필요한 정보를 충분하게 수집하여야 하며, 필요한 정보를 충분하게 수집하지 못하여 중대한 차질이 있을 경우 이를 고객에게 알려야 한다.

③ 고객의 자산을 보관하거나 관리하는 경우에는 고객별로 명확하게 구분하여야 한다.

④ 고객으로부터 자금을 차입해서는 아니 된다.

19 재무설계 업무수행과정 4-3 재무설계 제안서의 제시 단계에서의 업무내용을 적절하게 수행한 것으로 모두 묶인 것은?

> 가. 경제 상황에 대한 설명 시 자신의 의견이 확실하게 증명된 사실이라고 자신 있게 제시하였다.
> 나. 고객의 개인 신상, 경제 및 다른 일반 조건이 변동되는 경우에는 재무설계 제안서가 변경될 필요가 있다는 점을 고객에게 알려주었다.
> 다. 재무설계 제안서가 고객의 기대를 충족시킬 수 있는지, 고객이 제안서를 받아들여 실행할 의사가 있는지, 제안서 내용에 수정이 필요한지의 여부를 점검해 보았다.
> 라. 고객과 함께 제안서를 작성하면서 고객이 예비 및 최종 제안 사항에 대한 피드백을 제공할 수 있도록 하였다.

① 가, 나
② 가, 나, 다
③ 가, 나, 라
④ 나, 다, 라

20 AFPK® 자격표장 사용지침에 따른 자격표장 사용이 적절한 것으로 모두 묶인 것은?

> 가. 명함에 '홍길동, afpk'라고 새겨 넣었다.
> 나. 고객에게 자신을 소개할 때 '홍길동 AFPK® 자격인증자'라고 새겨진 홍보물을 제시하였다.
> 다. 이메일주소로 "bestafpk@gmail.com"이라는 주소를 사용하였다.

① 가
② 나
③ 다
④ 정답 없음

은퇴설계

21 은퇴생활 적응 단계 중 활동기에 대한 설명으로 적절하지 않은 것은?

① 거의 모든 일에 의욕적이며 여행이나 스포츠, 취미 등 여가활동을 활발하게 하며 은퇴생활을 즐기는 시기이다.

② 은퇴생활 초반의 지출 증가는 은퇴자산의 소진을 가속화시키고, 이후 20~30년 동안의 은퇴생활 패턴에 영향을 줄 수 있기 때문에 은퇴소득과 자산에 대한 전반적인 검토와 계획을 수립 · 점검하고 계획적인 소비활동을 하여야 한다.

③ 개인의 건강상태에 따라 다를 수 있으나 보편적으로 70세 전후까지 또는 은퇴 후 10년 정도의 기간까지로 생각할 수 있다.

④ 사회활동이 줄어드는 것을 염려하여 70대 이후 활발하게 활동하려는 시기이다.

22 은퇴설계의 필요성에 대한 설명으로 적절하지 않은 것은?

① 통계청에서는 2072년의 기대수명을 91.1세로 전망하고 있는데, 이러한 추세에 비추어 볼 때 현재 젊은 세대가 은퇴시기에 접어들 때에는 기대수명이 100세를 훌쩍 넘을 것으로 예상할 수 있다.

② 재무설계사는 고객들이 자신의 생각보다 훨씬 늦은 나이에 사망할 수 있고 그로 인하여 준비한 경제적 자원을 모두 소진한 이후 계속해서 생존할 가능성, 즉 장수위험에 노출되지 않기 위해 은퇴설계가 반드시 필요하다는 점을 이해시켜야 한다.

③ 고령인구 1백명당 유소년 인구 비율인 노령화지수가 2072년에는 726.8명까지 증가할 것으로 전망되고 있고, 노년부양비 역시 증가하여 생산연령인구 100명이 부양해야 하는 고령인구수가 증가할 것으로 전망되고 있다.

④ 주된 직장에서의 퇴직 이후 가교일자리에서 소득활동을 하는 경우 연금공백이 줄어들 수는 있겠으나, 일반적으로 소득 수준이 줄어든다는 점을 감안할 때 어느 정도의 연금공백에 대한 대안을 마련해야 한다.

23 3층 보장제도에 대한 설명이 적절하게 연결된 것은?

가. 국민연금 　　　　 나. 퇴직연금
다. 개인연금

A. 여유로운 노후생활을 보장하기 위한 것으로 장수위험을 효과적으로 관리할 수 있는 대안이 될 수 있다.
B. 국민의 기본적인 노후생활을 보장하기 위한 것으로서 노후에 소득활동이 중단되었을 때 기본생활을 유지할 수 있도록 도와주는 제도이다.
C. 기업이 근로자의 안정적인 노후생활 보장을 위해 근로자 재직기간 중 사용자가 재원을 금융회사에 적립하고, 이를 사용자 또는 근로자의 지시에 따라 운용하여 연금으로 지급받을 수 있도록 지원하는 제도이다.

	가	나	다
①	A	C	B
②	B	A	C
③	B	C	A
④	C	A	B

24 목표은퇴소득에 대한 적절한 설명으로 모두 묶인 것은?

가. 목표소득대체율이란 은퇴 후 소득이 은퇴 전의 소득을 어느 정도 대체하는가를 나타낸 값으로 은퇴 전 소득 수준을 기준으로 은퇴소득 수준을 설정하는 데에 활용할 수 있다.
나. 목표소득대체율을 적용하여 목표은퇴소득을 결정하는 경우 은퇴저축이 얼마나 필요한지를 판단할 수 있어 은퇴저축목표로도 활용될 수 있다.
다. 은퇴시점을 결정하는 것은 고객이 처한 상황에 따라 다르므로, 은퇴시점을 추정하는 데 있어 막연한 기대보다는 직업과 사업장 등 현황에 대한 정확한 분석이 필요하다.
라. 은퇴설계에서 은퇴기간은 기대여명으로 산출하는 것이 일반적이며, 최빈사망연령 등을 적용하는 사례들은 거의 찾아보기 힘들다.

① 가, 다
② 가, 라
③ 나, 다
④ 나, 라

25 은퇴소득 확보계획 수립 전 점검사항에 대한 설명이 적절하게 연결된 것은?

> 가. 은퇴소득원 점검
> 나. 소득대비 지출 점검
> 다. 저축여력 점검
> 라. 비상예비자금 점검

> A. 정기적인 일정 소득은 물가변화에 대처할 수 있도록 매년 조정되도록 하는 것이 좋다.
> B. 일반 가계의 경우 은퇴준비와 동시에 고려할 여력이 안 되는 경우에는 은퇴준비 자산 중 일부를 유동성 자산으로 준비하여 대비하면서 은퇴자산을 운용할 수도 있다.
> C. 기본적으로 자산과 부채 및 소득과 지출의 구성비를 파악한 후 재무비율을 분석한다.
> D. 가계수지지표를 통해 가계의 소비성향과 적자 여부를 파악할 수도 있다.

	가	나	다	라
①	A	B	C	D
②	A	D	C	B
③	B	C	D	A
④	D	C	B	A

26 주택연금 가입이 가능한 사례로 모두 묶인 것은 (제시된 정보 외 다른 요건은 모두 충족한 것으로 가정)?

> 가. 이재경(만 58세), 배우자 나경원(만 52세) : 부부 공동명의 주택
> 나. 한지민 : 공시가격 11억원의 1주택 보유
> 다. 이숙 : 보유주택 합산 공시가격이 13억원인 3주택
> 라. 강혜연 : 주거목적으로 사용하지 않는 시가 13억원의 오피스텔

① 가
② 가, 나
③ 나, 라
④ 가, 다, 라

27 은퇴설계 실행 절차에 대한 적절한 설명으로 모두 묶인 것은?

> 가. 총은퇴일시금은 은퇴기간 중 연간 은퇴소득 부족금액을 은퇴시점에서 일시금으로 계산한 금액이다.
> 나. 은퇴자산 평가는 은퇴자산별로 은퇴시점에서의 순미래가치로 평가를 하는 것인데, 이는 인출이나 매각에 따른 세금과 매도비용을 공제한 금액으로 평가한다는 것을 의미한다.
> 다. 4단계는 추가로 필요한 은퇴일시금 마련을 위해 연간 어느 수준의 은퇴저축을 해야 하는 지 계산하는 단계로, 연간 저축액은 추가저축의 세후투자수익률을 적용하여 계산한다.
> 라. 은퇴저축계획은 고객의 위험성향 등을 고려하여 자산배분 및 투자포트폴리오를 구성하고, 투자기간과 저축방법 등을 정하는 방식으로 수립한다.

① 가, 나
② 나, 다
③ 가, 나, 다
④ 가, 나, 라

28 은퇴설계를 위한 정보수집에 대한 설명으로 적절하지 않은 것은?

① 은퇴자산 축적기를 대상으로 하는 은퇴설계는 고객과의 대화를 통해 고객이 희망하는 은퇴라이프스타일을 파악하는 일부터 시작된다.
② 퇴직급여 중 은퇴소득으로 활용할 비율이나 금액, 지급되는 퇴직급여를 은퇴소득으로 사용한다면 개인형 퇴직연금을 활용할 것인지 아니면 직접 운용할 것인지를 파악한다.
③ 기타자산으로 분류할 수 있는 은퇴자산으로는 골동품, 서화, 예상하는 상속재산 등이 있다.
④ 소득세율의 경우 미래의 소득세율을 미리 예측하여 은퇴시점의 소득세를 기준으로 계산한다.

29 은퇴설계를 위한 정보수집에 대한 설명이 적절하게 연결된 것은?

> 가. 은퇴기간　　　　나. 은퇴시기

> A. 은퇴설계 시 어느 시점으로 정하는가에 따라 은퇴설계 내용(총은퇴일시금, 부족한 은퇴일시금, 연간 추가저축액)이 달라진다.
> B. 최초 가정을 기준으로 설계한 은퇴설계안을 고객이 실행할 수 없는 상황이라면, 은퇴 이후 일정 기간 소득활동을 할 수 있다는 점을 이해시키고 조정하여 은퇴설계안을 수정할 수 있다.
> C. 필요한 은퇴소득의 총규모(총은퇴일시금)를 결정하는데 영향을 크게 미친다.
> D. 장수위험에 대비하여 통계청에서 발표하는 은퇴연령에 따른 기대수명에 일정 기간을 더하여 보수적으로 결정할 수도 있다.

	가	나
①	A, B	C, D
②	A, D	B, C
③	B, C	A, D
④	C, D	A, B

30 고객이 현재 퇴직연금에 가입하고 있고 퇴직급여를 퇴직연금으로 수령할 계획인 경우, 은퇴시점에서 퇴직급여의 세후평가금액 산출 과정이 순서대로 나열된 것은?

> 가. IRP에서 은퇴기간 중 매년 수령하는 세후연금액을 은퇴시점에서 일시금으로 할인한다.
> 나. IRP에서 매년 인출되는 연금에 대한 소득세를 산출하고 세후연금액을 계산한다.
> 다. 은퇴시점에서 평가된 IRP의 적립금을 기초로 은퇴기간 중 연간 지급되는 (세전)연금액을 계산한다.
> 라. 퇴직 시 IRP로 이전되는 (세전)퇴직급여액을 산정한다.
> 마. IRP로 이전된 퇴직급여를 은퇴시점까지 IRP의 운용수익률을 적용하여 미래가치를 계산한다.

① 다 - 가 - 라 - 마 - 나
② 다 - 라 - 마 - 가 - 나
③ 라 - 다 - 마 - 가 - 나
④ 라 - 마 - 다 - 나 - 가

31 은퇴자산 축적을 위한 저축 및 투자에 대한 적절한 설명으로 모두 묶인 것은?

> 가. 전략적 자산배분은 자산군별 객관적인 시장분석을 근거로 하여 중·장기적 자산군별 투자비중을 결정하는 것을 말한다.
> 나. 전술적 자산배분은 경제상황 변화 및 시장상황에 순응하여 투자위험을 관리하거나 사후적으로 자산군별 투자비중을 조정해 나가는 전략이다.
> 다. 50대의 경우 주식 등 위험자산의 비중이 다른 연령대보다 상대적으로 많은 자산배분을 할 수 있는 연령대이다.
> 라. 모니터링 결과 필요하다면 자산배분이나 포트폴리오를 조정할 수 있지만 너무 빈번하게 조정을 하는 경우 오히려 투자위험이 높아질 가능성이 많다는 점에 유의해야 한다.

① 가, 나
② 가, 라
③ 나, 다
④ 다, 라

32 공적연금에 대한 설명으로 가장 적절한 것은?

① 우리나라 사회보장제도는 사회보험, 공공부조 및 사회서비스로 규정하고 있으며, 각 제도는 재원 마련을 위한 비용부담자가 누구인가에 따라 개인과 사업주, 국가가 공동으로 분담하는 사회보험과 국가가 모든 비용을 부담하는 공공부조로 구분된다.
② 공적연금은 공공부조방식의 국민연금과 직역연금이 있으며, 사회보험방식의 기초연금제도가 있다.
③ 2009년 '국민연금과 직역연금의 연계에 관한 법률'이 제정·시행되면서 각각의 연금제도의 가입기간을 연계하여 일정 기간 이상 충족하는 경우 재정이전을 통해 연금을 합산해서 수령할 수 있도록 하였다.
④ 2008년 1월 사회보험방식으로 운영되는 기초연금제도가 도입되었으며, 이후 2014년 7월 기초노령연금제도로 개정되어 운영되고 있다.

33 국민연금 노령연금에 대한 설명으로 가장 적절한 것은?

① 가입기간이 20년 이상이고 수급개시연령이 된 때부터 기본연금액과 부양가족연금액을 합산하여 평생 동안 지급받을 수 있는 연금이다.

② 수급개시연령에 도달하여 노령연금을 받고 있는 사람이 일정 수준을 초과하는 소득이 있는 업무에 종사하는 경우 수급개시연령부터 5년 동안은 기본연금액을 지급하지 아니하고 부양가족연금액만 지급한다.

③ 노령연금 수급권자로서 연금지급의 연기를 희망하는 경우 노령연금 수급개시 연령부터 3년의 기간 이내에 그 연금의 전부 또는 일부의 지급을 연기할 수 있다.

④ 조기노령연금을 65세 수급개시 기준으로 보면, 60세부터 5년 일찍 받으면 70%, 61세 76%, 62세 82%, 63세 88%, 64세부터 1년 일찍 받으면 94%를 지급한다.

34 공적연금 연계에 대한 설명으로 가장 적절한 것은?

① 직역연금의 퇴직일시금 수급권을 취득한 경우 일시금을 수령하지 않았다면 퇴직일로부터 3년 이내에 연계신청이 가능하고, 퇴직일시금을 수령하였다면 그 일시금의 전부를 지급받은 연금기관에 반납하고 연계신청을 하여야 한다.

② 퇴직연금 수급권을 취득한 경우 연금 수급 전이라도 연계신청이 불가하다.

③ 국민연금제도의 장애연금과 다른 공적연금제도의 장해연금 간에는 연계급여가 없다.

④ 연계기간이 10년 이상인 자 중 국민연금 또는 직역연금의 가입(재직)기간이 5년 미만인 경우에는 연금이 아닌 일시금으로 지급한다.

35 공무원연금의 퇴직급여에 대한 설명으로 가장 적절한 것은?

① 퇴직수당 : 2033년 이후부터는 만 65세 도달 시 지급된다.

② 퇴직연금공제일시금 : 10년 초과 재직기간에 해당하는 퇴직급여에 대해 전부 또는 일부 기간에 대해 일시금으로 지급받을 수 있다.

③ 퇴직연금일시금 : 10년 미만 재직하고 퇴직하여 일시금으로 수령하는 급여이다.

④ 퇴직일시금 : 공무원이 1년 이상 재직하고 퇴직 또는 사망한 때에는 재직연수에 따라 기준소득월액의 6.5~39%에 상당하는 금액을 퇴직급여 또는 유족급여와는 별도로 지급한다.

36 공무원연금에 대한 설명으로 가장 적절한 것은?

① 퇴직급여의 청구권 소멸시효는 10년이다.

② 퇴직유족급여는 10년 이상 재직한 공무원이 재직 중에 사망하거나 퇴직ㆍ조기퇴직연금 또는 장해연금 수급자가 사망한 때 매월 지급하는 급여이다.

③ 퇴직연금, 조기퇴직연금 또는 장해연금액의 50%를 유족연금액으로 지급하는데, 부부가 둘 다 직역연금의 퇴직연금 수급자인 경우는 유족연금액의 1/2을 감액하여 지급한다.

④ 유족급여를 받을 수 있는 유족의 범위와 요건은 모두 민법상 상속순위에 따라 결정된다.

37 공적연금의 보험료에 대한 설명으로 적절하지 않은 것은?

① 국민연금 사업장가입자의 경우 보험료를 본인과 사용자가 각각 반반씩 부담하며 그 금액은 각각 기준소득월액의 4.5%에 해당하는 금액이고, 지역가입자, 임의가입자 및 임의계속가입자의 연금보험료는 본인이 전액 부담하며 그 금액은 기준소득월액의 9%에 해당하는 금액이다.

② 공무원연금의 기여금과 부담금 각각의 부담률은 2020년부터 9%가 적용되고 있다.

③ 군인은 매월 기여금을 내야 하며 기여금은 기준소득월액의 7%로 한다.

④ 사학연금제도의 비용 부담 방식은 매월 기준소득월액에 보험료율을 곱한 금액을 가입자 50%, 학교법인이 50%씩 공동으로 부담하고 있다.

38 퇴직연금제도에 대한 설명이 적절하게 연결된 것은?

> 가. 확정급여형 퇴직연금
> 나. 확정기여형 퇴직연금
> 다. 개인형 퇴직연금
> 라. 중소기업퇴직연금기금

> A. 퇴직 시 퇴직급여를 이전하거나, 퇴직일시금을 받은 근로자가 퇴직일시금의 전부 또는 일부를 납입하여 운용할 수 있다.
> B. 사용자는 근로자에게 매년 1회 이상 연간 법정퇴직금 이상을 근로자 명의의 퇴직연금계좌에 납입해야 한다.
> C. 기금운용은 전담운용기관체제를 통한 근로복지공단 자체운용을 기본으로 하고 있으며, 기금 일부는 외부의 전문자산운용회사에 위탁하여 운영하고 있다.
> D. 근로자는 퇴직 시 평균임금과 근속년수에 따라 정해진 퇴직급여를 지급받으며, 퇴직급여는 기본적으로 퇴직금제도에서의 퇴직금과 동일하다.

	가	나	다	라
①	A	B	C	D
②	B	C	D	A
③	C	D	A	B
④	D	B	A	C

39 퇴직연금 적립금에 대한 인출이 허용되는 사유에 해당하지 않는 것은?

① 무주택자인 가입자가 배우자 명의로 주택을 구입하는 경우

② 무주택자인 가입자가 회사 입사 후 처음으로 주거 목적의 전세금 또는 보증금을 부담하는 경우

③ 가입자, 가입자의 배우자 및 부양가족이 질병 또는 부상으로 6개월 이상 요양을 하는 경우로서 요양비가 급여총액의 12.5% 이상인 경우

④ 인출을 신청한 날부터 역산하여 5년 이내에 가입자가 파산선고 또는 개인회생절차개시 결정을 받은 경우

40 퇴직연금에 대한 설명으로 적절하지 않은 것은?

① 퇴직연금 가입자의 퇴직급여는 근로자 명의의 IRP계좌로 지급되지만, 55세 이상 나이에 퇴직하거나 지급되는 퇴직급여가 300만원 이하인 경우 등 관련법에 정한 사유에 해당하는 경우에는 가입자에게 직접 지급할 수 있다.

② DB형 퇴직연금을 가입한 근로자는 사용자부담금에 추가 기여가 가능하다.

③ DC형 퇴직연금의 위험자산에 대한 투자한도는 70%까지 허용되는데, 펀드나 ETF 등 집합투자의 방법으로만 허용되며, 상장·비상장 주식에 직접투자를 할 수 없다.

④ DC형 퇴직연금의 수수료는 기본적으로 사용자가 부담해야 하지만, 근로자가 납입하는 추가부담금에 대한 수수료는 노사합의가 없는 한 근로자가 부담한다.

41 IRP를 설정할 수 있는 사람으로 모두 묶인 것은?

> 가. 퇴직금제도에서 퇴직일시금을 지급받은 사람
> 나. 근로소득이 있는 사람
> 다. 공무원연금 등 직역연금 가입자
> 라. 10인 미만 고용 사업장의 근로자

① 가, 라
② 가, 나, 다
③ 나, 다, 라
④ 가, 나, 다, 라

42 중소기업퇴직연금기금에 대한 설명으로 적절하지 않은 것은?

① 상시근로자 30인 이하 사업장 사용자는 중소기업퇴직연금기금을 반드시 도입해야 한다.

② 사용자는 매년 1회 이상 정기적으로 가입자의 연간 임금총액의 1/12 이상에 해당하는 사용자부담금을 사용자부담금 계정에 납입하여야 하며, 최초 가입일로부터 3년간 일정한 한도 내에서 사용자가 납입한 해당 연도 정기부담금의 10%를 지원받을 수 있다.

③ 가입자는 가입자 명의의 부담금 계정을 설정하고 정해진 납입주기 또는 수시로 가입자 추가부담금을 납입할 수 있다.

④ 퇴직급여를 연금으로 수령하기 위해서는 55세 이상인 가입자로서 가입기간이 10년 이상이어야 하며, 가입자가 연금수급요건을 갖추지 못하면 퇴직급여를 일시금으로 지급한다.

43 연금저축에 대한 설명이 적절하게 연결된 것은?

가. 연금저축신탁
나. 연금저축펀드
다. 연금저축보험

A. 가입 후 통상 7년 이내 계좌이체 시 해지공제액이 발생하여 원금보다 적은 금액이 이체될 수 있다.
B. 연금수령방식은 확정기간형만 선택할 수 있으며, 예금자보호가 되는 금융상품이다.
C. 연금수령방식은 확정금액형과 확정기간형 중 선택할 수 있고, 예금자보호 대상이 아니다.

	가	나	다
①	B	A	C
②	B	C	A
③	C	A	B
④	C	B	A

44 연금저축계좌 납입단계 세제혜택에 대한 설명으로 적절하지 않은 것은?

① 납입단계에서 세액공제 혜택이 부여되며, 운용수익에 대한 과세는 인출 시까지 과세이연이 된다.

② 세액공제 적용 납입액 한도는 연간 600만원이다.

③ 종합소득금액 4,500만원 이하 가입자의 세액공제율은 15%이다.

④ 근로소득금액 5,500만원 초과 가입자의 세액공제율은 12%이다.

45 연금저축계좌 세금이 적절하게 연결된 것은?

	인출사유	과세 세목
①	중도해지	이자소득세
②	소득세법에 정한 부득이한 사유로 인출	연금소득세
③	한도 내 금액 연금수령	비과세
④	한도초과금액 연금수령	이자소득세

46 연금계좌 승계제도에 대한 설명으로 적절하지 않은 것은?

① 연금계좌 가입자인 A씨가 사망한 경우, 그의 배우자 B씨와 외동딸 C씨는 법정 상속지분에 따라 연금계좌를 나누어 승계할 수 있다.

② 연금계좌를 승계하고자 하는 자는 가입자가 사망한 날이 속하는 달의 말일부터 6개월 이내에 승계신청을 하여야 한다.

③ 연금계좌를 승계한 경우 승계한 날에 새로이 가입한 것으로 간주한다.

④ 연금수령을 개시할 때 최소납입요건 판정을 위한 가입일과 연금수령연차 산정을 위한 기산연도는 피상속인 기준을 적용한다.

47 세제비적격연금에 대한 설명으로 적절하지 않은 것은?

① 세제비적격연금은 장기저축성보험 성격으로 금리연동형 연금보험과 변액연금보험이 있다.

② 연금보험은 연간 납입한도가 없으므로 세제적격연금의 납입한도를 초과하는 추가적인 연금소득 확보 수단으로 활용할 수 있다.

③ 대부분의 연금보험은 적립금 중 일정한 비율까지 중도인출을 허용하고 있어 긴급한 생활자금 등이 필요할 때 계약을 해지하지 않고 인출할 수 있다.

④ 5년 이상 가입하고 55세 이후에 연금수령한도 내에서 연금으로 수령하는 경우 비과세된다.

48 금리연동형 연금보험과 변액연금보험에 대한 설명으로 적절하지 않은 것은?

① 금리연동형 연금보험의 적립금 운용에 대한 투자위험은 보험회사가 부담하고 적립금은 공시이율로 부리되므로 적립금을 안정적으로 운용할 수 있으며, 가입자는 연금수준을 어느 정도 예측할 수 있다.

② 변액연금보험은 적립금의 운용결과에 따라 연금액 수준이 결정되며 일반계정과 분리된 특별계정에서 운용된다.

③ 최근 일부 변액연금보험에서는 최저보증수익률을 정하고 적립금 운용성과가 저조하더라도 최저보증수익률로 적립금을 부리하고 있다.

④ 변액연금보험의 추가납입보험료는 기본보험료에서 공제하는 사업비보다 높은 수준의 사업비를 공제한다.

49 변액연금 적립금 운용옵션에 대한 설명이 적절하게 연결된 것은?

가. 가입자가 가입 시 정한 펀드별 투자비중에 따라 특별계정에 납입되는 보험료를 자동배분하여 적립금을 운용

나. 투자성과에 따라 변동된 적립금을 일정 기간 단위별로 가입자가 정한 특별계정별 비율로 재조정하여 적립금을 운용

	가	나
①	정액분할투자	자동자산배분
②	정액분할투자	펀드자동재배분
③	자동자산배분	정액분할투자
④	자동자산배분	펀드자동재배분

50 은퇴 후 효율적 자산관리를 위한 자산유형 구분에 대한 설명으로 적절하지 않은 것은?

① 연금자산은 은퇴자가 별도의 연금설계를 하지 않아도 종신까지 지급되는 공적연금과 은퇴자 선택에 의해 연금기간 및 금액을 결정하는 퇴직연금, 개인연금, 주택연금 등이 포함된다.

② 만약 연금을 일시금으로 받을 경우는 비연금 금융자산으로 구분하는 것이 좋다.

③ 거주주택 실물자산은 주택연금으로 활용할 거주 목적 부동산을 말한다.

④ 거주주택 이외의 부동산 중 농지의 경우는 농지연금으로 활용할 수 있고 임대소득이 발생하는 부동산은 임대소득 자체를 은퇴생활비로 사용할 수 있으나, 그 이외의 부동산은 처분하여 금융자산 형태로 전환하고 이를 연금화하거나 인출을 위한 기본 자금으로 관리해야 한다.

부동산설계

51 부동산업의 분류상 부동산 관련 서비스업에 해당하는 것은?

① 주거용 건물 임대업
② 비주거용 건물 개발업
③ 기타 부동산 공급업
④ 부동산 감정평가업

52 부동산의 개념에 대한 설명이 적절하게 연결된 것은?

A. 토지의 지질, 지형, 고저 등의 자연적인 측면과 건축물의 인공적인 측면에서 바라보는 것으로 부동산을 측량, 설계, 시공, 공간 등의 대상으로 바라보고 정의하는 것이다.
B. 주로 부동산의 가격 또는 가치에 관심을 갖고 부동산 경기나 수익성, 수요와 공급 등에 대한 논의를 할 때 규정되는 개념으로 사용된다.
C. 부동산은 재산적 가치가 있는 거래의 대상이며, 국가의 경제기반이 되는 공공재의 역할도 하므로 규제의 대상이 된다.

	물리적 측면의 개념	경제적 측면의 개념	법률적 측면의 개념
①	A	B	C
②	B	A	C
③	B	C	A
④	C	B	A

53 용도지역 중 도시지역에 속하는 지역으로 모두 묶인 것은?

가. 녹지지역   나. 관리지역
다. 생산관리지역 라. 계획관리지역
마. 농림지역   바. 경관지역

① 가
② 가, 마, 바
③ 나, 다, 라
④ 가, 나, 다, 라, 마

54 정상재의 경우 부동산 수요가 증가하는 요인으로 모두 묶인 것은?

가. 인구 및 가구 수의 감소
나. 소득수준 증가
다. 부동산 대체시장인 주식시장의 호황
라. 금리의 인상 및 신용유동성의 축소
마. 양도소득세와 재산세의 인상

① 나
② 가, 나
③ 다, 라, 마
④ 가, 다, 라, 마

55 부동산 수요와 공급에 대한 적절한 설명으로 모두 묶인 것은?

가. 가격 이외의 다른 요인이 변화함에 따른 수요곡선 자체의 이동으로 말미암아 전과 동일한 가격 수준에서 수요량이 변화하는 경우에 이를 수요의 변화라고 한다.
나. 대체재의 가격 상승 및 수익률 악화는 부동산 수요가 감소하는 주요 요인이다.
다. 단기적으로 부동산의 물리적인 공급 측면에서 보면, 공급곡선이 탄력적인 성격을 띠게 된다.
라. 경제적 공급을 통해 중장기적으로 공급이 확대되면서 공급곡선이 일반 경제재의 공급곡선처럼 생산비가 반영되어 완만하게 우상향으로 기울어지게 되며 이러한 가격과 공급량의 비례관계를 공급의 법칙이라고 한다.

① 가, 나
② 가, 라
③ 나, 다
④ 다, 라

56 부동산 수요와 공급에 대한 다음 설명 중 가장 적절한 것은?

① 소득수준 변동은 공급에 영향을 미치는 주요 요인이다.
② 대체재의 가격 상승 및 수익률 악화는 수요곡선이 오른쪽으로 이동하는 요인이 된다.
③ 건축 자재비 등 생산요소의 가격은 수요에 영향을 미치는 주요 요인이다.
④ 수요곡선이 일정한 가운데 공급이 증가하면 균형거래량은 감소한다.

57 부동산 가격규제에 대한 설명으로 적절하지 않은 것은?

① 가격규제정책은 단기적으로는 시장가격을 하락시킬 수 있다는 효과가 있지만 인위적인 가격조정으로 인한 부작용도 발생하게 된다.
② 현재 시장에서 형성된 임대료가 100만원이며 정부에서 140만원을 임대료 상한으로 제한한다면 시장에서 형성되는 임대료와 공급량에 전혀 영향을 미치지 않는다.
③ 시장에서 형성되는 임대료가 70만원이며, 정부에서 임대료를 50만원으로 제한하면 초과수요가 발생하게 된다.
④ 정부가 임대료상한을 정해 규제하면 임대인의 임대료 수입이 추가로 발생하므로 더 많은 주택이 공급된다.

58 주택 보유세의 경제적 효과에 대한 설명이 적절하게 연결된 것은?

	자가주택시장	임대주택시장
①	주택가격 하락, 균형거래량 감소	균형임대료 증가, 균형거래량 감소
②	주택가격 하락, 균형거래량 감소	균형임대료 감소, 균형거래량 감소
③	주택가격 상승, 균형거래량 감소	균형임대료 증가, 균형거래량 감소
④	주택가격 상승, 균형거래량 감소	균형임대료 감소, 균형거래량 감소

59 부동산 경기변동의 4개 국면에 대한 설명이 적절하게 연결된 것은?

가. 과거의 사례가격은 새로운 거래의 기준가격이 되거나 상한선이 되며, 매수인 우위시장이 형성된다.
나. 공실률이 상승하게 되며, 가격상승률이 높았던 부동산상품은 큰 폭의 가격하락을 맞을 수 있고, 실수요자라면 아주 저렴하게 부동산을 매입할 수 있는 기회가 되기도 한다.

	가	나
①	호황기	불황기
②	호황기	경기회복기
③	경기후퇴기	불황기
④	경기후퇴기	경기회복기

60 홍은균씨는 아버지로부터 상속받은 토지를 2명의 동생과 공유형태로 소유하고 있다. 다음 중 공유에 대한 적절한 설명으로 모두 묶인 것은?

가. 공유는 수인이 조합체로서 물건을 소유하는 것이다.
나. 개인주의적 성격이 강한 공동소유이다.
다. 홍은균씨가 자신의 지분을 처분하기 위해서는 동생 2명의 동의가 필요하다.
라. 토지 전체를 매각하기 위해서는 홍은균씨와 2명의 동생 모두가 동의해야 한다.

① 가, 나
② 가, 다
③ 나, 라
④ 다, 라

61 물권에 대한 설명으로 가장 적절하지 않은 것은?

① 물권은 채권에 대해 우선하며, 물권 간에는 우선적 효력이 없는 평등주의가 적용된다.
② 소유권은 물건의 사용가치와 교환가치의 전부를 지배할 수 있는 권리다.
③ 지상권자는 타인에게 지상권을 양도하거나 임대할 수 있다.
④ 제한물권과 소유권은 동일물 위에 동시에 성립할 수 있다.

62 등기사항전부증명서상에서 확인할 수 있는 내용으로 모두 묶인 것은?

① 지상권, 전세권, 저당권
② 소유권, 유치권, 대지사용권
③ 점유권, 법정지상권, 환매등기
④ 지역권, 분묘기지권, 임차권

63 등기한 권리의 순위에 대한 설명으로 적절하지 않은 것은?

① 갑구와 을구에서는 우선접수일자에 의하며, 만약 접수일자가 같은 경우 접수번호에 의한다.
② 부기등기의 순위는 주등기의 순위에 의한다.
③ 부기등기 간 순위는 부기등기 전후에 따른다.
④ 등기의 순위에 있어 가등기를 한 후 가등기에 의한 본등기가 있는 경우에도 본등기의 순위는 본등기의 순위에 따른다.

64 부동산 물권에 대한 다음 설명 중 (가)~(다)에 들어갈 내용이 적절하게 연결된 것은?

가. 부동산에는 질권을 설정할 수 (가).
나. 부동산은 매매와 같은 법률행위를 하고 이를 (나)함으로써 물권변동이 일어나는 성립요건주의이며 동산과 달리 목적물의 인도는 부동산 물권변동의 요건이 아니다.
다. 부동산의 환매기간은 최대 (다)이며, 환매기간을 정한 때에는 이를 다시 연장하지 못한다.

	가	나	다
①	있다	등기	3년
②	있다	공시	5년
③	없다	등기	5년
④	없다	공시	3년

65 토지의 지목에 대한 설명으로 가장 적절한 것은?

① 물을 상시적으로 직접 이용하여 벼·연·미나리·왕골 등의 식물을 주로 재배하는 토지를 '전'이라고 한다.
② 축산업 및 낙농업을 하기 위하여 초지를 조성한 토지를 '목장용지'라고 한다.
③ 고속도로의 휴게소 부지는 '주유소용지'이다.
④ 자연의 유수가 있거나 있을 것으로 예상되는 토지는 '구거'이다.

66 부동산 관련 정보와 이를 확인할 수 있는 공부가 적절하게 연결된 것은?

① 소유권에 대한 가압류 및 근저당권 설정 여부 – 등기사항전부증명서 갑구
② 토지의 지목과 개별공시지가 – 토지대장
③ 토지의 형상 및 대지권의 표시 – 지적도
④ 건물의 전유면적과 공용면적 – 토지이용계획확인서

67 부동산 경매에서 배당요구종기까지 반드시 배당요구를 하여야 할 채권자로 적절하지 않은 것은?

① 적법한 경매신청 채권자
② 집행력이 있는 판결문 정본을 가진 채권자
③ 첫 경매개시결정기입등기 후에 가압류한 채권자
④ 국세 등의 교부청구권자

68 공매부동산에 대한 설명으로 가장 적절한 것은?

① 유입자산은 매매금액에 따라 1개월에서 최장 5년 기간 내 6개월 균등분할로 구매가 가능하며, 계약 체결 후 매매대금의 1/3 이상을 납부하고 근저당권을 설정하는 조건으로 매매대금을 전액 납부하지 않아도 소유권이전이 가능하다.

② 수탁재산은 이미 법원의 경매과정에서 모든 권리가 말소되고 소유권이 이전되었기 때문에 권리의 하자가 없으며 일부 경우를 제외하고는 명도책임은 매도인이 부담한다.

③ 압류재산의 소유자는 한국자산관리공사이며 명도책임은 매수인이 진다.

④ 국유 일반재산은 국유재산 중 행정재산을 제외한 모든 재산으로 대부만 가능하고 매각은 불가능한 재산이다.

69 부동산 매매에 대한 다음 설명 중 적절하지 않은 것은?

① 계약금은 매매계약의 요소는 아니므로 계약금의 지급이 없어도 매매계약은 유효하게 성립할 수 있다.

② 별도의 특약이 없는 경우에는 당사자 일방이 중도금지급 등 이행에 착수하기 전까지 매수인은 계약금을 포기하고 매도인은 배액을 상환하여 매매계약을 해제할 수 있다.

③ 소유권이전 등기비용 등 매매계약에 관한 비용은 당사자 사이에 별도의 특약이 없으면 양 당사자가 균분하여 부담하게 된다.

④ 매도인의 재산권이전의무는 매수인의 대금지급의무와 동시이행관계에 있다.

70 상가건물 임대차보호법에 대한 적절한 설명으로 모두 묶인 것은?

가. 사업자등록의 대상이 되는 상가건물의 임대차에 대하여 적용하며, 일정 보증금액 이상인 임대차에만 적용된다.

나. 임대차는 그 등기가 없는 경우에도 임차인이 건물의 인도와 사업자등록을 신청하면 그 다음 날부터 제3자에 대하여 대항력이 생긴다.

다. 임차인이 2기의 차임액에 해당하는 금액에 이르도록 차임을 연체한 사실이 있는 경우 임대인은 임차인의 계약갱신요구를 거절할 수 있다.

라. 보증금의 전부 또는 일부를 월 단위의 차임으로 전환하는 경우에는 그 전환되는 금액에 연 10%와 한국은행에서 공시한 기준금리에 4배수를 곱한 비율 중 낮은 비율을 초과하지 못하도록 규정하고 있다.

마. 대항력을 갖춘 임차인은 민사집행법에 따른 경매 또는 국세징수법에 따른 공매 시 임차건물의 환가대금에서 후순위권리자나 그 밖의 채권자보다 우선하여 보증금을 변제받을 권리가 있다.

① 나
② 가, 다
③ 나, 다, 마
④ 가, 다, 라, 마

71 농림지역에 대한 다음 설명 중 (가)~(나)에 들어갈 내용이 적절하게 연결된 것은?

도시지역에 속하지 아니하는 농지법에 따른 (가) 또는 산지관리법에 따른 (나) 등으로서 농림업을 진흥시키고 산림의 보전을 위하여 필요한 지역을 말한다.

	가	나
①	농업보호구역	보전산지
②	농업보호구역	준보전산지
③	농업진흥지역	보전산지
④	농업진흥지역	준보전산지

72 건축허가 및 제한에 대한 다음 설명 중 적절하지 않은 것은?

① 서울특별시 강북구에서 30층의 건물을 건축하고자 하는 경우 강북구청장의 허가를 받아야 한다.

② 공주시에서 30층의 건물에 대한 건축허가를 받고자 할 경우 충청남도 도지사의 사전승인을 얻어야 한다.

③ 허가권자는 허가를 받은 자가 허가를 받은 날로부터 2년 이내에 공사에 착수하지 않을 경우 그 허가를 취소하여야 한다.

④ 각 시설군에 속하는 건축물의 용도를 하위시설군에서 상위시설군으로의 용도변경은 관할관청의 허가를 받아야 가능하다.

73 강북지역에 30년이 지난 아파트를 소유한 상담고객이 주택 재건축의 실무적인 절차를 궁금해 하고 있다. 관리처분계획인가 직전 사업절차로 가장 적절한 것은?

① 정비기본계획수립 및 정비구역지정
② 조합설립인가
③ 시공자 선정
④ 사업시행계획인가

74 재개발 · 재건축 사업성분석을 위한 기본 용어에 대한 설명으로 가장 적절한 것은?

① 감정평가액은 조합원들이 주장할 수 있는 권리의 가치로서 권리가액에서 비례율을 곱한 금액이다.

② 공시지가는 토지에 대해 국토부장관이 가격을 조사 · 산정하여 공시하는 가격을 말하는데, 단위면적(m^2)당 가격으로 발표하며 기준날짜는 매년 6월 1일이다.

③ 종후자산평가액은 조합원 분양, 일반분양, 상가, 임대 주택 등 모든 사업이 완료된 후 사업장이 가지게 된 전체 자산의 총액을 평가하는 것을 말한다.

④ 조합원 분담금은 조합원 분양가에서 감정평가액을 뺀 금액으로 조합원들이 분양을 받기 위해 추가로 부담해야 하는 금액을 말한다.

75 부동산펀드에 대한 설명으로 가장 적절한 것은?

① 개발형은 펀드가 직접 시공사가 되거나 시공사의 지분을 보유하는 형태로 부동산 개발사업을 진행하고 준공 후 분양, 임대, 매각 등의 방법으로 자금을 회수하는 구조이다.

② 공모부동산펀드는 직접 부동산에 투자함으로써 발생하는 각종 위험으로부터 벗어나 안정적으로 투자할 수 있고, 누구나 소액으로 다양한 규모와 형태의 부동산에 투자할 수 있다.

③ 사모펀드는 자산운용사나 위탁판매사가 비공개로 모집하고, 공시의무는 없으며 투자자의 요청에 의해 외부회계감사를 실시하여 공모보다 운용에 좀 더 자유롭지만, 자산 300억원을 초과하는 경우 외부회계감사를 받아야 한다.

④ 국내 리츠는 대부분 해외부동산에 투자하는 경우가 많아 해외부동산시장에 매우 큰 영향을 받지만, 부동산펀드는 국내부동산펀드의 비중이 절반 가까이 차지한다.

상속설계

76 동시사망의 추정에 대한 설명으로 적절하지 않은 것은?

① 2인 이상이 동일한 재난으로 사망한 경우 동시에 사망한 것으로 추정한다.

② 동시사망이 추정되는 2인 이상 상호 간에는 상속권이 인정되지 않는다.

③ 남편 A와 미혼인 자식 B가 동일한 비행기 사고로 사망한 경우, A의 배우자는 남편 A의 재산 또는 보상금에 대하여는 A의 부모와 공동상속인이 된다.

④ 대습상속은 피대습자가 상속개시 전에 사망할 것을 인정 요건으로 하고 있으므로, 피대습자와 피상속인이 동시에 사망한 것으로 추정되는 경우에는 피대습자의 직계비속 또는 배우자가 피대습자를 대신하여 피상속인의 재산을 대습상속받을 수 없다.

77 피상속인이 다음과 같은 유족을 남기고 사망한 경우 상속순위가 순서대로 나열된 것은?

> 가. 인지한 혼인 외의 출생자
> 나. 양부모
> 다. 고종사촌형
> 라. 사실혼 배우자

① 가 → 나 → 다
② 가 → 다 → 나
③ 가, 라 → 다
④ 라 → 가 → 나 → 다

78 상속에 따른 법률관계에 대한 설명으로 적절하지 않은 것은?

① 친양자는 양부모에 대하여 직계비속으로 상속권은 있지만 친부모에 대하여 상속권이 소멸한다.

② 배우자란 법률상의 배우자만을 의미하며 사실혼 배우자의 경우 상속권이 인정되지 않고, 상속인이 없는 경우로서 법에서 정한 일정 요건을 충족하는 경우 특별연고자로서 상속재산을 전부 또는 일부 분여받을 수 있을 뿐이다.

③ 이혼한 부부 상호간에는 상속권이 없다.

④ 퇴직연금·유족연금의 청구권 등은 상속재산에 해당한다.

79 상속에 따른 법률효과에 대한 설명으로 가장 적절한 것은?

① 상속은 상속인이 상속사실 등을 알지 못하더라도 당연히 승계된다.

② 승계는 피상속인의 사망으로 발생하는데, 공동상속인들 간 상속재산에 대한 분할이 완료될 때까지 공동상속인들은 상속재산을 합유하게 된다.

③ 공동상속인들 간 상속재산에 대한 분할이 완료될 때까지 상속재산을 상속인 전원의 동의 없이 단독으로 처분할 수 없으며, 각자의 상속분에 해당하는 지분도 단독으로 처분할 수 없다.

④ 금전채무와 같이 급부의 내용이 가분인 채무가 공동상속된 경우 각 상속인들은 법정상속분과 달리 상속재산분할이 가능하다.

80 특별수익자의 상속분과 기여분에 대한 설명으로 가장 적절한 것은?

① 민법은 공동상속인 중 피상속인으로부터 재산의 증여 또는 유증을 받은 사람이 있는 경우 그 수증 재산이 자기의 상속분에 달하지 못한 부분의 한 도에서 상속분이 있다고 규정하고 있다.
② 특별수익재산 가액의 평가는 상속세법이 정하는 대로 증여 당시의 시가로 한다.
③ 공동상속인의 직계비속이 피상속인으로부터 증여나 유증을 받은 경우에도 이러한 증여 또는 유증은 상속재산분할 시 당연히 특별수익으로 고려한다.
④ 원칙적으로 기여분은 법원의 조정 또는 심판으로 결정되고 상속인 간에 협의한 기여분은 효력이 없다.

81 홍은균씨는 55억원의 상속재산을 남기고 사망하였으며 상속인으로는 배우자 최민정씨와 세 자녀가 있다. 상속인들이 특별한 기여를 한 최민정씨의 기여분으로 10억원을 인정하였다면 민법상 기여분을 고려한 최민정씨의 구체적 상속분으로 가장 적절한 것은?

① 10억원
② 15억원
③ 20억원
④ 25억원

82 상속재산의 분할에 대한 적절한 설명으로 모두 묶인 것은?

> 가. 피상속인은 유언으로 상속개시의 날로부터 5년을 넘지 않는 기간 내에서 상속재산의 분할을 상속재산 전부 또는 일부에 대하여 금지할 수 있고, 공동상속인도 협의에 따라 5년 내 기간으로 분할금지약정을 할 수 있다.
> 나. 피상속인은 유언으로 미리 상속재산의 분할방법을 정하거나 이를 정할 것을 제3자에게 위탁할 수 있다.
> 다. 상속재산분할의 대상은 피상속인의 상속개시 당시 남은 적극재산과 소극재산이 된다.
> 라. 상속재산의 분할은 상속재산 분할 협의가 이루어진 시점부터 그 효력이 있다.
> 마. 공동상속인 간 협의분할에 의하여 공동상속인 중 1인이 고유의 상속분을 초과하는 재산을 취득하게 되었을 경우 이는 다른 공동상속인으로부터 증여받은 것으로 볼 수 있다.

① 가, 나
② 나, 다
③ 다, 라
④ 라, 마

83 단순승인에 해당하지 않는 것은?

① 상속인들이 협의하여 상속재산을 분할한 때
② 상속인이 한정승인을 한 후에 상속재산을 은닉한 때
③ 상속인이 상속포기를 한 후에 상속재산을 부정소비한 때
④ 상속인이 한정승인 시 과실로 일부 상속재산을 재산목록에 기입하지 않은 때

84 상속의 승인과 포기에 대한 적절한 설명으로 모두 묶인 것은?

> 가. 상속개시 있음을 안 날이란 피상속인의 상속재산 또는 상속채무의 존재를 아는 날을 의미한다.
> 나. 상속인이 한정승인이나 상속포기를 하고 나면 고려기간 내에도 이를 취소하지 못한다.
> 다. 한정승인을 한 상속인은 상속으로 취득할 적극재산의 한도에서 피상속인의 채무와 유증을 변제하면 된다.
> 라. 고려기간이 경과한 이후라도 상속인이 상속채무가 상속재산을 초과하는 사실을 중대한 과실 없이 상속개시일부터 3월의 기간 내에 알지 못하고 단순승인한 경우에 그 사실을 안 날부터 3월 내에 상속재산의 목록을 첨부하여 가정법원에 한정승인 신고를 할 수 있다.
> 마. 상속포기는 상속재산에 대해 포괄적으로 이루어지는 것이므로 보험수익자인 상속인이 상속을 포기하는 경우 그 생명보험금 역시 상속포기의 대상에 포함된다.

① 가, 나, 마
② 가, 다, 마
③ 나, 다, 라
④ 나, 라, 마

85 다음과 같은 사례에 조언할 수 있는 성년후견제도가 적절하게 연결된 것은?

> 가. 김미순(90세)씨는 최근 기억이 가물가물해지는 증상이 있어 치매에 걸릴까 걱정이다. 이에 김미순씨는 자신이 치매에 걸렸을 때를 대비해 평소 사이가 소원한 장남 대신 차남인 김세진씨를 후견인으로 선임하는 후견계약을 체결하고자 한다. 김미순씨가 치매에 걸리게 되는 경우 김세진씨가 가정법원에 후견감독인 선임을 청구하고 법원이 이를 선임할 경우 후견계약의 내용대로 김세진씨가 후견인으로 활동하게 하고 싶다.
> 나. 이숙씨는 장애로 인해 거동도 불편하고 의사소통이 불가능한 부모님의 은행대출 연장을 위해서 대출연장 업무에 한해서만 후견인을 선임하고자 한다. 후견인 선임을 통해 부모님의 사망 시까지 후견인이 대신 은행에 가서 대출 연장업무를 할 수 있도록 하고 싶다.

	가	나
①	성년후견	한정후견
②	성년후견	특정후견
③	임의후견	한정후견
④	임의후견	특정후견

86 글을 모르는 김미순 할머니가 스마트폰으로 동영상을 촬영하는 방식으로 유언을 하려고 할 경우의 유언의 방식에 대한 설명으로 적절하지 않은 것은?

① 유언자가 자신의 육성으로 유언의 취지와 그 성명, 연월일을 구술하여 녹음하고, 증인이 이에 참여하여 유언의 정확함과 그 성명을 구술하는 것이다.
② 녹음에 의한 유언 방식의 요건을 갖추었다면 김미순 할머니의 유언은 유효하다고 볼 수 있다.
③ 동영상을 촬영해준 15살 손자는 증인이 되지 못한다.
④ 유언에 의하여 이익을 받을 사람은 증인이 되지 못하지만, 그 배우자는 증인이 될 수 있다.

87 유언의 철회에 대한 설명으로 적절하지 않은 것은?

① 유언을 철회할 권리는 포기할 수 없으므로, 유언자가 유언을 철회하지 않는다는 계약을 체결하더라도 그 계약은 무효다.

② 작년 1월 5일에 유언한 내용과 금년 7월 1일에 유언한 내용이 다를 경우 작년 1월 5일에 유언한 내용은 철회한 것으로 보게 된다.

③ 유언자는 어느 때든 자신의 유언을 전부 철회할 수 있지만 유언의 통일성을 위하여 유언의 일부만을 철회할 수는 없다.

④ 유언자가 유증의 목적물을 고의로 파훼한 때에는 철회로 본다.

88 유증에 대한 설명으로 가장 적절한 것은?

① 유증과 사인증여는 증여계약의 일종이라는 공통점이 있다.

② 혼인할 의무를 지우는 것도 부담부유증의 일종이다.

③ 부담 있는 유증을 받은 자가 부담의무를 이행하지 아니한 때에는 유증은 상속개시 시에 소급하여 그 효력을 잃는다.

④ 부담 있는 유증을 받은 자는 유증의 목적의 가액을 초과하지 아니한 한도에서 부담한 의무를 이행할 책임이 있다.

89 상속인들이 피상속인의 유언장을 발견했을 때 취해야 할 유언집행조치에 대한 적절한 설명으로 모두 묶인 것은?

가. 자필증서유언을 보관한 자 또는 이를 발견한 자는 유언자의 사망 후 지체 없이 그 유언서를 가정법원에 제출하여 검인을 청구하여야 한다.

나. 공정증서유언을 보관한 자 또는 이를 발견한 자는 유언자의 사망 후 지체 없이 그 유언서를 가정법원에 제출하여 검인을 청구하여야 한다.

다. 유언봉서는 그 표면에 기재된 날로부터 5일 내에 공증인 또는 법원서기에게 제출하여 그 봉인상에 확정일자인을 받아야 한다.

라. 질병으로 인하여 구수증서 유언을 한 경우에는 특별한 사정이 없는 한 유언이 있는 날로부터 7일 이내에 그 검인을 신청하여야 하고, 위 기간 내에 검인신청을 하지 아니하면 유언은 무효로 된다.

마. 유언증서의 검인청구 비용, 상속재산목록 작성 비용, 상속재산의 관리 비용, 유언집행자의 보수, 권리이전을 위한 등기 비용 등 유언의 집행에 관한 비용은 상속재산 중에서 이를 지급한다.

① 가, 나, 다
② 가, 나, 마
③ 나, 다, 라
④ 가, 다, 라, 마

90 유류분에 대한 설명으로 적절하지 않은 것은?

① 직계비속과 배우자의 유류분은 그 법정상속분의 1/2이고, 직계존속의 유류분은 그 법정상속분의 1/3이다.

② 유류분은 피상속인의 상속개시 시에 있어서 가진 재산의 총액에 증여의 가액을 가산하고 채무의 전액을 공제하여 이를 산정한다.

③ 유류분권리자에게 손해를 가할 것을 모르고 한 증여가 상속개시보다 1년 전에 행하여진 때에는 상속재산에 산입하지 않는다.

④ 반환의 청구권은 유류분권리자가 상속의 개시와 반환하여야 할 증여 또는 유증을 한 사실을 안 때로부터 3년 내 또는 상속이 개시된 때로부터 5년 내에 하지 아니하면 시효에 의하여 소멸한다.

91 상속세와 증여세에 대한 설명으로 적절하지 않은 것은?

① 상속에 관한 법률은 민법에서 규정하고 있으므로 민법의 규정이 주로 적용되지만 세법에서 민법과 달리 정한 사항은 세법의 규정을 적용한다.

② 증여세는 증여재산 전체를 기준으로 증여세를 산출하는 방법으로 우리나라 증여세는 유산세 과세방식에 해당한다.

③ 상속은 피상속인이 과세체계의 주체가 되는 반면에 증여는 수증자가 과세체계의 주체가 된다.

④ 상속세는 증여세에 비해 상대적으로 공제제도의 종류가 다양하다.

92 상속세와 증여세에 대한 설명으로 적절하지 않은 것은?

① 상속세를 자진 납부하지 않은 경우에 신고세액공제가 적용되지 않는다.

② 증여세도 상속세와 마찬가지로 분납과 연부연납이 가능하다.

③ 거주자인 경우 증여세는 수증자의 주소지가 관할세무서가 된다.

④ 물납은 상속세에 한해 허용되므로 증여세에는 물납할 수 없다.

93 상증법상 간주상속재산으로만 모두 묶인 것은?

가. 보험금	나. 신탁재산
다. 명의신탁재산	라. 퇴직금 등

① 가, 나, 다
② 가, 나, 라
③ 가, 다, 라
④ 나, 다, 라

94 거주자 A씨가 상속개시일 전 2년간 처분한 자산내역이 다음과 같을 때 상속재산에 가산되는 추정상속재산가액으로 가장 적절한 것은?

- 상속개시일 : 올해 10월 5일
- A씨 소유 부동산에 대한 처분일 및 처분내역
  - 작년 12월 15일 상가 처분으로 인한 실제 수입금액 1억원
  - 재작년 12월 20일 아파트 처분으로 인한 실제 수입금액 5억원
- 부동산 처분대금에 대해 세법상 입증한 금액은 없으며, 상기 이외에는 추정상속재산이 없다고 가정함

① 0원
② 2.8억원
③ 3.6억원
④ 4.8억원

95 거주자 최민수씨는 2025년 2월 15일에 사망하였다. 최민수씨 사망 당시 가족으로는 배우자와 자녀 2명(모두 생존하고 상속받음)이 있으며, 자녀는 모두 결혼 후 분가하여 각각 1명의 자녀를 두고 있다. 최민수씨가 사망 전에 증여한 내역이 다음과 같을 때 상속재산가액에 가산할 증여재산가액으로 적절한 것은?

수증자	증여일	사전증여재산	증여재산 평가가액
손녀	2019년 12월 13일	임야	2억원
딸	2020년 12월 15일	상가	3억원
손자	2022년 4월 13일	상가	4억원
아들	2024년 4월 12일	아파트	5억원

① 5억원
② 9억원
③ 12억원
④ 14억원

96 항목별 상속공제 중 그 밖의 인적공제에 대한 설명으로 가장 적절한 것은?

① 자녀공제는 피상속인의 자녀 1인당 5천만원의 공제를 적용받는다.
② 미성년자공제를 적용받기 위한 나이 요건은 20세 이하이다.
③ 배우자는 연로자공제의 공제대상이 될 수 있다.
④ 자녀공제는 미성년자공제와 중복 적용받을 수 없다.

97 거주자 차준환씨의 상속개시 당시의 금융재산이 다음과 같을 때 상속세 계산 시 적용받을 수 있는 금융재산공제액으로 가장 적절한 것은?

- 상증법상 은행예금 평가가액 : 5억원
- 사망보험금 : 3억원(계약자 및 피보험자 : 차준환, 수익자 : 상속인)
- 은행차입금 : 3억원
- 현금 : 1억원

① 6천만원
② 1억원
③ 1.2억원
④ 1.8억원

98 거주자 최민정(23세)씨가 생애 처음으로 할아버지, 아버지, 큰아버지 및 이모로부터 각각 현금 5천만원씩 총 2억원을 증여받았을 경우, 금번 증여 4건에서 최대한 공제받을 수 있는 증여재산공제액으로 적절한 것은(혼인·출산공제는 해당사항 없음)?

① 3천만원
② 6천만원
③ 1.1억원
④ 1.2억원

99 가업승계 증여세 과세특례에 대한 설명으로 가장 적절한 것은?

① 증여자는 가업주식의 증여일 현재 중소기업등인 가업을 10년 이상 계속하여 경영한 50세 이상인 수증자의 부모여야 한다.
② 증여세 과세 시 가업주식등의 가액 중 가업자산 상당액에 대한 증여세 과세가액에서 5억원을 공제한 후 10% 세율을 적용하여 증여세를 계산한다.
③ 가업승계 과세특례를 적용받은 경우 증여세 신고 세액공제는 받을 수 없다.
④ 가업주식의 증여세 과세특례가 적용된 증여재산 가액은 10년 이내 증여분에 대해 증여 당시의 가액으로 상속세 과세가액에 가산하여 상속세로 정산하여 납부해야 한다.

100 생명보험에서 피보험자의 사망으로 인한 보험금에 대한 증여세 과세대상이 되는 경우로 가장 적절한 것은?

	계약자(보험료 납부자)	피보험자	수익자
①	아버지	아버지	상속인
②	어머니	아버지	아들
③	어머니	아버지	어머니
④	장남	아버지	장남

AFPK® 실전모의고사 1회
MODULE 2

수험번호		성명	

위험관리와 보험설계

01 위험 관련 개념이 적절하게 연결된 것은?

> (가) 스프링클러 장치가 없는 고시원에 (나) 화재가 발생하여 (다) 건물이 전소하였다.

	가	나	다
①	손인(peril)	위태(hazard)	손실(loss)
②	손인(peril)	손실(loss)	위태(hazard)
③	위태(hazard)	손인(peril)	손실(loss)
④	위태(hazard)	손실(loss)	손인(peril)

02 민간보험으로 부보 가능한 위험에 해당하지 않는 것은?

① 사고 발생 시 손실만 발생 가능한 위험
② 기업의 생산물이 폭발하여 소비자에게 피해를 주는 위험
③ 위험의 원천과 결과가 개별적 또는 독립적인 위험으로, 개별적 원인에 의해 손실이 발생하며 그 영향도 사고당사자에 국한되거나 특정영역으로 제한되는 위험
④ 급격한 인플레이션

03 다음 사례를 토대로 계산한 기대손실로 가장 적절한 것은?

> • 보유 재산(금융자산 포함) : 2.5억원
> • 거주용 주택 : 2억원
> • 화재발생확률 : 10%
> • 최종 재산은 화재가 발생하지 않으면 2.5억원, 화재가 발생하면 50,000천원

① 5,000천원
② 10,000천원
③ 15,000천원
④ 20,000천원

04 재무설계사와 고객과의 상담 내용 중 위험관리 프로세스가 순서대로 나열된 것은?

> 가. 고객님의 말씀은 주택화재위험이 발생하더라도 주택을 다시 짓는 데 비용상 지장이 없었으면 한다는 말씀이시죠?
> 나. 고객님의 상황에 대한 분석 결과 치명적인 위험에 해당하는 주택화재위험에 대한 대비로 2억원 정도의 보장이 필요한 것으로 보입니다.
> 다. 주택화재보험 가입 시 보험가입금액 2억원에, 풍수해보험 2억원을 추가적으로 설계하였으니, 이 설계안대로 가입하시면 됩니다.
> 라. 현재 가계의 현금흐름을 살펴보면 지금 당장 보험가입금액 2억원 정도의 보장을 가입하는 것이 가능할 것 같고, 보험을 통해 위험을 전가하더라도 정기적으로 실시하는 안전점검을 통한 손실예방과 소화기 설치 등을 통한 손실감소 수단이 필요합니다.

① 가 - 나 - 다 - 라
② 가 - 나 - 라 - 다
③ 나 - 가 - 라 - 다
④ 나 - 라 - 가 - 다

05 ㈜토마토전자의 위험관리방법에 대한 설명으로 적절하지 않은 것은?

① 보험계약을 통해 보험회사로 위험을 전가하였다.
② 특정 재화의 가격하락에 따른 수입감소 위험을 관리하기 위한 방법으로 헤징계약을 체결하여 위험을 전가하였다.
③ 보증기간 만료 이후의 가전제품 수리에 대해서 소매상이 책임을 지는 외주계약을 체결함으로써 위험을 회피하였다.
④ 손실심도가 낮고 손실 발생빈도가 높은 위험에 대비해 손실 규모를 줄이기 위한 손실감소 노력과 함께 일부 위험은 자가보험을 이용하여 위험을 보유하였다.

06 다음 사례와 관련된 보험제도의 원칙으로 적절한 것은?

> 가. '토마토 보험회사'는 보험건수를 많이 판매할수록 궁극적으로 보험에 가입한 계약 건당 손실액이 모집단의 평균에 수렴하고, 변동성이 제거된다.
> 나. 건강에 이상이 있는 표준미달체 고객의 보험 가입을 위하여 위험수준에 따른 할증보험료 방법으로 보험에 가입하였다.

	가	나
①	대수의 법칙	이득금지의 원칙
②	대수의 법칙	급부-반대급부 균등의 원칙
③	수지상등의 원칙	이득금지의 원칙
④	수지상등의 원칙	급부-반대급부 균등의 원칙

07 보험계약 관계자에 대한 설명으로 적절하지 않은 것은?

① 보험계약자는 자기 이름으로 보험회사와 보험계약을 체결하는 자로서 보험료를 납부해야 하며, 자연인과 법인 모두 가능하다.

② 손해보험계약에서 피보험자는 피보험이익의 주체로서 보험사고 발생으로 인한 손실이 귀속되어 보험금을 수령하는 자를 의미한다.

③ 생명보험과 손해보험 모두 자연인만 보험가입 대상으로 설정할 수 있다.

④ 사망보험계약에서는 15세 미만인 자, 심신상실자 또는 심신박약자는 피보험자 지정이 불가한데 이는 도덕적 위태, 보험사기 등으로부터 피보험자를 보호하기 위함이다.

08 손해보험계약에서 보험가입금액과 보험가액 간 관계에 대한 설명으로 가장 적절한 것은?

① 보험가입 후 보험목적의 가격하락 등이 있어도 초과보험으로 바뀌지 않는다.

② 사기적 초과보험이라 하더라도 그 계약 전부가 무효로 되는 것은 아니며, 보험자는 그 사실을 안 때까지의 보험료를 청구할 수 없다.

③ 중복보험은 보험계약자의 사기에 의한 경우라도 무효가 되지는 않는다.

④ 일부보험의 경우 보험가액에 대한 보험가입금액의 비율에 따라 비례보상한다.

09 손해보험계약이 체결되는 적절한 사례로 모두 묶인 것은?

> 가. 선박을 대상으로 선주 김세진씨와 토마토보험회사는 보험사고가 발생한 때와 장소의 가액으로 결정하는 적하보험계약을 체결하였다.
> 나. 토마토주식회사는 보험료 절감을 위해 보험가입금액이 보험가액보다 적은 일부보험계약을 체결하였다.
> 다. 동일한 화물에 대해 수출업자인 고승완씨와 운송업자인 구성현씨는 별개의 보험계약을 체결하였다.

① 나
② 다
③ 가, 다
④ 나, 다

10 A주택 1층에 대해 피보험이익이 존재하지 않는 대상자로 가장 적절한 것은?

① A주택 1층 소유주
② A주택 2층에 거주하는 임차인
③ A주택 1층을 담보로 대출받은 사람
④ A주택을 담보로 대출을 해 준 은행

11 약관의 규제에 관한 법률을 설명한 것으로 가장 적절한 것은?

① 약관에서 정하고 있는 사항에 관해 보험회사와 고객이 약관의 내용과 다르게 합의한 사항이 있더라도 그 합의 사항보다 약관이 우선한다.

② 약관은 신의성실의 원칙에 따라 공정하게 해석되어야 하며 고객에 따라 다르게 해석되어서는 안되며, 약관의 뜻이 명백하지 아니한 경우에는 작성자에게 유리하게 해석되어야 한다.

③ 고객에게 부당하게 불리한 조항, 고객이 계약의 거래형태 등 관련된 모든 사정에 비추어 예상하기 어려운 조항, 계약의 목적을 달성할 수 없을 정도로 계약에 따르는 본질적 권리를 제한하는 조항과 같이 신의성실의 원칙을 위반하여 공정성을 잃은 약관 조항은 무효로 한다.

④ 약관법에서는 약관의 일부 조항이 무효인 경우 그 계약은 무효로 한다고 규정한다.

12 실손의료보험에서 상급병실과 기준병실과의 입원의료비 차액 등을 보상하지 않는 근거가 되는 보험계약자의 의무로 적절한 것은?

① 고지의무
② 위험변경·증가 통지의무
③ 위험유지의무
④ 손해방지의무

13 다음 사례 중 보험회사가 계약해지권을 행사할 수 없는 경우는?

① 강혜연씨는 고혈압이 있다는 사실을 알리지 않고 질병보험에 가입하였고, 보험회사가 불고지 사실을 안 날로부터 3주가 경과되었다.

② 김세진씨는 20년 만기 정기보험에 가입한지 5년이 지났으나 실직으로 인해 보험료 납입이 연체되었고, 보험회사로부터 보험료 납입독촉을 받았으나 결국 납입최고기간이 종료되었다.

③ 상해보험에 가입한 강다니엘씨는 사무직 근로자로 근무하다가 실직하여 건설현장의 일용직 노동자로 취업하였으나 이 사실을 보험회사에 통지하지 않았다.

④ 화재보험에 가입한 임영웅씨의 주택에 화재가 발생하였으나, 임영웅씨의 과실로 미흡하게 대처하여 화재로 인한 손실이 증가하였다.

14 보험상품 유통채널별 법적 권한에 대한 설명이 적절하지 않은 것은?

① 보험설계사 – 계약체결대리권 없음
② 보험대리점 – 요율협상권 없음
③ 보험중개사 – 고지의무수령권 있음
④ 금융기관대리점 – 보험료수령권 있음

15 사회보험과 민간보험을 비교한 것으로 적절하지 않은 것은?

① 사회보험은 사회보장정책을 구현하기 위한 수단이므로 영리를 목적으로 하는 민간보험과 달리 보험의 원리와 방식이 적용되지 않는다.

② 사회보험은 자발적으로 가입하는 민간보험과 달리 강제가입을 통해 전 국민에게 기본적인 서비스를 제공하기 때문에, 일정한 법적 요건이 충족되면 본인의 의사와 관계없이 가입이 강제되며 보험료 납부의무가 부여된다.

③ 개인의 선택에 따라 재원을 부담하는 민간보험과 달리 사회보험은 능력에 비례하여 부담한다.

④ 민간보험의 급여수준은 사회보험과 달리 기여에 비례하여 급여를 제공한다.

16 노인장기요양보험에 대한 설명으로 적절하지 않은 것은?

① 장기요양인정을 신청하는 자는 보건복지부령으로 정하는 바에 따라 의사 또는 한의사가 발급하는 의사소견서를 첨부한 장기요양인정신청서를 국민건강보험공단에 제출하여야 한다.

② 국민건강보험공단은 방문조사가 완료된 때 조사결과서, 신청서, 의사소견서, 그 밖에 심의에 필요한 자료를 등급판정위원회에 제출하여야 한다.

③ 재가 및 시설 급여비용 중 수급자의 본인부담금은 당해 장기요양급여비용의 10%이다.

④ 국민기초생활보장법에 따른 의료급여 수급자는 본인부담금 전액이 면제된다.

17 산업재해보상보험에 대한 설명으로 가장 적절한 것은?

① 근로자의 고의, 자해행위나 범죄행위 또는 그것이 원인이 되어 발생한 부상, 질병, 장해 또는 사망은 정상적인 인식능력 등이 뚜렷하게 저하된 상태에서 한 행위로 발생한 경우라고 하더라도 업무상의 재해로 보지 않는다.

② 일반적인 경우 산업재해보험료는 사업자와 근로자가 보험료를 각각 50%씩 부담한다.

③ 간병급여는 요양 중인 산재근로자가 의학적으로 상시 또는 수시로 간병이 필요하여 실제로 간병을 받는 자에게 보험급여를 지급하는 제도이다.

④ 장례비는 산업재해로 사망 시 장제를 지낸 유족 또는 유족이 아닌 자가 장제를 지낸 경우에는 그 장제를 지낸 자에게 지급하며, 지급액은 평균임금의 120일분이다.

18 저축성보험 보험차익으로서 비과세되는 계약으로 적절한 것은?

① 납입보험료의 합계가 3억원인 일시납 즉시연금보험

② 보험료 납입 계약기간 만료 후 50세부터 사망 시까지 연금으로 지급받는 종신형 연금보험계약

③ 연금 외의 형태로 보험금·수익 등을 지급하는 종신형 연금보험계약

④ 경험생명표에 따른 성별·연령별 기대여명 연수 이내의 보증기간이 설정되어 계약자가 해당 보증기간 이내에 사망한 경우 해당 보증기간의 종료시 보험계약 및 연금재원이 소멸하는 종신형 연금보험계약

19 정기보험에 대한 설명으로 가장 적절한 것은?

① 보험료 변동 여부에 따라 평준정기보험, 체감정기보험, 체증정기보험으로 구분된다.

② 체감정기보험은 인플레이션으로 인한 보험금의 실질가치 하락을 막기 위해 사용된다.

③ 갱신정기보험은 보험기간 종료 시점에 보험계약자가 보험가입에 대한 적격성 심사를 받지 않고 보험기간을 연장할 수 있는 상품이다.

④ 재가입정기보험은 피보험자가 보험기간 종료 시점에 적격 피보험체 여부를 증명하여야 계약을 갱신할 수 있다.

20 종신보험에 대한 설명으로 적절하지 않은 것은?

① 유니버셜종신보험의 보험계약자는 보험료 납입 시기와 납입액수를 스스로 결정할 수 있으며, 필요할 경우 보험료 납입간격을 다르게 하거나 일시적으로 중지하고 다시 납입할 수도 있다.

② 유니버셜종신보험의 보험계약자는 위험보험료, 투자수익률, 사업비 등 보험료 구성요소별 세부 내역을 확인할 수 있다.

③ 변액종신보험은 중도해지 시 투자실적에 따라 해약환급금이 변동된다는 것 등이 일반종신보험과 다르나 사망보험금은 변동하지 않는 등 일반종신보험과 상품의 형태는 동일하다.

④ 변액종신보험은 투자에 대한 위험을 보험계약자가 부담하므로 다른 상품과 구분하여 특별계정에서 운용된다.

21 생명보험 상품에 대한 설명으로 적절하지 않은 것은?

① 세제적격연금의 과세방식은 보험료 납입 및 운용 단계에서 세제혜택을 부여하며, 연금수령단계에서 과세한다.

② 세제비적격연금은 연금보험으로 불리며 세액공제 혜택은 없지만 보험료 납입기간이 5년 이상이고, 보험계약을 10년 이상 유지하는 등 관련 세법상 요건 충족 시 세제혜택이 부여된다.

③ 장애인전용보험은 보장성보험료와 별도로 연간 100만원 한도 내에서 추가공제 혜택이 있으며, 장애인전용보험을 포함한 모든 보험상품에 있어 장애인을 보험수익자로 하는 보험계약은 보험금으로 연간 4,000만원 한도 내에서 증여세가 비과세 된다.

④ 기본공제대상자를 피보험자로 하는 일반보장성 보험료는 연 100만원 한도로 13.2%(지방소득세 포함)의 소득공제를 인정하고 있다.

22 ㈜토마토의 법인세 신고 시 단체보장성보험 납입 보험료에 대한 비용처리 관련 금액이 적절하게 연결된 것은?

- 보험금 지급사유 : 종업원의 사망 · 상해 또는 질병
- 피보험자와 수익자 : 종업원
- 보험종류 : 단체순수보장성보험
- 종업원 1인당 연간 보험료 : 90만원(모두 동일)
- 보험가입 종업원 : 100명

	복리후생비로 비용처리	종업원 급여로 비용처리
①	–	7,000만원
②	2,000만원	7,000만원
③	7,000만원	–
④	7,000만원	2,000만원

23 보험계약 유지를 위한 제도 비교 내용이 적절하게 연결된 것은?

	구분	보험가입금액	보험기간
①	보험료 납입 일시중지	감액	동일
②	보험료 자동대출납입	감액	동일
③	감액완납	감액	단축
④	연장정기보험	동일	단축

24 생명보험 언더라이팅 기본원칙에 대한 설명으로 적절하지 않은 것은?

① 대량위험 원칙 – 다수 경제주체의 결합을 전제로 하여 이루어질 수 있다.

② 동질위험 원칙 – 위험 동질성이란 위험의 유형과 정도에 있어서 동질을 의미한다.

③ 분산가능위험 원칙 – 위험단체의 위험을 평준화 하기 위해 대상 집단에 대한 평균 위험도를 예측 하여 평균을 상회하는 수준의 위험을 선택한다.

④ 형평성 유지 원칙 – 보험계약자들이 각각의 위험 도가 반영된 보험료를 납입하도록 함으로써 형 평성을 유지하도록 해야 한다.

25 생명보험약관에 대한 적절한 설명으로 모두 묶인 것은?

가. 보험계약에 관하여 분쟁이 있는 경우 분쟁당사자 또는 기타 이해관계인과 보험회사는 금융감독원 장에게 조정을 신청할 수 있으며, 분쟁조정 과정 에서 보험계약자는 관계 법령이 정하는 바에 따 라 보험회사가 기록 및 유지 · 관리하는 자료의 열람을 요구할 수 있다.

나. 보험회사는 일반금융소비자인 보험계약자가 조 정을 통하여 주장하는 권리나 이익의 가액이 금 소법에서 정하는 일정 금액 이내인 분쟁사건에 대하여 조정절차가 개시된 경우에는 관계법령 이 정하는 경우를 제외하고는 소를 제기하지 않 는다.

다. 보험금청구권, 보험료 반환청구권, 해약환급금 청구권, 계약자적립액 반환청구권 및 배당금 청 구권은 2년간 행사하지 않으면 소멸시효가 완성 된다.

라. 약관의 뜻이 명확하지 아니한 경우에는 작성자 이익의 원칙에 따라 보험자에게 유리하게 해석 한다.

마. 설명서, 약관, 계약자 보관용 청약서 및 보험증 권의 제공 사실에 관하여 보험계약자와 보험회 사 간에 다툼이 있는 경우에는 보험계약자가 이 를 증명하여야 한다.

① 가, 나
② 나, 다
③ 다, 라
④ 라, 마

26 제3보험에 대한 다음 설명 중 적절하지 않은 것은?

① 제3보험은 사람의 신체에 발생한 질병 및 상해에 대하여 사망·후유장애 및 치료비, 간병비 등을 보상하는 보험으로 민간 의료보험이라고 볼 수 있다.

② 질병보험은 보험회사가 역선택이 가능한 특정 질병의 경우 제1회 보험료 납입일 이후 일정 기간 동안 보장하지 않는 대기기간을 설정할 수 있다.

③ 소득보상보험은 대기기간을 길게 설정할수록 보험료는 높아진다.

④ 장기간병보험은 보험기간 중 활동불능 또는 인식불능 등 타인의 간병을 필요로 하는 상태 및 이로 인해 생활이 어려운 경우 간병자금 및 생활비 등을 지급하는 보험으로 주로 장기요양상태가 되거나 일상생활장해 및 중증치매 발생 시 보장한다.

27 토마토손해보험회사가 순보험료법으로 자동차 보험료율을 산정하려고 할 경우 가장 적절한 금액은?

• 피보험차량 대수 : 10만대
• 발생손해액 : 100억원
• 사업비 : 20억원
• 이윤 : 5%

① 84,210원
② 114,285원
③ 126,315원
④ 148,315원

28 배상책임보험에 대한 적절한 설명으로 모두 묶인 것은?

가. 피해자인 제3자가 전제되어야 한다. 즉 사고 발생에 의해 실질적으로 직접적인 손해를 입는 것은 제3자인 피해자이고, 피해자에 대한 손해가 발생하지 않는 한 가해자의 책임이 성립되지 않는다.

나. 보험가액, 중복보험, 초과보험의 개념에 따라 보험금을 지급한다.

다. 피보험자의 고의 또는 과실로 인한 법률상 배상책임을 담보한다.

라. 배상책임보험은 배상책임의 주체에 따라 일반배상책임보험과 전문직배상책임보험, 법적 강제성에 따라 임의배상책임보험과 의무배상책임보험, 책임시기에 따라 손해사고기준 배상책임보험과 배상청구기준 배상책임보험으로 분류된다.

마. 실무상으로 손해사고기준을 원칙으로 하고 있지만 손해사고 발생 시점을 특정하기 어려운 위험의 경우에는 배상청구기준을 사용하고 있다.

① 가, 나, 다
② 가, 나, 마
③ 가, 라, 마
④ 나, 다, 라

29 장기손해보험과 일반손해보험을 비교한 것으로 적절하지 않은 것은?

구분	장기손해보험	일반손해보험
① 보험기간	3~15년	3년 이하 (통상 1년 이하)
② 보험료 구성	순보험료 + 부가보험료	위험보험료 + 부가보험료
③ 자동 복원 제도	보험금 지급 후 잔여보험기간의 보험가입금액은 지급보험금만큼 차감함	지급보험금이 보험가입금액의 80% 미만일 경우 잔여기간의 보험가입금액이 감액되지 않음
④ 환급금	중도환급금, 만기환급금 존재	없음

30 자동차보험 종합보험(임의보험)에 대한 설명으로 가장 적절한 것은?

① 보험가입 여부를 가입자 및 보험회사가 임의로 선택할 수 있는 임의보험의 성격을 지니며 대인배상Ⅱ는 대인배상Ⅰ의 초과 손해분을 보상하며, 대인배상Ⅱ를 무한으로 가입한 경우에는 교통사고처리특례법상 형사처벌특례가 적용되어 형사상 책임의 부담을 덜 수 있다.

② 자기신체사고담보를 통해 운전자 본인의 인적피해에 대한 보상을 받을 수 있으며, 자기차량손해 시 전손사고로 인해 차량수리가 불가능하거나 또는 보상금액이 보험가입금액의 전액 이상인 경우에도 보험계약이 종료되지 않는다.

③ 각종 특약 등을 통해서 운전자 범위 등을 지정할 수 있는데 위반 시에도 보상된다.

④ 무보험자동차에 의한 상해담보를 가입하면, 자동으로 다른 자동차운전담보특약이 적용되는데, 이는 다른 자동차 운전 중에 생긴 대인배상, 자기신체사고에 대하여 보상한다.

투자설계

31 투자와 위험에 대한 설명으로 적절하지 않은 것은?

① 개인은 복수의 투자목표를 가지고 있고 투자목표별로 투자기간과 감당할 수 있는 위험수준이 상이하여 투자목표별로 투자전략을 수립하여야 한다.

② 위험수준을 높게 설정한다는 것은 위험자산의 투자 비중을 높여 적극적으로 운용한다는 것을 의미하고 목표를 달성하지 못할 위험은 증가하지만, 목표보다 훨씬 큰 규모의 자금을 마련할 가능성도 높아진다.

③ 목표를 달성하지 못할 가능성을 위험으로 설정한다면, 투자목표를 달성하지 못함으로써 발생하는 고통의 크기에 따라 감내할 수 있는 투자위험의 크기가 달라진다.

④ 투자기간이 짧은 개인은 투자위험이 높은 자산에 투자하여야 수익을 달성할 수 있지만, 투자기간이 긴 개인은 투자위험이 낮은 자산에 투자해도 수익을 달성할 가능성이 크다.

32 증권의 종류에 대한 설명이 적절하게 연결된 것은?

가. 국채증권, 지방채증권, 특수채증권, 사채권, 기업어음증권, 그 밖에 이와 유사한 것으로서 지급청구권이 표시된 것

나. 증권을 예탁받은 자가 그 증권이 발행된 국가 외의 국가에서 발행한 것으로서 그 예탁받은 증권에 관련된 권리가 표시된 것

	가	나
①	채무증권	투자계약증권
②	채무증권	증권예탁증권
③	수익증권	투자계약증권
④	수익증권	증권예탁증권

33 국민소득에 대한 설명으로 가장 적절한 것은?

① 국내총생산은 한 국가 안에서 일정 기간 생산된 모든 최종 재화와 서비스의 시장가치를 합한 금액이다.
② 실질 GDP는 물가가 변동하면 변동하지만, 명목 GDP는 물가가 변동하더라도 일정하다.
③ GDP 갭이 양수이면, 경제가 보유하고 있는 생산요소 중 일부가 생산활동에 활용되지 않는 유휴상태라는 것을 의미한다.
④ 경제성장률은 명목 GDP의 증가율로 측정된다.

34 국내 통화량 증가 요인으로 모두 묶인 것은?

가. 정부가 세금을 거둬들이는 경우
나. 수출이 증가하거나 해외 기관투자자가 국내에서 주식이나 채권에 투자하는 경우
다. 국제수지가 흑자일 경우

① 가, 나
② 가, 다
③ 나, 다
④ 가, 나, 다

35 자금의 수요와 공급에 대한 다음 설명 중 가장 적절한 것은?

① 자금의 공급은 가계 및 기업의 투자와 관련이 있다.
② 금리가 상승하면 차입비용이 증가하므로 자금수요량은 감소한다.
③ 자금의 수요는 경제주체가 여유자금을 저축하는 것과 관련이 있다.
④ 자금차입이 증가하면 시장금리는 하락한다.

36 환율상승 요인으로 모두 묶인 것은?

가. 경상수지가 흑자가 된 경우
나. 경상수지가 적자가 된 경우
다. 국내외환시장에서 미 달러화 수요가 증가한 경우
라. 국내외환시장에서 미 달러화 수요가 감소한 경우

① 가, 다
② 가, 라
③ 나, 다
④ 나, 라

37 경제환경에 따라 예상되는 투자수익률이 달라지는 주식A의 수익률 분포를 아래와 같이 가정할 경우 기대수익률로 적절한 것은?

경제환경	확률	주식A(현재가 10,000)	
		예상주가	수익률
긍정적	30%	15,000	50%
현재수준	50%	11,000	10%
부정적	20%	9,000	-10%

① 15%
② 18%
③ 25%
④ 50%

38 김세진씨의 지난 1년간 투자내용이 다음과 같을 경우 포트폴리오의 가중평균수익률로 가장 적절한 것은?

투자대상	기초투자금액	기말평가금액	연간수익률
A펀드	1,000,000	900,000	-10%
B펀드	2,000,000	2,100,000	5%
C펀드	3,000,000	3,090,000	3%

① -2.0%
② 1.0%
③ 1.5%
④ 3.0%

39 베타계수(β)에 대한 설명으로 적절하지 않은 것은?

① 베타계수는 -1에서 +1 사이 범위의 값을 갖는다.
② 분산투자로 비체계적 위험이 제거되면, 시장위험인 체계적 위험만 존재하며, 표준편차는 포트폴리오의 총위험을 나타내는데, 이 중 체계적 위험을 나타내는 지표가 베타계수이다.
③ 베타계수는 시장대비 개별 자산의 수익률 민감도이다.
④ 주식시장이 상승할 것이라고 판단되면 베타계수가 1보다 높은 고베타 주식을, 하락할 것이라고 예상되면 베타계수가 1보다 낮은 저베타 주식을 선택하는 것이 투자의 방법이 될 수 있다.

40 다음 'A~D' 펀드 중 지배원리로 판단할 때 가장 우수한 펀드는?

	펀드	평균수익률	표준편차
①	A펀드	10%	10%
②	B펀드	10%	9%
③	C펀드	9%	10%
④	D펀드	9%	9%

41 다음 자료를 통해 계산한 A기업 주식의 요구수익률로 가장 적절한 것은?

- A기업 주식의 베타계수 : 0.8
- 주식시장의 위험보상률 : 5%
- 실질무위험수익률 : 1%
- 물가상승률 : 1.5%

① 5%
② 6%
③ 6.5%
④ 7.5%

42 주식배당에 대한 설명이 적절하게 연결된 것은?

A. 당기순이익에 대한 현금배당액의 비율
B. 주당배당금을 현재의 주가 또는 매입가격으로 나눈 비율
C. 이 날부터 주식을 매입할 경우 배당을 받을 수 있는 권리가 없어지게 됨
D. 주주명부에 이름이 기재되어 배당을 받을 권리를 정하는 기준일자

	배당기준일	배당락일	배당수익률	배당성향
①	C	D	A	B
②	C	D	B	A
③	D	C	A	B
④	D	C	B	A

43 A주식은 작년도 배당이 주당 1,000원이었으며 향후 안정적으로 5%의 배당성장률이 기대된다. A주식의 요구수익률이 8%일 경우 정률성장 배당할인모형으로 계산한 A주식의 가치로 가장 적절한 것은?

① 30,000원
② 32,500원
③ 35,000원
④ 37,500원

44 다음 자료를 토대로 ㈜토마토식품의 주가수익비율(PER)로 가장 적절한 것은?

- 주가 : 10,000원
- 자산가치 : 100억원
- 당기순이익 : 10억원
- 발행주식수 : 100만주
- 주당매출액 : 5,000원

① 2배
② 3배
③ 10배
④ 20배

45 다음 정보를 토대로 PER 및 PBR을 활용해 분석한 ㈜토마토전자 주식에 대한 설명으로 가장 적절한 것은?

〈㈜토마토전자 관련 정보〉
- 현재 주가 : 10,000원/주
- 주당순이익(EPS) : 1,000원
- 주당장부가치(BPS) : 5,000원
- 동일 산업의 평균 PER : 8배

① ㈜토마토전자 주식의 PER은 5배이다.
② ㈜토마토전자 주식의 현재 주가는 동일 산업의 평균 PER로 산출한 적정주가보다 과소평가되어 있다.
③ ㈜토마토전자 주식의 PBR은 0.5배이다.
④ PBR로 판단할 경우 ㈜토마토전자 주식의 주가가 장부가치보다 높다.

46 주가지수에 대한 설명으로 적절하지 않은 것은?

① Nikkei 225는 대표적인 동일가중방법의 지수이다.

② KOSPI지수는 유가증권시장에 상장되어 있는 종목을 대상으로 산출되는 종합지수로 유가증권시장의 대표지수인데, 기준시점은 1980년 1월 4일이며 기준지수는 100이고, 지수계산 방식은 시가총액방식으로 유가증권시장 전체의 주가 움직임을 파악하기에 적합한 지수이다.

③ KRX100지수는 유가증권시장과 코스닥시장의 전체를 대표하는 보통주 중 우량주 100개 종목으로 구성된 지수이다.

④ DAX는 독일 프랑크푸르트 증권거래소에 상장된 40개 우량 기업을 시가총액가중한 주가지수이다.

47 채권수익률과 채권가격에 대한 적절한 설명으로 모두 묶인 것은?

> 가. 채권가격과 채권수익률은 동일한 방향으로 움직인다.
> 나. 채권수익률이 상승하면 채권가격은 하락하고 채권수익률이 하락하면 채권가격은 상승한다.
> 다. 채권수익률 변화에 따른 채권가격의 변화는 원점에 대하여 직선의 형태를 나타낸다.
> 라. 채권수익률이 하락하는 경우 가격의 상승폭이 채권수익률이 상승하는 경우 가격의 하락폭보다 더 크다.

① 가, 나
② 가, 다
③ 나, 라
④ 다, 라

48 채권투자의 위험에 대한 적절한 설명으로 모두 묶인 것은?

> 가. 채권투자에 있어서 가장 큰 위험은 지급불능위험(신용위험)인데, 일반적으로 채권은 위험을 기준으로 국공채와 같은 무위험채권과 위험채권으로 구분할 수 있으며, 위험채권은 신용등급을 기준으로 나뉘어지는데 신용등급이 낮을수록 채권수익률이 높다.
> 나. 채권보유자의 입장에서 재투자위험은 채권을 중도에 매매하지 않고 만기까지 보유할 경우 회피할 수 있다.
> 다. 채권의 가격변동위험과 재투자위험은 서로 상반되는 효과를 발생시킨다.
> 라. 유동성은 매수와 매도 호가차이인 스프레드로 평가하는데 스프레드가 클수록 유동성이 풍부하고 유동성위험이 낮다고 판단한다.

① 가, 다
② 나, 라
③ 가, 나, 다
④ 나, 다, 라

49 신종채권에 대한 설명이 적절하게 연결된 것은?

> 가. 기준금리가 상승하면 채권의 금리는 상승하고 기준금리가 하락하면 채권의 금리는 하락하는 구조를 갖는다.
> 나. 사전에 정해진 조건으로 채권 투자자가 채권을 주식으로 전환할 수 있는 권리가 부여된 채권으로, 주가가 상승하면 유리하고 하락하면 불리한 손익구조를 가지고 있지만 권리를 행사하면 채권이 소멸한다.

	가	나
①	변동금리채권 (FRN)	전환사채 (CB)
②	변동금리채권 (FRN)	신주인수권부사채 (BW)
③	역변동금리채권 (Inverse FRN)	전환사채 (CB)
④	역변동금리채권 (Inverse FRN)	신주인수권부사채 (BW)

50 산업분석에 대한 설명으로 적절하지 않은 것은?

① 태동기는 시장의 수요가 높아지고 기업의 생산량이 빠르게 증가하며, 경쟁자가 시장에 진입하지만 낮은 경쟁이 이루어진다.

② 성숙기는 성장률이 둔화되고 현금 창출이 이루어지며, 사업자 간 경쟁이 심화되어 가격과 이익이 하락하게 된다.

③ 산업구조 분석에서 마이클포터의 모형에 따르면 기존기업 간의 경쟁, 진입장벽, 공급자 교섭력, 구매자 교섭력, 대체재 위협의 5가지 경쟁 강도를 결정하는 요인이 존재한다.

④ 산업구조 분석에서 마이클포터의 모형에 따르면 제품/서비스 차별화, 규모의 경제, 절대적 원가 우위, 정부규제, 소요자본 등은 진입장벽의 경쟁 강도를 결정하는 요인이다.

51 기술적 분석의 기법 예시가 적절하게 연결된 것은?

가. 패턴분석 : 헤드 앤 숄더, 이중천정/바닥형
나. 지표분석 : 스토캐스틱, RSI

	가	나
①	반전형	추세추종형 지표
②	반전형	추세반전형 지표
③	지속형	추세추종형 지표
④	지속형	추세반전형 지표

52 증권분석에 대한 설명으로 적절하지 않은 것은?

① 효율적 시장가설에 따르면 기본적 분석으로 시장 대비 초과이익을 얻으려면 좋은 사업전망을 하고 있는 기업을 찾는 것뿐만 아니라 다른 분석가가 알지 못하는 더 좋은 기회를 찾아내야 한다.

② 주가를 예측하기 위해서 기본적 분석은 기업의 내재가치 평가에, 기술적 분석은 과거 가격의 패턴을 분석하여 미래가격의 움직임이나 시장의 경향을 예측하는 데 집중한다.

③ 추세선/지지/저항선 등은 기술적 분석 중 추세분석의 기법에 해당한다.

④ 기본적 분석은 투자가치를 무시하고 시장의 변동에만 집중하기 때문에 시장의 변화요인을 분석할 수 없다는 한계가 있다.

53 상장지수펀드(ETF)에 대한 설명으로 적절하지 않은 것은?

① 펀드는 환매 요청 후 환매자금을 현금으로 수령한 이후에 재투자할 수 있지만, ETF는 주식시장에서 횟수에 제한 없이 실시간으로 매매할 수 있다.

② ETF는 펀드와 비교하여 운용보수가 낮고 판매보수나 수수료가 없어서 보수비용이 저렴하나, ETF를 시장에서 매매할 때 주식처럼 매매수수료가 발생한다.

③ 펀드는 종가 기준으로 가입되거나 환매되지만, ETF는 거래소에서 매수자와 매도자의 호가가 일치하는 가격으로 매매가 체결됨에 따라 기준가격과 매매가격의 차이가 일정 수준 이내로 유지될 수 있도록 유동성제공기관(LP)을 두어 시장조성자 역할을 수행하도록 하고 있다.

④ 괴리율이 양수이면 거래소에서 결정되는 시장가격이 ETF 순자산가치인 기준가격보다 더 낮게 거래된다는 것을 의미한다.

54 채권투자전략 중 액티브전략에 대한 다음 설명 중 (가)~(라)에 들어갈 내용이 적절하게 연결된 것은?

• 듀레이션전략은 금리가 상승할 것으로 예상되면 듀레이션을 (가)하여 손실을 통제하고 금리가 하락할 것으로 예상되면 듀레이션을 (나)하여 수익률을 높일 수 있다.

• 크레딧전략에서 채권을 발행한 기업의 신용도가 향상되어 신용등급이 높아지면 채권의 신용스프레드가 감소한다. 신용스프레드가 감소하면 해당 채권의 금리가 (다)하여 채권가격이 (라)한다.

	가	나	다	라
①	확대	축소	상승	하락
②	확대	축소	하락	상승
③	축소	확대	상승	하락
④	축소	확대	하락	상승

55 선물·옵션에 대한 설명으로 가장 적절한 것은?

① 선물매수자는 권리만 가지고, 선물매도자는 계약이행의 의무를 지닌다.
② 증거금은 선물과 옵션 모두 매도자만 필요하다.
③ 옵션은 매수자와 매도자 모두 계약이행의 권리와 의무를 지닌다.
④ 옵션매도자는 일방적으로 불리한 상황에 처하게 되기 때문에 옵션매수자로부터 권리부여에 대한 대가를 요구하게 되는데 이를 프리미엄 또는 옵션가격이라고 한다.

56 코스피200지수가 250인 경우 이익을 보는 옵션으로 가장 적절한 것은?

① 권리행사가격이 247.5인 풋옵션
② 권리행사가격이 250인 콜옵션
③ 권리행사가격이 252.5인 콜옵션
④ 권리행사가격이 252.5인 풋옵션

57 행사가격이 250인 코스피200 콜옵션을 2포인트의 프리미엄을 주고 1계약 매수한 경우 최대손실과 만기 손익분기점으로 적절하게 연결된 것은?

	손익분기점	만기일의 최대손실
①	248pt	500천원
②	248pt	무제한
③	252pt	500천원
④	252pt	무제한

58 코스피200 ETF에 10억원을 투자하고 있는 투자자가 주가 하락을 우려하여 코스피200지수선물을 매도하였다고 가정하자. 지수선물의 매도가격이 350일 때 코스피200 ETF를 완전히 헤지하기 위해서 매도해야 하는 코스피200지수선물의 계약수로 가장 적절한 것은(코스피200 ETF의 베타는 1이고 선물거래승수는 25만원으로 가정)?

① 9계약
② 11계약
③ 13계약
④ 15계약

59 금융소비자보호법에 따르면 일반금융소비자에게 투자성 상품을 권유하기 위해서는 적합성원칙, 적정성원칙 및 설명의무를 준수하여야 한다. 적합성원칙 준수를 위해 파악해야 하는 투자자 정보로 모두 묶인 것은?

가. 해당 금융상품 취득 또는 처분 목적
나. 재산상황
다. 취득 또는 처분 경험
라. 금융상품에 대한 이해도
마. 기대이익 및 기대손실 등을 고려한 위험에 대한 태도

① 가, 나
② 가, 나, 다
③ 다, 라, 마
④ 가, 나, 다, 라, 마

60 핵심 - 위성전략에 대한 설명으로 가장 적절한 것은?

① 핵심 - 위성전략이란 대부분의 자산을 초과수익을 달성할 수 있는 핵심포트폴리오에 투자하고 나머지는 위성포트폴리오에 투자하는 전략을 말한다.
② 핵심포트폴리오는 적극적으로 운용하고 위성포트폴리오는 장기보유전략을 유지하므로 투자전략의 조정은 핵심포트폴리오를 통하여 이루어진다.
③ 생애주기 관점에서 적립식으로 투자하여 노후자금을 마련하고자 하는 경우 핵심포트폴리오는 타깃데이트펀드(TDF)라고 할 수 있다.
④ 위성포트폴리오는 핵심포트폴리오에 포함되는 주식, 채권 등 전통적 자산군에 투자하는 경우 패시브 전략을 실행하여 초과수익률을 달성하고자 한다.

세금설계

61 세금의 분류에 대한 적절한 설명으로 모두 묶인 것은?

> 가. 직접세는 납세의무자가 세금을 부담하는 것이고 간접세는 납세의무자에게 부과된 세금이 다른 자에게 전가될 것으로 입법자가 예정하고 있는 세금을 의미한다.
> 나. 대표적인 간접세로는 종합부동산세와 부가가치세가 있다.
> 다. 국세에서 목적세는 교육세, 농어촌특별세 등이 있고, 지방세에서는 목적세로서 교통·에너지·환경세, 지방교육세 등이 있다.
> 라. 부가세는 다른 세금에 부과되는 세금을 의미하는데, 대표적인 부가세에는 취득세, 지방교육세 등이 있다.

① 가
② 가, 나
③ 나, 다
④ 다, 라

62 납세의무에 대한 설명으로 적절하지 않은 것은?

① 납세의무는 특정의 시기에 특정 사실 또는 상태가 존재함으로써 과세대상이 납세의무자에게 귀속되어 세법이 정하는 바에 따라 과세표준의 산정 및 세율의 적용이 가능하게 되는 때에 성립한다.
② 성립된 납세의무는 추상적인 형태에 불과한 것이므로 납부 또는 징수의 대상이 되기 위해서는 별도의 구체적인 확정절차가 필요하다.
③ 납세의무의 확정은 법정 절차에 의하여 확정되는 경우와 별도의 확정절차 없이 자동적으로 확정되는 경우로 구분할 수 있다.
④ 부과과세제도에 의하여 확정되는 조세에는 소득세, 법인세, 부가가치세, 증권거래세, 취득세 등이 있다.

63 세금의 신고에 대한 설명으로 적절하지 않은 것은?

① 과세표준신고서를 법정신고기한 내에 제출한 경우에는 수정신고 또는 경정청구를 통하여 그 내용을 정정할 수 있다.
② 수정신고란 이미 신고한 과세표준 및 세액이 세법이 정하는 방법에 따라 산출한 세액에 과소(또는 환급세액이 과대)한 경우 또는 이미 신고한 내용이 불완전한 경우에 납세의무자가 이를 바로잡고자 내용을 정정하여 신고하는 제도를 의미한다.
③ 수정신고를 하는 경우에는 납세자 입장에서 가산세를 감면받을 수 있는데 실익이 있다.
④ 법정신고기한까지 과세표준신고서를 제출하지 않은 경우 별도의 신고절차는 없으며, 관할세무서장이 세법에 따라 해당 국세의 과세표준과 세액을 결정하여 통지하기 전까지 기다려야 한다.

64 소득세 과세원칙에 대한 설명으로 적절하지 않은 것은?

① 소득세의 과세단위는 생계를 같이하는 세대를 기준으로 한다.
② 현행 소득세법은 과세표준이 커짐에 따라 세율도 높아지는 초과누진세율 구조를 채택하고 있어 납세의무자의 담세력에 상응하며 수직적공평과 소득재분배의 기능을 수행한다.
③ 소득세는 원칙적으로 열거주의 과세방식을 택하지만, 경제발전에 따라 새로운 거래 형태가 발생할 수 있는 이자소득, 배당소득, 사업소득에 대해서는 일부 유형별 포괄주의 방식을 채택하고 있다.
④ 퇴직소득과 양도소득에 대하여는 다른 소득과 합산하지 않고 각각의 소득별로 분류하여 과세하고 있다.

65 종합소득세 계산 과정에서 종합소득공제 100만원을 받는 경우와 세액공제 10만원을 받는 경우에 대한 적절한 설명으로 모두 묶인 것은?

> 가. 종합소득공제 100만원은 종합소득 과세표준을 줄여주고, 세액공제 10만원은 종합소득 결정세액을 줄여준다.
> 나. 종합소득 과세표준 구간에 따라 종합소득공제 100만원의 절세효과가 달라진다.
> 다. 종합소득세율이 높아지면 종합소득공제 100만원에 따른 절세금액이 커진다.
> 라. 종합소득공제 100만원과 세액공제 10만원이 종합소득 결정세액에 미치는 영향은 근로소득자인 경우에만 달라진다.

① 가, 나, 다
② 가, 나, 라
③ 가, 다, 라
④ 나, 다, 라

66 치킨집 사업소득 외 다른 소득이 없는 개인사업자 홍은균씨의 20××년 귀속 소득세법 상 사업소득금액이 50,000천원일 경우에 대한 다음 설명 중 가장 적절한 것은?

① 홍은균씨의 20××년 총수입금액은 50,000천원이다.
② 20××년 총수입금액에서 각종 사업 관련 비용을 차감한 후 금액은 50,000천원이다.
③ 홍은균씨는 50,000천원에 대하여 종합소득세 세율을 곱한 금액을 종합소득세로 납부해야 한다.
④ 치킨집을 운영하면서 얻은 수입에서 각종 생활비 등을 쓰고 남은 돈이 50,000천원이다.

67 개인사업자의 사업소득금액 계산에 대한 설명으로 가장 적절한 것은?

① 소득세 환급금, 전년도부터 이월된 소득금액, 부가가치세 매출세액 등은 총수입금액에 산입하지 않는다.
② 가사 관련 경비는 매출액의 일정 비율만큼 필요경비로 인정받을 수 있다.
③ 기장에 의한 방법으로 사업소득금액을 계산해 종합소득세를 신고하는 경우에는 가산세 등 세법상 불이익이 따른다.
④ 결손이 발생한 사업자의 경우에는 기장을 하지 않고 추계에 의한 방법으로 소득세를 신고하더라도 해당 과세기간 소득금액 계산 시 결손금 및 이월결손금 공제를 적용받을 수 있다.

68 세법상 근로소득으로 모두 묶인 것은?

> 가. 근로를 제공함으로써 받는 특별상여
> 나. 법인의 주주총회 결의에 따라 상여로 받는 소득
> 다. 법인세법에 따라 상여로 처분된 금액
> 라. 종업원의 사망·상해 또는 질병을 보험금의 지급사유로 하고 종업원을 피보험자와 수익자로 하는 단체순수보장성보험의 보험료 중 연 70만원 이하의 금액

① 가, 나, 다   ② 가, 나, 라
③ 가, 다, 라   ④ 나, 다, 라

69 소득세법상 근로소득 과세방법에 대한 설명으로 가장 적절한 것은?

① 일반근로자의 근로소득금액은 비과세소득을 제외한 총급여액에서 근로소득공제액을 적용하여 계산한다.
② 일용근로자의 원천징수세액은 1일 급여에서 근로소득공제를 70% 제하고 6%의 세율을 적용한다.
③ 연말정산은 근로소득에 대해 이미 원천징수한 세액은 고려하지 않는다.
④ 부동산임대소득이 있는 근로자는 연말정산 시 부동산임대소득을 반영하여야 한다.

70 치킨가게를 운영하는 김세진씨가 20××년 귀속 종합소득세 신고 시 소득공제를 적용받을 수 있는 지출범위로 가장 적절한 것은?

① 국민연금보험료
② 자동차보험료
③ 발목 치료비
④ 대학원 등록금

71 종합소득세 신고와 납부에 대한 설명으로 가장 적절한 것은?

① 근로소득 및 퇴직소득만 있는 자는 종합소득에 대한 과세표준 확정신고 의무가 있다.
② 거주자는 해당 연도의 종합소득세 자진납부세액을 과세표준 확정신고 후 1개월 이내에 자진해서 납부하여야 한다.
③ 납부할 세액이 1천만원을 초과하는 경우 신청에 의해 일정 세액을 납부기한이 지난 후 2개월 이내에 분할납부할 수 있다.
④ 개인지방소득세는 종합소득 과세표준 확정신고 후 2개월 이내에 신고납부하여야 한다.

72 제조업을 영위하는 A법인에 대한 설명으로 가장 적절한 것은?

① A법인의 정관에 사업연도가 2년이 원칙임이 명확히 제시된 경우, 예외적으로 사업연도를 2년 단위로 적용할 수 있다.
② A법인의 사업연도는 법령에 의한 규정이 없는 한 정관에 의한 원칙을 따른다.
③ A법인은 과세소득을 계산하는 기간 단위를 선택하여 적용할 수 있다.
④ A법인은 부가가치세 확정신고와 납부를 하여야 하지만 예정신고의무는 면제된다.

73 부가가치세의 특징에 대한 적절한 설명으로 모두 묶인 것은?

> 가. 부가가치세법상 납세의무자는 재화나 용역을 공급하는 사업자이지만, 그 세액은 다음 거래단계로 전가되어 조세부담이 결국 최종소비자에게 귀착된다.
> 나. 수출하는 재화와 국외에서 제공하는 용역 등에는 면세를 적용한다.
> 다. 재화의 수입에 대해서는 영세율을 적용한다.
> 라. 사업자가 납부하여야 할 부가가치세액은 매출세액에서 매입세액을 공제하여 계산한다.

① 가, 나
② 가, 라
③ 나, 다
④ 다, 라

74 개인사업자인 홍성완씨는 금년 전반기 매출에 대한 부가가치세를 금년 7월 25일까지 확정신고납부 하였으며, 납부세액은 매출세액에서 매입세액을 차감하여 계산하였다. 홍성완씨에 대한 설명으로 가장 적절한 것은?

① 간편장부대상자
② 일반과세자
③ 간이과세자
④ 면세사업자

75 부가가치세에 대한 다음 설명 중 (가)~(다)에 들어갈 내용이 적절하게 연결된 것은?

> • 제1기 과세기간에 대한 부가가치세 확정신고 기한은 (가)이다.
> • 간이과세자는 직전 연도 공급대가의 합계액이 (나)에 미달하는 개인사업자를 말한다.
> • 간이과세사업자가 해당 과세기간에 대한 공급대가의 합계액이 (다) 미만이면 그 과세기간의 납부세액의 납부의무를 면제한다.

	가	나	다
①	7월 25일	8,000만원	8,000만원
②	7월 25일	1억 4백만원	4,800만원
③	7월 31일	8,000만원	4,800만원
④	7월 31일	1억 4백만원	8,000만원

76 금융소득의 원천징수세율이 적절하게 연결된 것은?

① 직장공제회초과반환금 : 30%
② 비영업대금의 이익 : 20%
③ 비실명배당소득 : 35%
④ 출자공동사업자의 배당소득 : 25%

77 아래 자료에 근거하여 계산한 종합과세대상 금융소득금액으로 가장 적절한 것은?

구분	금액	비고
국내은행 정기예금이자	1,000만원	조건부종합과세
국내일반법인 현금배당액	3,000만원	조건부종합과세 (G-up 대상)
자동차사고 보험금	1,000만원	
계	5,000만원	

① 0원
② 4,000만원
③ 4,200만원
④ 5,300만원

78 올해 4월 5일에 양도소득세 과세대상이 되는 주식을 양도한 경우 주식 양도소득세 신고기한이 적절하게 연결된 것은?

	국내주식	국외주식
①	올해 6월 30일	올해 8월 31일
②	올해 6월 30일	다음해 5월 31일
③	올해 8월 31일	올해 8월 31일
④	올해 8월 31일	다음해 5월 31일

79 홍은균씨가 채권을 증권회사에서 다음과 같이 취득 후 양도하였을 경우 세금에 대한 설명으로 가장 적절한 것은(채권보유기간 중 이자수령 사실 없음)?

- 양도가액 : 9,000천원
- 취득가액 : 10,000천원
- 보유기간이자 : 1,000천원

① 홍은균씨는 거래된 채권에 대한 증권거래세를 납부해야 한다.
② 홍은균씨는 순손실이 0원이므로 납부할 세금이 없다.
③ 보유기간이자 1,000천원이 이자소득으로 과세된다.
④ 채권의 매매차손은 다른 부동산의 양도차익을 줄여준다.

80 보험차익이 이자소득으로 과세될 여지가 있는 경우로 가장 적절한 것은?

① 피보험자에게 사망, 상해, 입원, 생존 등과 같이 사람의 생명과 관련하여 보험사고가 발생했을 때 제공하는 보장성보험의 약속된 급부금
② 총 납입액 1억원 이하 & 보험계약 5년 이상 유지 등의 법정요건을 충족하는 일시납 저축성보험의 보험차익
③ 5년 이상 150만원 이하 월납 & 보험계약 10년 이상 유지 등의 법정요건을 충족하는 월적립식 저축성보험의 보험차익
④ 55세 이후 연금수령 & 사망 시 연금재원 소멸 & 연금개시 후 해지 불가 등의 법정요건을 충족하는 종신형 연금보험의 보험차익

81 서울특별시 마포구가 주소지인 홍은균씨는 서울특별시 서대문구에서 식당을 운영하고 있다. 최근 홍은균씨가 서울특별시 동작구에 소재한 본인 소유 상가A를 타인에게 양도하였을 경우, 상가A의 매매에 따른 양도소득세 관할세무서와 상가A 매수자의 취득세 관할 지방자치단체가 적절하게 연결된 것은?

	양도소득세 관할세무서	취득세 관할지방자치단체
①	마포구 관할세무서	동작구청
②	마포구 관할세무서	서대문구청
③	동작구 관할세무서	마포구청
④	동작구 관할세무서	서대문구청

82 지방세법상 취득세에 대한 적절한 설명으로 모두 묶인 것은?

> 가. 상속, 증여, 기부 등 무상승계취득은 취득세 과세대상이 아니다.
> 나. 건물의 신축과 같은 원시취득은 취득세 과세대상이 아니다.
> 다. 법인의 주식을 취득함으로써 과점주주가 되는 간주취득도 취득세 과세대상이다.
> 라. 유상승계취득의 경우 사실상의 잔금지급일과 그 등기일 또는 등록일 중 빠른 날을 취득시기로 본다.

① 가, 나
② 가, 라
③ 나, 다
④ 다, 라

83 재산세에 대한 다음 설명 중 (가)~(다)에 들어갈 내용으로 적절하게 연결된 것은?

> • 재산세 과세기준일 (가) 현재 재산을 사실상 소유하고 있는 자는 재산세를 납부할 의무가 있다.
> • 주택의 재산세 납기 : 해당 연도에 부과 · 징수할 세액의 1/2을 매년 7월 16일부터 7월 31일, (나) 까지
> • 재산세에 관련 부가세로는 재산세 도시지역분과 (다), 지역자원시설세가 있다.

	가	나	다
①	매년 1월 1일	매년 9월 16일부터 9월 30일	농어촌특별세
②	매년 1월 1일	매년 12월 1일부터 12월 15일	지방교육세
③	매년 6월 1일	매년 9월 16일부터 9월 30일	지방교육세
④	매년 6월 1일	매년 12월 1일부터 12월 15일	농어촌특별세

84 종합부동산세에 대한 설명으로 적절하지 않은 것은?

① 종합부동산세 과세기준일은 매년 6월 1일이다.
② 종합부동산세는 주택, 종합합산과세대상 토지, 별도합산과세대상 토지로 구분하여 과세된다.
③ 주택에 대한 종합부동산세 과세표준은 납세의무자별로 주택의 취득가격을 합산한 금액으로 한다.
④ 법령에서 요구하는 요건을 충족한 임대주택 및 다가구 임대주택과 종업원의 주거에 제공하기 위한 기숙사 및 주택 등은 과세표준 합산의 대상이 되는 주택의 범위에 포함되지 않는 것으로 본다.

85 소득세법상 양도소득세 대상의 양도로 모두 묶인 것은?

> 가. 부동산 등의 부담부증여에 있어서 증여자의 채무를 수증자가 인수하는 경우 증여가액 중 그 채무액에 상당하는 부분
> 나. 손해배상을 함에 있어서 일정액의 위자료 지급에 갈음하여 당사자 일방이 소유하고 있던 부동산으로 대물변제를 한 경우
> 다. 채무자가 채무의 변제를 담보하기 위하여 양도담보를 제공한 경우
> 라. 매매원인 무효의 소에 의하여 그 매매사실이 원인무효로 판시되어 환원되는 경우

① 가, 나
② 가, 라
③ 나, 다
④ 다, 라

86 부동산 등 양도소득세 계산 시 양도가액과 취득가액에 대한 설명으로 적절하지 않은 것은?

① 자산의 양도가액은 원칙적으로 당해 자산의 양도 당시 양도자와 양수자 간에 실제로 거래한 가액에 의한다.
② 특수관계인 법인에게 자산을 시가보다 높은 가격으로 양도한 경우로서 법인세법에 따라 해당 양도자의 상여·배당 등으로 처분된 금액이 있는 때에는 법인세법에 따른 시가를 해당 자산의 양도 당시의 실지거래가액으로 본다.
③ 취득가액 중 사업소득의 계산에 있어서 필요경비에 산입된 감가상각비는 취득가액에 포함된다.
④ 증여 받은 자산은 취득 당시 지급한 대가가 없으나 증여세가 과세되었으므로 증여일 현재 상속세 및 증여세법에 의하여 평가한 가액을 실지거래가액으로 본다.

87 토지(등기자산)를 다음과 같이 양도할 때 양도차익으로 가장 적절한 것은(기타 필요경비 발생액 : 45,000천원)?

구분	실지거래가액	기준시가
양도시	2,000,000천원	1,000,000천원
취득시	확인할 수 없음	500,000천원

① 500,000천원
② 955,000천원
③ 985,000천원
④ 1,000,000천원

88 다음 양도자산 중 장기보유특별공제 적용 대상으로 모두 묶인 것은(단, 취득 시 모두 등기함)?

> 가. 3년 이상 보유한 상가 건물 및 그 부속 토지
> 나. 10년 이상 보유한 골프회원권
> 다. 7년 이상 보유한 1세대 1주택 고가주택(2년 이상 거주)
> 라. 15년 이상 보유한 비상장법인의 주식

① 가, 나
② 가, 다
③ 나, 라
④ 다, 라

89 퇴직소득세에 대한 설명으로 적절하지 않은 것은?

① 퇴직소득의 수입시기는 원칙적으로 퇴직한 날이다.
② 현행 소득세법은 퇴직소득을 종합소득에서 제외하여 별도로 분류과세한다.
③ 퇴직소득공제는 근속연수공제와 환산급여공제의 2단계 소득공제방식이 적용된다.
④ 연평균 과세표준에 적용되는 세율은 종합소득세 기본세율과 다르다.

90 연금계좌에서 연금수령 시 원천징수세율에 대한 다음 설명 중 ㈎~㈏에 들어갈 내용이 적절하게 연결된 것은?

> • 운용수익 및 공제받은 자기부담금을 원천으로 연금수령 시 종신연금계약(사망일까지 연금수령하면서 중도해지를 할 수 없는 계약) : (가)
> • 이연퇴직소득을 원천으로 연금수령 시(실제 수령 연차 10년 시점) : 연금수령 당시 이연퇴직소득세 $\times \dfrac{\text{연금 외 수령한 이연퇴직소득}}{\text{연금 외 수령 당시 이연퇴직소득}} \times$ (나)

	가	나
①	3%	60%
②	4%	60%
③	4%	70%
④	5%	70%

고사장   고사실

성 명

※ 답안은 컴퓨터용 사인펜을 사용하여 표시하고, 예비답안 표시는 빨간색 사인펜만 사용 가능합니다.

AFPK® 자격시험 OMR 답안지(MODULE 1)

수험번호(7자리)	교시	주민앞번호(6자리)

교시 ①
교시 ②

감독관 확인란

수험생 유의사항

• 반드시 컴퓨터용 사인펜을 사용하여 마킹합니다.
• 예비마킹 시 빨간색 사인펜을 사용합니다.
• 보기

바른 예   틀린 예

(답안 마킹란 01~100, 각 문항 ① ② ③ ④)

고사장   고사실

성 명

※ 답안은 컴퓨터용 사인펜을 사용하여 표시하고, 예비답안 표시는 빨간색 사인펜만 사용 가능합니다.

AFPK® 자격시험 OMR 답안지(MODULE 2)

수험번호(7자리)	교시	주민앞번호(6자리)

교시 ①
교시 ②

감독관 확인란

수험생 유의사항

• 반드시 컴퓨터용 사인펜을 사용하여 마킹합니다.
• 예비마킹 시 빨간색 사인펜을 사용합니다.
• 보기

바른 예   틀린 예

(답안 마킹란 01~90, 각 문항 ① ② ③ ④)

AFPK®

실전모의고사 2회

1과목	재무설계 개론
2과목	은퇴설계
3과목	부동산설계
4과목	상속설계
5과목	위험관리와 보험설계
6과목	투자설계
7과목	세금설계

AFPK® 실전모의고사 2회

MODULE 1

수험번호		성명	

시험 유의사항

1. 시험장 내 휴대전화, 무선기, 컴퓨터, 태블릿 PC 등 통신 장비를 휴대할 수 없으며 휴대가 금지된 물품을 휴대하고 있음이 발견되면 부정행위 처리기준에 따라 응시제한 3년 이상으로 징계됨

2. 답안 작성 시 컴퓨터용 사인펜을 이용하고, 이외의 필기도구(연필, 볼펜 등) 사용 시 답안지 오류로 인식되어 채점되지 않음을 유의함

3. 답안은 매 문항마다 하나의 답만을 골라 그 숫자에 빈틈없이 표기해야 하며, 답안지는 훼손 오염되거나 구겨지지 않도록 주의해야 함. 특히 답안지 상단의 타이밍 마크를 절대로 훼손해선 안 되며, 마킹을 잘못하거나(칸을 채우지 않거나 벗어나게 마킹한 경우) 또는 답안지 훼손에 의해서 발생되는 문제에 대한 모든 책임은 응시자에 귀속됨

4. 유의사항 위반에 따른 모든 불이익은 응시자가 부담하고 부정행위 및 규정 위반자는 부정행위 세부 처리기준에 준하여 처리됨

재무설계 개론

01 재무설계사의 정의와 역할에 대한 설명으로 적절하지 않은 것은?

① 고객의 재무목표 달성을 도와주는 재무주치의로서, 종합재무설계를 수행하는 재무전문가이다.
② 금융상품을 판매하고 관리하는 세일즈맨이다.
③ 재무설계를 수행하면서 다른 전문가와 협력하는 경우 조율하는 역할을 할 필요가 있다.
④ 고객에 대한 교육전문가이기도 하다.

02 저축 여력의 장단기 배분에 대한 설명으로 적절하지 않은 것은?

① 안정자산은 보장자산과 연금자산으로 구분할 수 있으며, 주로 위험관리와 은퇴설계의 영역이다.
② 투자자산이라 함은 중기 재무목표 달성을 위한, 또는 자산 증식과 관련된 플랜을 말한다.
③ 고객의 재무목표기간에 따라 장단기로 배분된 투자자산이나 운용자산과 같은 목적자금들은 서로 간에 항목을 이동하면 아니 된다.
④ 세금설계는 안정·투자·운용자산으로의 장단기 배분이라는 현금흐름 관리에서도 모두 고려되어야 하는 분야라고 할 수 있다.

03 재무상태표 작성 시 자산의 분류가 적절하지 않은 것은?

① 저축성보험 – 저축성자산
② 확정기여형 퇴직연금(DC) – 투자자산
③ 국민연금 – 투자자산
④ 거주 부동산 – 사용자산

04 신미래씨는 20××년 1월 초 주택A를 구입하면서 주택담보대출을 받았다. 다음 정보를 고려할 때 신미래씨의 재무제표 작성과 관련된 설명으로 적절하지 않은 것은?

• 주택A 담보대출 관련 정보
 – 주택A 구입 시 10억원의 대출을 받음
 – 대출기간 10년, 매월 말 원리금균등분할 상환 방식
 – 20××년 1월 말부터 매월 말 2,000천원씩 상환 중

① 신미래씨가 주택A를 투자목적이 아닌 거주목적으로 구매했다면, 주택A의 평가금액은 재무상태표상 사용자산으로 분류한다.
② 주택담보대출은 재무상태표상 비유동부채로 분류한다.
③ 재무상태표 작성 시 주택담보대출 부채금액은 대출원금인 10억원으로 기록한다.
④ 부채상환원리금 2,000천원 중 원금상환 부분은 현금흐름표상 저축·투자액에 포함시키고, 고정지출에는 대출이자만 표기하는 것이 바람직하다.

05 다음 정보를 고려할 때 최우식씨의 가계수지상태 지표로 가장 적절한 것은?

〈최우식씨의 현금흐름표(20××년 ×월)〉

(단위 : 천원)

항목		금액
수입	근로소득	6,000
	기타소득	1,000
	총계	7,000
변동지출	총계	2,000
고정지출	총계	2,000
저축·투자액	총계	4,000
추가저축 여력 (순현금흐름)		−1,000

① 약 25%
② 약 57%
③ 약 66%
④ 약 75%

06 이숙씨의 재무상태표상 현금성자산 보유 내역과 현금흐름표상 월 총지출 내역이 다음과 같을 때 이 숙씨의 비상예비자금지표로 가장 적절한 것은?

> • 보유 현금성자산 : 7,000천원
> • 총유출 : 8,000천원
>   - 변동지출 : 2,000천원
>   - 고정지출 : 3,000천원
>   - 저축·투자액 : 3,000천원

① 월평균지출의 1~2배
② 월평균지출의 2~3배
③ 월평균지출의 3~4배
④ 월평균지출의 4~5배

07 다음 정보를 고려하여 연정훈씨가 은퇴자금 확보를 위해 현재 보유하고 있어야 하는 일시금 금액을 계산하기 위한 공식으로 가장 적절한 것은?

> • 연정훈씨는 은퇴자금으로 은퇴시점(현재부터 10년 후)에 5억원을 마련하고자 함
> • 세후투자수익률 : 연 4% 연복리

① $5억원 \times (1 + 0.04 \times 10)$
② $5억원 \div (1 + 0.04 \times 10)$
③ $5억원 \times (1 + 0.04)^{10}$
④ $5억원 \div (1 + 0.04)^{10}$

08 재무설계사가 재무설계 프로세스 1단계에서 수행해야 할 핵심 업무로 모두 묶인 것은?

> 가. 재무설계사 본인에 대한 정보를 알린다.
> 나. 자료수집의 중요성을 설명한다.
> 다. 목표의 우선순위 설정에 혼란을 겪는 고객에게 도움을 준다.
> 라. 구체적이고 측정 가능한 재무목표를 설정한다.

① 가, 나
② 가, 라
③ 나, 라
④ 다, 라

09 재무설계사가 수행해야 할 핵심업무에 대한 설명으로 가장 적절한 것은?

① 고객 관련 정보수집은 설문서나 전화를 통해서 파악하는 것이 가장 좋다.
② 재무목표는 비현실적이라 하더라도 고객이 원하는 바에 맞추도록 한다.
③ 재무목표는 '조만간 내 집 마련'과 같이 구체적이며 측정 가능한 목표여야 한다.
④ 현재의 재무상황이 재무목표 달성을 위해 적절하지 않다면 재무목표에 대한 조정이 필요한지, 현금흐름 조정이 가능한지, 자산·부채상황을 재무목표 달성을 위해 최적화할 수 있는지 등과 같은 사항을 고려해야 한다.

10 소비자신용의 장점으로 모두 묶인 것은?

> 가. 신용을 이용하여 미래의 구매력을 증가시킬 수 있다.
> 나. 신용은 인플레이션을 대비할 수 있도록 도와주는 역할을 할 수 있다.
> 다. 신용은 개인 및 가계의 재무관리에 융통성을 제공할 수 있다.
> 라. 올바른 신용사용은 신용도를 높이는 효과를 가져오기도 한다.

① 가, 라
② 나, 다
③ 가, 다, 라
④ 나, 다, 라

11 개인신용평가에 대한 설명으로 적절하지 않은 것은?

① 금융회사는 한국신용정보원 및 신용평가회사에서 제공받은 개인신용정보, 신용평가회사의 개인신용평가 결과, 해당 금융회사에서 스스로 수집한 개인신용정보 등을 종합하여 자체 신용평가모형에 반영하여 개인신용평가를 재산정한 후에 여신심사 시 활용하고 있다.

② 개인신용평점이란 신용평가회사가 개인의 과거와 현재의 신용정보를 수집한 후 이를 통계적으로 분석하여 향후 1년 이상 장기연체 등 신용위험이 발생할 가능성을 통계적 방법에 의하여 1~500점으로 점수화하여 제공하는 지표이다.

③ 개인은 신용평가회사 등의 인터넷 홈페이지 등을 통해 연 3회까지 무료로 본인 신용정보를 확인할 수 있다.

④ 평소 신용관리에 대한 관심을 갖고, 본인의 신용점수 및 부채상황을 주기적으로 확인하여 본인도 모르게 연체가 발생하는 경우를 방지해야 한다.

12 주택담보대출의 대출한도 평가기준에 대한 적절한 설명으로 모두 묶인 것은?

가. 담보인정비율(LTV) – 주택 담보가치에 대한 대출 취급가능 금액의 비율
나. 총부채상환비율(DTI) – 차주의 원리금 상환액이 연간 소득에서 차지하는 비율
다. 총부채원리금상환비율(DSR) – 차주의 연간 소득 대비 연간 금융부채 원리금 상환 비율

① 가, 나
② 가, 다
③ 나, 다
④ 가, 나, 다

13 고객 니즈에 맞는 대출상환방식이 적절하게 연결된 것은?

가. 만기까지 원금을 상환하지 않고 이 부분만큼을 다른 곳에 투자하여 수익을 내고자 한다.
나. 총 이자 납부액을 최소화하고자 한다.
다. 매월 일정한 금액을 상환하고자 한다.

A. 만기일시상환
B. 원리금균등분할상환
C. 원금균등분할상환

	가	나	다
①	A	B	C
②	A	C	B
③	B	A	C
④	C	B	A

14 행동재무학적 심리적 편향에 대한 설명이 적절하게 연결된 것은?

가. 투자상품이나 투자정보에 대한 자신의 평가가 다른 사람의 평가보다 더 정확하고 우수하다고 생각하는 성향으로 주거용 부동산을 스스로 중개인 없이 처리하는 경우 등이 이에 해당된다.
나. 고객에게 노트북을 판매하면서 1달간 무료로 써보게 했을 때, 무료시연기간이 지나고 반품이 높지 않은 사례가 많다. 이는 자신이 한번 소유하게 된 물건은 더 높은 가치를 부여하고 싶어 하는 인간의 특성에서 기인한다.

	가	나
①	자기과신	소유효과
②	자기과신	자기통제 오류
③	낙관주의 오류	소유효과
④	낙관주의 오류	자기통제 오류

15 효과적 의사소통의 특성과 적용에 대한 설명으로 적절하지 않은 것은?

① 의사소통을 잘하기 위해서는 상대방의 말을 듣는 것에 그치지 않고 듣고 반응하여 공감하는 '경청'을 잘해야 한다.

② 말하기 능력은 정확한 발음과 정확한 표현, 그리고 적절한 단어의 사용으로 나타나며 음성의 크기와 속도, 억양, 웃음, 침묵 등 비언어적 표현과 함께 사용되어 의사소통 효과를 높인다.

③ 고객의 생각이나 의견을 묻는 경우에는 폐쇄형 대화방식으로 대화를 이끌어 나간다.

④ 전달하고자 하는 핵심주제를 말머리와 끝으로 배치하는 양괄식 화법은 고객으로 하여금 대화에 집중하게 하고, 핵심에의 접근을 더 쉽게 만든다.

16 진단의무에 대한 설명으로 가장 적절한 것은?

① 고객에게 투자설계에 따른 투자방안을 제시하는 경우 및 위험관리를 위한 보험설계에 따른 보험가입을 제안하는 경우에는 재무설계사 자신에 대한 수입보다도 고객에 대한 서비스를 우선하여야 한다.

② 자산운용을 위한 투자방안 제시와 관련하여 자신과 고객 간에 이해상충의 가능성이 있는 사항은 모두 고객에게 사전에 통보하여야 한다.

③ 재무설계사가 고객에게 투자 또는 다른 사항에 대하여 제안할 경우에는 먼저 현재의 경제적 환경, 고객의 위험수용도, 금융상황, 현재의 자산운용상태 및 고객의 목표를 분석하고 이를 바탕으로 제안을 하게 된다.

④ 자만심은 금물이며 항상 겸허한 자세로 전문능력 향상을 위하여 지속적으로 노력하여야 한다.

17 윤리원칙 중 객관성의 원칙에 대한 설명으로 가장 적절한 것은?

① 고객의 이익을 최우선으로 하는 것은 전문직 종사자의 기본적인 덕목이다.

② 자격인증자는 항상 고객이 믿음과 신뢰를 가질 수 있도록 성실하고 정직하게 업무를 수행하여야 한다.

③ 자격인증자는 성실성을 기초로 전문가로서 고객에게 적절하다고 판단되는 서비스만 제공하여야 한다.

④ 모든 고객을 차별 없이 같은 기준으로 동등하게 대하여야 한다.

18 재무설계 자격인증자가 될 수 없는 결격사유에 해당되지 않는 것은?

① 파산자로서 복권된 자

② 피성년후견인

③ 금고 이상의 형의 선고유예의 선고를 받고 그 유예기간 중에 있는 자

④ 금융기관의 징계처분에 따라 그 직에서 파면된 자

19 재무설계 업무수행과정에 따른 업무수행내용이 순서대로 나열된 것은?

> 가. 업무수행 범위와 관련된 고객의 개인적인 목표와 재무목표, 니즈 및 우선순위를 파악한다.
> 나. 고객에게 재무설계 업무수행과정, 제공하는 서비스, 자격인증자의 역량 및 업무경력에 대하여 알린다.
> 다. 고객의 목표, 니즈 및 우선순위를 합리적으로 충족할 수 있도록 고객의 현행 자산운용방식에 대하여 적절한 여러 가지 전략을 고려한다.
> 라. 고객의 재무상태를 파악하기 위하여 업무수행 범위에 해당하는 고객 관련 정보를 분석한다.

① 가 - 나 - 다 - 라

② 가 - 라 - 나 - 다

③ 나 - 가 - 라 - 다

④ 나 - 다 - 가 - 라

20 다음 명함에서 AFPK® 자격표장에 대한 적절한 사용으로 모두 묶인 것은?

○○생명
(가) <u>associate financial planner korea</u>™

김세진, (나) <u>AFPK®</u>
E-mail : (다) <u>bestAFPK@daum.net</u>
전화 : 010-○○○-○○○○
홈페이지 : (라) <u>AFPK112.blog.naver.com</u>

① 나
② 가, 나
③ 나, 다
④ 나, 다, 라

은퇴설계

21 은퇴설계에서 재무설계사의 역할에 대한 설명으로 적절하지 않은 것은?

① 빠르고 효율적인 상담을 위해 획일화된 일정한 모듈에 맞추어 고객의 은퇴문제를 해결해야 한다.
② 성공적인 은퇴설계를 위해서 재무설계사는 위험관리, 세금, 부동산, 상속, 투자 등과 같은 재무설계의 다양한 영역들을 유기적으로 통합할 수 있는 능력을 가져야 한다.
③ 재무설계사는 재무적, 비재무적 은퇴설계 영역에서 다루는 다양한 부분에 관한 전문적인 조언과 상담, 정보제공 등을 할 수 있어야 한다.
④ 은퇴 라이프스타일, 건강관리, 주거관리, 일과 여가활동, 사회봉사, 시간관리 등과 같은 다양하고 구체적인 사안에 대해 고객과 충분한 의사소통을 할 수 있어야 한다.

22 노후소득보장제도에 대한 설명이 적절하게 연결된 것은?

가. 여유로운 노후생활을 보장하기 위한 것으로, 적정수준의 소득대체율을 보장받기 위해 은퇴설계에서 차지하는 역할이 매우 중요하다.
나. 국민의 기본적인 노후생활을 보장하기 위한 것으로서 노후에 소득활동이 중단되었을 때 기본생활을 유지할 수 있도록 도와주는 제도이다.
다. 기업이 근로자의 안정적인 노후생활 보장을 위해 근로자 재직기간 중 사용자가 재원을 금융회사에 적립하고, 이를 사용자 또는 근로자의 지시에 따라 운용하여 연금으로 지급받을 수 있도록 하는 제도이다.

	국민연금	퇴직연금	개인연금
①	가	다	나
②	나	가	다
③	나	다	가
④	다	가	나

23 은퇴소득 확보계획 수립 전 점검사항에 대한 설명이 적절하게 연결된 것은?

> 가. 은퇴소득원 점검
> 나. 저축여력 점검
> 다. 비상예비자금 점검

> A. 정기적인 일정 소득은 물가변화에 대처할 수 있도록 매년 조정되도록 하는 것이 좋다.
> B. 일반 가계의 경우 은퇴준비와 동시에 고려할 여력이 안 되는 경우에는 은퇴준비 자산 중 일부를 유동성 자산으로 준비하여 대비하면서 은퇴자산을 운용할 수도 있다.
> C. 기본적으로 자산과 부채 및 소득과 지출의 구성비를 파악한 후 재무비율을 분석한다.

	가	나	다
①	A	B	C
②	A	C	B
③	B	C	A
④	C	B	A

24 주택연금에 대한 설명으로 적절하지 않은 것은?

① 부부 공동명의의 주택이라면 연장자가 55세 이상인 경우 이용할 수 있다.

② 해당 주택을 전세로 주고 본인은 다른 주택에서 월세를 살고 있는 경우에도 가입이 가능하다.

③ 종신지급방식은 인출한도 설정 없이 월지급금을 종신토록 지급받는 방식이며, 종신지급방식의 월지급금 유형은 정액형, 초기증액형, 정기증가형 중 선택할 수 있다.

④ 주택연금 수급자가 매각, 양도로 소유권이 이전되거나 화재 등으로 주택이 멸실된 경우 한국주택금융공사의 요청에 의하여 은행이 가입자에게 연금대출의 지급을 정지할 수 있다.

25 은퇴설계 실행 절차에 대한 적절한 설명으로 모두 묶인 것은?

> 가. 2단계는 연간 목표은퇴소득을 설정하고 은퇴기간 중 필요한 총은퇴일시금을 산정하는 단계이다.
> 나. 3단계 은퇴자산 평가는 은퇴자산별로 은퇴시점에서의 순미래가치로 평가를 하며, 이는 인출이나 매각에 따른 세금과 매도비용을 공제한 금액으로 평가한다는 것을 의미한다.
> 다. 4단계는 추가로 필요한 은퇴일시금 마련을 위해 연간 어느 수준의 은퇴저축을 해야 하는지 계산하는 단계이다.
> 라. 5단계에서 은퇴저축계획은 고객의 위험성향 등을 고려하여 자산배분 및 투자포트폴리오를 구성하고, 투자기간과 저축방법 등을 정하는 방식으로 수립한다.

① 가, 나
② 나, 다
③ 가, 나, 다
④ 나, 다, 라

26 다음 정보를 토대로 개인사업자인 유재석씨가 은퇴시점에 추가로 필요한 은퇴일시금으로 가장 적절한 것은?

> • 은퇴시점에 필요한 총은퇴일시금 : 1,500,000천원
> • 은퇴시점 은퇴자산의 세후평가금액
>   – 연금보험 : 303,000천원
>   – 타겟데이트펀드(TDF) : 243,000천원
>   – 부동산자산 : 700,000천원

① 254,000천원
② 546,000천원
③ 954,000천원
④ 1,246,000천원

27 은퇴소득원 및 경제지표 가정에 대한 설명으로 가장 적절한 것은?

① 연금으로 수령하는 직역연금은 기타자산으로 분류하고 관련 정보를 수집한다.

② 납입 완료된 변액연금보험은 저축 및 투자자산으로 분류한다.

③ 은퇴자산 세후투자수익률은 역사적 수익률보다 약간 높은 수준으로 정하는 것이 바람직하다.

④ 소득세율은 미래의 소득세율을 미리 예측하여 반영하는 것이 바람직하다.

28 은퇴설계에 필요한 정보에 대한 설명으로 적절하지 않은 것은?

① 은퇴기간은 은퇴기간 중 필요한 총은퇴일시금을 결정하는데 영향을 크게 미친다.

② 은퇴기간은 장수위험에 대비하여 통계청에서 발표하는 은퇴연령에 따른 기대수명보다 짧게 잡을수록 좋다.

③ 은퇴설계 시 적용하는 물가상승률에 대한 가정을 지나치게 높은 수준으로 결정을 하게 되면 목표은퇴소득이 높은 수준으로 설정되어 은퇴자산 축적을 위한 동기부여를 적절하게 할 수 없다.

④ 은퇴설계 시 은퇴시기를 어느 시점으로 정하는가에 따라 총은퇴일시금, 부족한 은퇴일시금, 연간 추가저축액 등 은퇴설계 내용이 달라진다.

29 전술적 자산배분에 대한 설명으로 가장 적절한 것은?

① 시장상황이나 고객상황이 특별하게 변화하지 않는 한 원래의 자산배분을 유지해 나가는 전략이다.

② 자산군별 투자비중의 변동허용폭을 정하기도 한다.

③ 경제상황 변화 및 시장상황을 예측하여 투자위험을 관리하거나 최적 수익률을 얻을 수 있도록 자산군별 투자비중을 조정해 나가는 전략이다.

④ 본질적으로 고평가된 자산을 매수하고, 저평가된 자산을 매도함으로써 투자수익률을 높이는 역투자전략이다.

30 기초연금제도에 대한 설명으로 적절한 것은?

① 기초연금을 받을 수 있는 사람은 만 70세 이상이고 대한민국 국적을 가지고 있으며 국내에 거주하는 노인 중 가구의 소득인정액이 선정기준액 이하인 사람이다.

② 근로소득이 있는 경우 기초연금 대상자가 될 수 없다.

③ 선정기준액은 매년 정부가 고시하는 금액인데 단독가구와 부부가구의 선정기준액은 다르다.

④ 부부가 모두 기초연금 수급자인 경우 그중 한 명에게만 기초연금액을 지급한다.

31 국민연금 가입자에 대한 설명으로 가장 적절한 것은?

① 국내에 거주하는 국민으로서 18세 이상 60세 미만인 자는 국민연금 가입대상이며, 재외국민, 북한이탈주민은 제외한다.

② 5인 이상의 근로자를 사용하는 사업장 또는 주한 외국기관으로서 5인 이상의 대한민국 국민인 근로자를 사용하는 사업장의 18세 이상 60세 미만의 사용자 및 근로자는 당연히 사업장가입자가 된다.

③ 국민연금에 가입된 사업장에 종사하는 18세 미만 근로자는 국민연금 가입을 희망하지 않더라도 사업장가입자로 강제된다.

④ 타공적연금가입자의 배우자로서 별도의 소득이 없는 자는 지역가입자 자격을 상실하며, 임의가입 신청대상이다.

32 국민연금 임의가입자에 대한 설명으로 가장 적절한 것은?

① 임의가입자가 노령연금 수급개시연령에 달한 경우 신청에 의하여 임의계속가입자가 될 수 있다.

② 부담해야 하는 연금보험료는 기준소득월액의 4.5%에 해당하는 금액이다.

③ 분기별로 연금보험료 납부신청을 할 수 있다.

④ 선납이 가능하며, 선납신청 당시 50세 이상인 사람에 대해서는 5년 이내까지 가능하다.

33 반환일시금 반납제도에 대한 적절한 설명으로 모두 묶인 것은?

> 가. 반환일시금을 수령한 후에 다시 가입자의 자격을 취득한 경우 그 지급받았던 금액에 반납금 납부신청 시까지의 이자를 가산하여 다시 납부함으로써 가입기간을 늘려 더 많은 연금급여 혜택을 받도록 하는 제도이다.
> 나. 반환일시금을 납부하면 그에 상응하는 반환일시금 반납기간은 가입기간으로 산입 · 복원된다.
> 다. 반환일시금 반납방법에는 일시납부만 있고 분할납부는 불가하다.

① 나
② 가, 나
③ 가, 다
④ 가, 나, 다

34 국민연금 기본연금액에 대한 설명으로 적절하지 않은 것은?

① A값은 가입자 전체의 연금수급개시 직전 3년간 평균소득월액의 평균액을 말한다.
② B값은 가입자 개인의 가입기간 중 매년의 기준소득월액을 연도별 재평가율에 의해 연금 수급 전년도의 현재가치로 환산한 후 이를 합산한 금액을 총가입기간으로 나눈 금액이다.
③ 가입자 개인의 평균소득이 가입자 전체 평균소득과 동일하고 가입기간이 30년인 자의 연금급여 수준을 소득대체율이라 하고, 이는 기본연금액 산정식의 비례상수에 따라 결정된다.
④ 소득대체율은 매년 급여수준을 낮추어 적용되도록 하고 있다.

35 국민연금 수급개시연령에 도달한 시점에도 소득이 발생할 것으로 예상하고 있는 경우, 국민연금 노령연금에 대한 설명으로 적절하지 않은 것은?

① 수급개시연령부터 5년 동안은 소득 수준에 따라 감액(노령연금액의 1/2 한도)된 금액으로 지급되며, 이때 부양가족연금액은 지급되지 않는다.
② 노령연금 수급권자로서 연금지급의 연기를 희망하는 경우 노령연금 수급개시연령부터 5년의 기간 이내에 그 연금의 지급을 연기할 수 있다.
③ 그 연금의 전부의 지급 연기는 불가하며, 일부의 지급 연기만 가능하다.
④ 연금을 다시 받게 될 때에는 연기를 신청하기 전 원래의 기본연금액에 대하여 연기된 매 1년당 7.2%의 연금액을 더 올려서 지급한다.

36 국민연금 장애연금의 장애등급별 급여수준에 대한 연결이 적절하지 않은 것은?

① 1급 – 기본연금액의 100% + 부양가족연금액
② 2급 – 기본연금액의 80% + 부양가족연금액
③ 3급 – 기본연금액의 60% + 부양가족연금액
④ 4급 – 기본연금액의 200%(일시보상금)

37 공적연금 연계에 대한 다음 설명 중 (가)~(다)에 들어갈 내용이 적절하게 연결된 것은?

> 연계기간이 10년 이상인 자 중 국민연금 또는 직역연금의 가입(재직)기간이 (가) 미만인 경우에는 연금이 아닌 일시금으로 지급한다. 임의계속가입기간 동안 납부한 보험료의 경우 연계대상기간에는 (나) 연계노령(유족)연금액 산정 시에는 연금액으로 (다).

	가	나	다
①	1년	포함하나	산정하지 않는다.
②	1년	포함하지 않으나	산정한다.
③	5년	포함하나	산정하지 않는다.
④	5년	포함하지 않으나	산정한다.

38 공무원연금 퇴직급여에 대한 설명이 적절하게 연결된 것은?

> 가. 10년 초과 재직기간에 해당하는 퇴직급여에 대해 전부 또는 일부 기간에 대해 일시금으로 지급받을 수 있다.
> 나. 10년 이상 재직하고 연금지급 조건이 되어 퇴직한 때 또는 퇴직 후 연금지급 조건에 도달한 때부터 사망 시까지 매월 지급하는 연금이다.
> 다. 10년 미만 재직하고 퇴직하여 일시금으로 수령하는 급여이다.

	퇴직연금	퇴직연금공제일시금	퇴직일시금
①	가	나	다
②	가	다	나
③	나	가	다
④	나	다	가

39 퇴직급여제도에 대한 설명으로 적절하지 않은 것은?

① 퇴직금제도는 근로자가 퇴직 시 근속기간과 평균임금을 기준으로 퇴직급여를 산정하여 일시금으로 지급하는 제도로, 사용자는 퇴직한 근로자에게 계속근로기간 1년에 대하여 30일분 이상의 평균임금을 퇴직금으로 지급하여야 한다.
② 새로 성립된 사업의 경우 사용자는 근로자대표의 의견을 들어 사업성립 후 3년 이내에 DB형 또는 DC형 퇴직연금제도를 설정해야 한다.
③ 퇴직급여는 근로자 퇴직일로부터 14일 이내에 지급하도록 근퇴법에 규정하고 있다.
④ 퇴직급여는 원칙적으로 근로자가 지정한 근로자 명의의 IRP계좌로 지급하지만, 근퇴법상 퇴직급여 IRP 이전지급 예외사유에 해당하는 경우 IRP계좌를 개설하여 퇴직금 이전지급을 신청하거나 개인명의의 예금계좌로 지급받을 수 있다.

40 퇴직연금 적립금에 대한 담보제공이 허용되는 사유로 모두 묶인 것은?

> 가. 무주택자인 가입자가 배우자 명의로 주택을 구입하는 경우
> 나. 1주택자인 가입자가 주거를 목적으로 보유 중인 주택 외의 주택에 대한 전세금을 부담하는 경우
> 다. 가입자가 질병 또는 부상으로 3개월 이상 요양을 하는 경우
> 라. 담보제공일부터 역산하여 5년 이내에 가입자가 파산선고를 받은 경우

① 라
② 가, 라
③ 나, 다
④ 다, 라

41 김세진씨가 퇴직연금 선택 시 고려사항에 대한 설명으로 적절하지 않은 것은?

> 김세진씨가 근무하는 회사는 확정급여형(DB형) 퇴직연금과 확정기여형(DC형) 퇴직연금을 동시에 도입하여 근로자의 희망에 따라 선택하여 가입할 수 있도록 함

① DB형 퇴직연금을 선택할 경우, 김세진씨는 적립금 운용결과에 책임을 지지 않는다.
② DC형 퇴직연금 적립금 운용수익률이 임금인상률보다 높을 경우 DB형 퇴직연금의 퇴직급여 수준보다 높아진다.
③ DC형 퇴직연금을 선택할 경우, 김세진씨는 DC형 퇴직연금에 추가로 납입할 수 있으며, 추가로 납입하는 금액에 대해서는 연간 900만원을 한도로 연금계좌세액공제 대상이 된다.
④ DC형 퇴직연금을 선택할 경우, 수수료는 기본적으로 김세진씨가 부담해야 한다.

42 개인형 퇴직연금(IRP)에 대한 설명으로 가장 적절한 것은?

① IRP의 계약내용이나 운용방법은 DB형 퇴직연금과 동일하다.
② 퇴직연금 가입 여부와 관계없이 소득이 있는 근로자 및 자영업자 등 추가적으로 은퇴소득을 확보하기 위해 IRP를 설정할 수 있다.
③ IRP계좌에서 연금수령은 60세 이후부터 가능하며, 원칙적으로 적립금의 일부를 중도에 인출할 수 없으므로 자금이 필요한 경우 IRP를 전부 해지하여야 한다.
④ 10인 미만 사업장에서 사용자가 전체 근로자 과반수의 동의를 얻어 IRP를 설정하거나 개별 근로자가 사용자의 동의를 얻어 IRP를 설정하고 사용자가 사용자부담금을 납부하면 퇴직급여제도를 설정한 것으로 본다.

43 김세진씨가 올해 5월 1일 직장에서 퇴직하면서 일반계좌로 지급받은 퇴직일시금을 개인형 퇴직연금(IRP)에 납입하여 운용한 후 은퇴기간 동안 연금을 수령하는 방안을 고려하고 있을 경우, 이에 대한 설명으로 적절하지 않은 것은?

① 김세진씨는 올해 9월 30일까지 이미 수령한 퇴직급여를 IRP에 입금하여 원천징수된 퇴직소득세를 환급받을 수 있다.
② IRP 적립금은 중도해지하여 일시금으로 인출하거나 소득세법상 요건을 충족하면 연금으로 수령할 수 있다.
③ 퇴직급여 납입액을 소득원천으로 하는 연금수령의 경우 연금실제수령연차 10년차까지는 이연퇴직소득세의 70%, 11년 차 이후에는 이연퇴직소득세의 60%가 적용된다.
④ IRP의 적립금 운용은 김세진씨가 운용지시를 하지 않으면 6주간은 저금리 대기성 자금으로 운용되고 이후 사전지정운용방법으로 운용된다.

44 IRP계좌 인출 시 소득원천별 과세세목이 적절하게 연결된 것은?

소득원천	연금수령
퇴직급여 납입액	(가)
연금계좌세액공제를 받지 않은 가입자 납입액	(나)
연금계좌세액공제를 받은 가입자 납입액	(다)
IRP 운용수익	(라)

	가	나	다	라
①	연금소득세	과세제외	연금소득세	기타소득세
②	연금소득세	과세제외	연금소득세	연금소득세
③	퇴직소득세	연금소득세	연금소득세	과세제외
④	퇴직소득세	기타소득세	과세제외	연금소득세

45 연금저축계좌에 대한 적절한 설명으로 모두 묶인 것은?

가. 18세 이상 거주자가 가입대상이다.
나. 연간 납입한도는 없다.
다. 연금 수령 요건은 5년 이상 가입, 55세 이후 연금 수령한도 내 연금수령이다.
라. 소득세는 운용단계에서 과세이연되었다가 인출단계에서 과세된다.

① 가, 라
② 나, 다
③ 다, 라
④ 가, 다, 라

46 다음 고객 니즈에 맞는 연금저축상품이 적절하게 연결된 것은?

> A고객 : 원금보장에 대한 요구가 크고, 운용실적에 따른 추가 수익 및 절세를 위한 세액공제를 희망하며 매월 영업실적에 따라 납입금액이 달라질 수 있다.
> B고객 : 저축습관을 기르기 위해 매월 정해진 금액을 납부하길 원하며 예금자보호와 세액공제 혜택을 원한다.
> C고객 : 예금자보호가 되지 않더라도 공격적인 투자를 희망하며, 납입기간 동안 세액공제 혜택과 운용수익에 대한 과세이연을 원한다.

> 가. 연금저축보험
> 나. 연금저축펀드
> 다. 연금저축신탁

	A	B	C
①	가	나	다
②	나	다	가
③	다	가	나
④	다	나	가

47 연금저축계좌에서 일부인출하는 경우 소득세법에서 정한 소득원천별 인출순서로 가장 적절한 것은?

> 가. 세액공제받지 않은 납입액
> 나. 이연퇴직소득
> 다. 세액공제받은 납입액 및 운용수익

① 가 - 나 - 다
② 나 - 가 - 다
③ 나 - 다 - 가
④ 다 - 나 - 가

48 다음 정보를 고려할 때 박소진씨의 20××년 귀속 종합소득세 계산 시 연금계좌세액공제를 최대한 적용받을 수 있는 납입액 한도와 세액공제율이 적절하게 연결된 것은?

> • 박소진씨 20××년 귀속 근로소득(총급여액) : 5,000만원
> • 박소진씨 20××년 귀속 연금저축계좌 납입액 : 연금저축펀드 700만원

	세액공제 적용 납입액 한도	세액공제율
①	600만원	12%
②	600만원	15%
③	700만원	12%
④	700만원	15%

49 연금계좌 승계제도에 대한 적절한 설명으로 모두 묶인 것은?

> 가. 배우자와 자녀 중 한 사람을 선택하여 연금계좌 승계가 가능하다.
> 나. 연금계좌를 승계하고자 하는 경우 가입자가 사망한 날이 속하는 달의 말일부터 6개월 이내에 승계신청을 하여야 한다.
> 다. 연금계좌를 승계한 사람은 승계 즉시 연금수령이 가능하다.
> 라. 피상속인이 이미 연금수령을 개시한 경우에도 연금계좌를 승계한 사람이 연금수령 전까지 추가납입을 할 수 있다.

① 나
② 가, 다
③ 나, 라
④ 가, 나, 다, 라

50 세제비적격연금의 일반적인 특징에 대한 설명으로 적절하지 않은 것은?

① 상속연금은 피보험자 생존 시 연금을 지급하지 않고, 사망 시 그 유족에게 연금적립금을 지급한다.

② 장기저축성보험 성격으로 금리연동형 연금보험과 변액연금보험이 있다.

③ 대부분의 연금보험은 적립금 중 일정한 비율까지 중도인출을 허용하고 있어 긴급한 생활자금 등이 필요할 때 계약을 해지하지 않고 인출할 수 있다.

④ 연금보험은 보험료 납입액에 소득공제나 세액공제 등 세제혜택은 없지만 소득세법상 요건을 충족하면 보험차익에 대해 이자소득세를 과세하지 않는다.

부동산설계

51 용도별 건축물의 종류에 대한 설명이 적절하게 연결된 것은?

> 가. 주택으로 쓰는 층수가 3개 층 이하이고, 1개 동의 주택으로 쓰이는 바닥면적의 합계가 660m² 이하이며, 19세대 이하가 거주할 수 있는 주택
> 나. 주택으로 쓰는 1개 동의 바닥면적 합계가 660m² 를 초과하고, 층수가 4개 층 이하인 주택

	가	나
①	다중주택	연립주택
②	다중주택	다세대주택
③	다가구주택	연립주택
④	다가구주택	다세대주택

52 토지의 자연적 특성에 대한 설명이 적절하게 연결된 것은?

① 부동성 – 부동산활동에서 제일 중요한 것은 입지선정

② 부증성 – 토지는 가치보존수단으로서의 중요성도 가짐

③ 개별성 – 토지부족문제가 발생함

④ 영속성 – 비대체성의 특성을 갖고 있음

53 부동산 수요와 공급의 특징에 대한 설명으로 적절하지 않은 것은?

① 부동산은 다른 재화에 비해서 고가성이 있어서 자금을 마련하는 데 장기간의 시간이 소요된다.

② 수요자가 검토해야 할 사항과 구매 절차가 전문적이고 복잡하다.

③ 수요는 부증성으로 인해 시장이 국지화되어 수요의 이동이 자유롭지 못하고 영속성으로 인해 차별화된 수요 유형을 가진다.

④ 토지는 비생산성으로 인해 물리적으로 한정되어 있고, 고정성으로 인해 이동 불가능한 특징이 있다.

54 공급곡선이 일정한 가운데 가구 수의 증가나 소득의 증가로 부동산의 수요곡선이 이동할 경우 균형가격과 균형거래량의 변화방향으로 가장 적절한 것은?

	균형가격	균형거래량
①	상승	증가
②	상승	감소
③	하락	증가
④	하락	감소

55 부동산 경제에 대한 설명으로 적절하지 않은 것은?

① 단기적으로 부동산의 물리적인 공급 측면에서 보면, 토지의 부증성이라는 자연적 특성으로 인해 가격이 아무리 상승해도 물리적인 양은 변함이 없으므로 공급곡선이 수직인 비탄력적인 성격이 나타나게 된다.
② 대체재의 가격 상승 및 수익률 악화로 균형가격은 하락하고 균형거래량은 증가한다.
③ 부동산 조세의 세율 완화로 균형가격이 상승하고 거래량이 증가할 수 있다.
④ 정부에서 정하는 가격규제의 한도가 시장에서 성립되는 균형가격보다 높은 경우에는 시장에서 형성되는 가격과 공급량에 전혀 영향을 미치지 않는다.

56 부동산 경기변동의 4개 국면에 대한 설명이 적절하게 연결된 것은?

가. 과거의 사례가격은 새로운 거래의 하한선이 되고 매도인 우위시장이 형성된다.
나. 부동산 거래가 조금씩 활기를 띠기 시작하고, 낮아지는 금리를 적용하여 부동산투자자들이 투자를 시작한다.

	가	나
①	호황기	불황기
②	호황기	경기회복기
③	경기후퇴기	불황기
④	경기후퇴기	경기회복기

57 물권의 종류가 같은 것으로 모두 묶인 것은?

가. 지상권	나. 지역권
다. 전세권	라. 저당권

① 가, 나
② 가, 라
③ 가, 나, 다
④ 가, 다, 라

58 법률규정에 의한 물권변동 중 민법이 규정하는 것은?

① 취득시효 ② 공용징수
③ 몰수 ④ 경매

59 동산과 부동산의 법률상 차이로 가장 적절한 것은?

	구분	동산	부동산
①	질권 설정	가능	불가능
②	법률행위에 의한 물권변동	등기	인도
③	공시방법	등기	점유
④	공신의 원칙	불인정	인정

60 다음 사례에서 부동산에 설정할 수 있는 등기의 종류가 적절하게 연결된 것은?

가. 이연수씨는 최민정씨의 토지에 대한 매매예약을 하면서 계약금과 중도금을 치르고 소유권 이전 청구권을 보전하기 위해 미리 예비로 하는 등기를 하고 싶어 한다.
나. 이채원씨는 매매계약과 동시에 최민수씨에게 금전을 차용하면서 이채원씨 소유의 부동산을 이전한 후 그 영수한 대금 및 최민수씨가 부담한 매매비용을 반환하고 그 목적물을 다시 본인에게 이전하고 싶어 한다.

	가	나
①	소유권이전등기	압류등기
②	소유권이전등기	환매등기
③	가등기	압류등기
④	가등기	환매등기

61 등기사항전부증명서에 대한 설명으로 적절하지 않은 것은?

① 면적 · 층수 · 부동산 소재지 · 지목 · 구조 등은 표제부에 표시된다.
② 소유권보존등기, 소유권이전등기, 가등기, 가압류등기, 가처분등기, 경매기입등기 등은 갑구에 기재된다.
③ 압류등기, 환매등기, 근저당권, 전세권 등은 을구에 기재된다.
④ 부기등기의 순위는 주등기의 순위에 의한다.

62 토지이용계획도에 대한 적절한 설명으로 모두 묶인 것은?

> 가. 토지이용계획도상 지목이 '대'인 경우 해당 토지를 주거용 건축물의 부지로 사용할 수 없으므로, 주거용 건축물의 부지로 사용하려면 지목을 '잡종지'로 변경해야 한다.
> 나. 토지의 건폐율 · 용적률 제한 규정에 따라 바닥면적의 합계가 800m²이고, 층수가 5층인 주택을 신축할 수 있는 경우, 해당 주택은 건축법상 '연립주택'에 해당한다.
> 다. 토지이용계획도상 '개별공시지가'는 조세부과를 위한 지가산정에 적용될 수 있다.

① 다
② 가, 나
③ 가, 다
④ 나, 다

63 부동산 공매와 경매와의 차이에 대한 설명으로 적절하지 않은 것은?

① 경매의 경우 해당 물건의 담당 지방법원에 참석하여 기일입찰표를 작성하고 입찰하지만, 공매의 경우 한국자산관리공사에서 매각을 진행하며 온비드 사이트에서 온라인으로만 입찰이 가능하다.
② 공매에도 인도명령 제도가 있기 때문에 강제집행이 가능하므로, 공매와 경매의 명도책임은 크게 차이가 없다.
③ 경매는 최저매각가격의 10%를 보증금액으로 납부하여야 하나 공매의 경우 본인의 입찰가격의 10%를 보증금액으로 납부해야 한다.
④ 경매는 매각기일에 입찰 및 개찰하는 기일입찰 방식을 주로 택하며, 공매는 입찰기간 내에 입찰하게 하여 매각기일에 개찰하는 기간입찰 방식을 택한다.

64 민법상 계약의 해제에 대한 설명으로 가장 적절한 것은?

① 해제권은 당사자의 약정이 있는 경우 약정해제권이 발생하며, 거래당사자 간의 이행지체나 불완전이행, 이행불능 등과 같은 사유로 법정해제권도 발생한다.
② 해제권은 소급효가 없으므로 당사자는 청산의무가 있다.
③ 계약이 해제된 경우 중도금 지급 등 이미 이행한 급부가 있는 경우에도 원상회복의무를 부담하지 않는다.
④ 계약의 해제는 손해배상청구에 영향을 미치므로, 계약의 해제와 손해배상청구 중 하나만을 선택해야 한다.

65 부동산 매매에 대한 적절한 설명으로 모두 묶인 것은?

가. 민법은 계약금에 관하여 당사자 사이의 다른 약정이 없는 한 해약금으로 추정하고 있으므로, 별도의 특약이 없는 경우에는 당사자 일방이 중도금지급 등 이행에 착수하기 전까지 매수인은 계약금을 포기하고 매도인은 배액을 상환하여 매매계약을 해제할 수 있다.

나. 간혹 매도인이 소유권을 갖고 있지 않은 경우가 있으므로 매도인이 진정한 물건의 소유자인지 확인해야 한다.

다. 대리권이 없는 대리인이 한 법률행위여도 거래당사자 및 제3자 보호를 위해 효력을 가진다.

라. 매매계약은 구두로 성립할 수 없으므로, 반드시 계약서에 의해 작성되어야 한다.

① 가, 나
② 가, 라
③ 나, 다
④ 다, 라

66 임차인의 권리에 대한 설명으로 적절하지 않은 것은?

① 임차인은 임차물을 계약 또는 목적물의 성질에 의해 정해진 용법으로 이를 사용·수익할 수 있다.

② 임차물의 일부가 임차인의 과실 없이 멸실이나 기타의 사유로 사용·수익할 수 없게 된 때에는 임차인은 그 부분의 비율에 의한 차임의 감액을 청구할 수 있다.

③ 임차인이 임차물의 보존을 위해 소요된 경비를 지출한 때에는 임대차기간이 종료되기 전이라도 임대인에게 필요비를 지급하여 줄 것을 청구할 수 있다.

④ 임대인의 동의 없이 부착시킨 물건에 대해서는 부속물매수청구권이 인정된다.

67 2023년 7월 1일 임차한 A주택에 입주하면서 부부 모두 당일 전입신고를 한 홍성완, 김미순씨 부부는 임대차가 종료된 후 보증금을 반환받지 못해 임차주택의 소재지를 관할하는 법원에 임차권등기명령을 신청하여 2025년 8월 2일 임차권등기가 경료되었고, 이후 이사 및 주민등록을 이전하였다. 이 경우 주택임대차보호법상 홍성완, 김미순씨 부부가 제3자에 대하여 대항력이 생기는 최초의 날짜로 가장 적절한 것은?

① 2023년 7월 1일
② 2023년 7월 2일
③ 2025년 8월 2일
④ 2025년 8월 3일

68 상가건물 임대차보호법에 대한 다음 설명 중 (가)~(나)에 들어갈 내용이 적절하게 연결된 것은?

• 차임 등의 증감청구권 : 증액의 경우에는 청구 당시의 차임 또는 보증금의 (가)의 금액을 초과하지 못하며, 증액 청구는 임대차계약 또는 약정한 차임 등의 증액이 있은 후 1년 이내에는 하지 못한다.

• 월차임 전환 시 산정률의 제한 : 보증금의 전부 또는 일부를 월 단위의 차임으로 전환하는 경우에는 그 전환되는 금액에 (나)와 한국은행에서 공시한 기준금리에 4.5배수를 곱한 비율 중 낮은 비율을 초과하지 못하도록 규정하고 있다.

	가	나
①	100분의 5	연 10%
②	100분의 5	연 12%
③	100분의 9	연 10%
④	100분의 9	연 12%

69 근로소득자 김세진(주택을 소유하지 않은 세대의 세대주)씨는 현재 전세 주택에 거주 중이며, 내집 마련을 계획 중이다. 주택청약종합저축에 대한 설명으로 가장 적절한 것은?

① 주택청약종합저축 가입 시 가입기간에 관계없이 국민주택 청약 1순위 자격을 획득한다.

② 주택청약종합저축 가입 시 85m² 이하의 국민주택 및 민영주택에 대해서만 청약이 가능하다.

③ 민영주택 청약의 1순위가 되기 위한 청약 예치기준금액은 지역별·면적별로 다르므로 김세진씨가 원하는 지역의 기준금액을 확인해야 한다.

④ 김세진씨는 주택청약종합저축 가입 시 납입액에 대한 소득공제를 적용받을 수 있다.

70 투기과열지구 또는 청약과열지역 내 민영주택에 청약하는 경우 청약통장이 1순위에 해당하여도 2순위로 청약하여야 하는 1순위 제한 자에 해당하지 않는 것은?

① 자녀를 양육하는 세대주인 미성년자

② 세대주가 아닌 자

③ 과거 5년 이내에 다른 주택에 당첨된 세대에 속한 자

④ 2주택 이상 소유한 세대에 속한 자

71 부동산중개제도에 대한 설명으로 적절하지 않은 것은?

① 부동산을 거래할 때 매도인과 매수인이 직접 만나서 거래하거나, 임대인과 임차인이 직접 만나서 거래할 수도 있지만, 거래금액이 매우 크고 분쟁이 발생할 수도 있기 때문에 양 당사자 사이에서 조율을 해줄 수 있는 개업공인중개사의 중개가 절실히 필요하다.

② 개업공인중개사는 중개를 의뢰받은 경우에 중개가 완성되기 전에 일정한 사항을 확인하여 이를 해당 중개대상물에 관한 권리를 취득하고자 하는 중개 의뢰인에게 성실·정확하게 설명하여야 한다.

③ 개업공인중개사의 과실로 인하여 중개 의뢰인 간의 거래행위가 해제된 경우에도 개업공인중개사는 원칙적으로 중개보수를 받을 수 있다.

④ 중개에 대한 보수는 공인중개사법 시행규칙에서 정하고 있고, 중개 의뢰인 쌍방으로부터 각각 받되, 그 일방으로부터 받을 수 있는 한도를 규정하고 있다.

72 다음 정보를 참고할 때 건축물 A의 건폐율과 용적률이 적절하게 연결된 것은?

〈건축물 A 관련 정보〉

• 대지면적 : 900m²
• 건축면적 : 360m²
• 건축물의 연면적 : 1,440m²

※ 건축면적과 바닥면적은 동일하며, 지하 및 지상의 주차장 및 주민공동시설은 없다고 가정함

	건폐율	용적률
①	40%	160%
②	40%	400%
③	160%	40%
④	400%	40%

73 건축허가 및 제한에 대한 적절한 설명으로 모두 묶인 것은?

> 가. 시장·군수는 층수가 21층 이상이거나 연면적의 합계가 10만m² 이상인 건축물의 건축을 허가하려면 미리 건축계획서와 건축물의 용도, 규모 및 형태가 표시된 기본설계도서를 첨부하여 도지사의 사전승인을 받아야 한다.
> 나. 허가권자는 허가를 받은 자가 허가를 받은 날로부터 2년 이내에 공사에 착수하지 않을 경우 그 허가를 취소하여야 한다.
> 다. 사용승인을 얻은 건축물의 용도를 변경하고자 하는 경우 별도의 허가 또는 신고가 필요하지 않다.

① 나　　　　② 가, 나
③ 가, 다　　　④ 가, 나, 다

74 다음 자료를 참고하여 산정한 조합원 분담금으로 가장 적절한 것은?

> • 감정평가액
> 　– 대지 : 60,000천원
> 　– 건물 : 10,000천원
> • 조합원 분양가 : 250,000천원
> • 비례율 : 110%

① 173,000천원　　② 180,000천원
③ 184,000천원　　④ 190,000천원

75 부동산투자에 대한 설명으로 가장 적절하지 않은 것은?

① 상가임대차보호법상 임차인의 권리금 보호규정은 상가 보증금이 일정 규모 이하인 경우에만 적용되므로 보증금 규모가 작은 상가 투자 시 이에 대한 고려가 필요하다.
② 오피스텔은 아파트에 비해 낮은 전용률과 상대적으로 비싼 관리비가 단점이다.
③ 주주형 상가는 상가 경영이 부실해질 경우 책임을 물을 대상이 불분명하며, 투자지분 매각이 어렵고 공유지분권자들이 많은 경우 경영이 불안정해질 가능성이 높은 단점이 있다.
④ 보전산지는 그린벨트만큼 규제가 많고 산지전용허가가 매우 어려워서 투자가치가 거의 없다.

상속설계

76 다음 정보를 토대로 민법상 홍성완씨의 상속개시일로 적절한 것은?

> 홍성완씨는 2020년 9월 9일 제주도로 가는 선박에 탑승했다가 선박이 침몰하여 현재까지 생사불명 상태이다. 이에 홍성완씨의 가족들은 실종선고를 청구하였으며 2025년 10월 31일 가정법원으로부터 실종선고가 확정되었다.

① 2020년 9월 9일
② 2021년 9월 9일
③ 2025년 9월 9일
④ 2025년 10월 31일

77 상속결격 사유에 해당하지 않는 것은?

① 고의로 피상속인의 배우자를 살해하려고 한 경우
② 고의로 상속의 선순위에 있는 자에게 상해를 가하여 사망에 이르게 한 경우
③ 사기로 피상속인의 상속에 관한 유언을 하게 한 경우
④ 피상속인의 상속에 관한 유언서를 위조·변조·파기 또는 은닉한 경우

78 상속인에 대한 설명으로 적절하지 않은 것은?

① 태아의 경우 상속에 관하여는 이미 출생한 것으로 보기 때문에, 태아는 보통의 상속뿐만 아니라 대습상속도 받을 수 있다.
② 계모자 사이에서도 상속권이 인정된다.
③ 직계존속의 경우 대습상속이 인정되지 않지만 유류분권은 인정된다.
④ 대습상속인은 피대습자의 순위에 갈음하여 상속하게 된다.

79 다음 사례에서 2025년 10월 5일 사망한 이재경씨의 법정상속인으로 적절한 것은?

> • 이재경씨는 2013년 최민정씨와 결혼하여 자녀 A를 낳았으나, 2018년 최민정씨와 이혼하였다.
> • 이후 최민정씨는 재혼하였고, 최민정씨의 남편은 2022년 최민정씨의 자녀 A를 본인의 친양자로 입양하였다.
> • 이재경씨는 2025년 김미순씨와 재혼하였고, 이재경, 김미순씨 부부는 태아 B를 임신 중이었으나 이재경씨의 사망으로 김미순씨는 태아 B를 낙태하였다.
> • 이재경씨의 부친과 모친은 이재경씨 사망 현재 모두 생존해 계신다.

① 자녀 A
② 이재경씨의 부친 및 모친
③ 현재 배우자 김미순씨와 자녀 A
④ 현재 배우자 김미순씨와 이재경씨의 부친 및 모친

80 상속의 법률관계에 대한 적절한 설명으로 모두 묶인 것은?

> 가. 사실혼 배우자의 경우에도 상속권이 인정된다.
> 나. 민법은 상속의 효과로서 포괄·당연승계주의를 채택하고 있으므로, 상속인이 상속을 받지 않겠다는 상속포기의 의사표시를 하더라도 법적으로는 효력이 없다.
> 다. 민법에서는 피상속인의 유언의 자유를 인정하고 있으므로 법정상속에 관한 규정은 유언이 없거나 유언이 무효 등의 사유로 효력이 없는 경우에 보충적으로 적용된다.
> 라. 유증은 민법에서 정한 5가지 방식으로만 가능하다.

① 가, 나
② 가, 라
③ 나, 다
④ 다, 라

81 상속에 따른 법률효과에 대한 적절한 설명으로 모두 묶인 것은?

> 가. 우리 민법에서는 상속재산을 분할할 때까지 상속재산은 공동상속인들의 합유로 정하고 있다.
> 나. 상속재산에 속하는 개개의 물건 또는 권리는 공동상속인 전원의 동의 없이 단독으로 처분할 수 없지만 각 공동상속인은 개개의 상속재산에 대하여 각자의 상속분을 단독으로 처분할 수 있다.
> 다. 일반적으로 일신전속적인 권리 등 특별한 경우를 제외한 나머지 채권과 채무는 상속의 대상이 된다.

① 다
② 가, 나
③ 나, 다
④ 가, 나, 다

82 상속의 대상에 대한 설명으로 적절하지 않은 것은?

① 손해배상청구권, 이혼 시 재산분할청구권 등 채권도 상속재산에 해당한다.
② 취소권, 해제권, 해지권, 상계권 등 형성권도 상속재산에 해당하며, 공동상속인 각자가 단독으로 권리를 행사할 수 있다.
③ 보험계약자가 피보험자의 상속인을 보험수익자로 하여 맺은 생명보험계약에 있어서 피보험자의 사망이라는 보험사고가 발생하여 지급된 보험금은 보험계약의 효력으로서 당연히 생기는 것으로서 상속재산이 아니라 상속인의 고유재산이라고 할 것이다.
④ 금전채권이나 금전채무와 같이 급부의 내용이 나누어 질 수 있는 가분채권, 가분채무인 경우 상속개시와 동시에 당연히 법정상속분에 따라 공동상송인들에게 분할되어 귀속되는 것이 원칙이다.

83 상속의 대상에 대한 설명으로 적절하지 않은 것은?

① 상속재산이란 상속인이 피상속인으로부터 승계하는 재산상의 권리·의무를 말하는데 피상속인의 적극재산뿐만 아니라 채무인 소극재산도 포함한다.

② 물건 등에 대한 소유권, 점유권, 지상권 등 물권과 일신전속적인 것을 제외한 채권도 원칙적으로 상속재산에 해당한다.

③ 상속재산은 상속개시된 때로부터 피상속인의 재산과 상속재산으로부터 발생한 과실을 포함한다.

④ 판례는 장례비용에 충당하고 남은 부의금은 특별한 사정이 없는 한 공동상속인들이 각자의 상속분에 따라 권리를 취득한다고 본다.

84 다음 사례에서 최태준씨의 상속재산에 대한 사위 이재경씨와 손자 이규혁의 상속분이 적절하게 연결된 것은?

- 최태준씨는 배우자 안예은, 아들 최민수, 딸 최민정이 있으며, 딸 최민정은 재작년 이재경씨와 결혼하여 아들 이규혁을 출생하였다.
- 그 후 딸 최민정은 작년 10월 교통사고로 사망하였으며, 최태준씨는 금년 2월 지병으로 420,000천원의 재산을 남기고 사망하였다.

	이재경씨의 상속분	이규혁의 상속분
①	60,000천원	48,000천원
②	60,000천원	60,000천원
③	72,000천원	48,000천원
④	72,000천원	60,000천원

85 홍은균씨는 550,000천원의 상속재산을 남기고 사망하였으며 상속인으로는 배우자 최민정씨와 세 자녀가 있다. 상속인들이 특별한 기여를 한 최민정씨의 기여분으로 100,000천원을 인정하였다면 민법상 기여분을 고려한 최민정씨의 구체적 상속분으로 가장 적절한 것은?

① 100,000천원 ② 150,000천원
③ 200,000천원 ④ 250,000천원

86 상속재산 분할방법에 대한 설명으로 적절하지 않은 것은?

① 상속재산분할은 상속으로 인하여 발생하게 되는 잠정적인 공유관계를 종료시키기 위한 포괄적인 분배절차로, 상속재산의 귀속을 확정시키기 위한 제도이다.

② 지정에 의한 분할은 유언으로만 가능하다.

③ 협의에 의한 상속재산의 분할은 공동상속인 전원의 동의가 있어야 유효하고 공동상속인 중 1인의 동의가 없거나 그 의사표시에 대리권의 흠결이 있다면 분할은 무효이다.

④ 상속재산인 부동산의 분할 귀속을 내용으로 하는 상속재산분할심판이 확정되면 민법 제187조에 의하여 상속재산분할심판에 따른 등기를 통해 해당 부동산에 관한 물권변동의 효력이 발생한다.

87 상속회복청구권에 대한 다음 설명 중 (가)~(나)에 들어갈 내용으로 적절하게 연결된 것은?

상속회복청구권은 재판상으로만 행사 가능하며 그 침해를 안 날로부터 (가), 상속권의 침해행위가 있은 날부터 (나)이 경과하면 소멸된다.

	가	나
①	1년	5년
②	1년	10년
③	3년	5년
④	3년	10년

88 자필증서에 의한 유언을 설명한 것으로 적절하지 않은 것은?

① 자필증서에 의한 유언의 요건은 유언자가 그 전문과 작성연월일, 주소, 성명을 자서하고 날인하는 것이다.

② 연월일의 기재가 없는 유언은 무효이다.

③ 유언자의 동일성만 특정된다면 성과 이름 중 이름만을 적어도 괜찮고, 이니셜만 적어도 된다고 보아야 할 것이다.

④ 증인의 참여가 없는 유언은 자필증서에 의한 유언이라고 볼 수 없다.

89 최소 2명 이상의 증인이 있어야 유효한 유언방식으로만 모두 묶인 것은?

> 가. 녹음에 의한 유언
> 나. 공정증서에 의한 유언
> 다. 비밀증서에 의한 유언
> 라. 구수증서에 의한 유언

① 가, 나
② 다, 라
③ 나, 다, 라
④ 가, 나, 다, 라

90 유언집행자에 대한 설명으로 적절하지 않은 것은?

① 제한능력자와 파산선고를 받은 자는 유언집행자가 되지 못한다.
② 유언이 재산에 관한 것인 때에는 지정 또는 선임에 의한 유언집행자는 지체 없이 그 재산목록을 작성하여 상속인에게 교부하여야 하는데, 상속인의 청구가 있더라도 재산목록 작성에 상속인을 참여하게 하여서는 아니 된다.
③ 유언집행자는 유증의 목적인 재산의 관리나 기타 유언의 집행에 필요한 행위를 할 권리의무가 있다.
④ 지정 또는 선임에 의한 유언집행자는 정당한 사유가 있는 때에는 법원의 허가를 얻어 그 임무를 사퇴할 수 있다.

91 피상속인 안현수씨는 상속재산으로 현금 100,000천원, 채무 60,000천원을 남기고 사망하였으며, 사망 3개월 전 내연녀 박선영씨에게 500,000천원을 증여하였다. 안현수씨의 유족으로는 아내 서예지씨와 어머니 도지원씨가 있을 경우 민법상 서예지씨와 도지원씨의 유류분이 적절하게 연결된 것은?

	서예지	도지원
①	108,000천원	72,000천원
②	108,000천원	108,000천원
③	162,000천원	72,000천원
④	162,000천원	108,000천원

92 유류분에 대한 설명으로 적절하지 않은 것은?

① 유류분 산정의 기초재산을 산정할 때 상속인이 받은 것은 오래전에 증여받은 것이라 하더라도 포함하지만, 상속인이 아닌 사람에게 선의로 증여한 것은 상속개시 전 1년 동안에 이루어진 것만 포함한다.
② 유류분 산정의 기초재산을 산정할 때 피상속인이 부담하는 채무가 사법상의 채무인가 또는 공법상의 채무인가 여부에 관계없이 채무를 공제한다.
③ 유류분 산정의 기초가 되는 재산이 확정되면 여기에 다시 각 유류분권리자별 유류분 비율(법정상속분의 1/2 또는 1/3)을 곱하여 각 유류분권리자의 유류분을 확정하고 유류분권리자에게 특별수익이 있는 경우에는 이를 공제한다.
④ 기여분은 유류분과 서로 밀접한 관계가 있다.

93 상속세와 증여세의 차이점으로 적절하지 않은 것은?

	구분	상속	증여
①	법률 행위	상속개시를 원인으로 포괄적 권리의무의 승계	당사자 쌍방 계약에 의한 재산의 무상이전
②	과세 방식	유산세 방식 (피상속인 재산 전체를 기준으로 과세)	유산취득세 방식 (재산을 받은 자별로 받은 재산에 대해 과세)
③	관할 세무서	피상속인의 주소지	수증자의 주소지
④	공제 제도	상대적으로 종류가 적음	상대적으로 종류가 다양

94 항목별 상속공제에 대한 설명으로 적절하지 않은 것은?

① 자녀공제는 피상속인의 자녀를 대상으로 1인당 3천만원의 공제를 적용받는다.
② 배우자상속공제는 미성년자공제 또는 연로자공제와 중복 적용받을 수 없다.
③ 원칙적으로 상속인 또는 동거가족별로 그 밖의 인적공제는 중복 적용받을 수 없으나 자녀공제는 미성년자공제와 중복 적용 가능하며, 장애인공제는 다른 인적공제와 중복 적용받을 수 있다.
④ (기초공제 + 그 밖의 인적공제) 금액이 5억원보다 적으면 그 대신 일괄공제 5억원을 적용할 수 있다.

95 상증법상 증여로 보는 거래로 가장 적절한 것은?

① 채무의 면제
② 사인증여
③ 이혼 시 위자료
④ 취득원인무효에 의한 재산상의 권리말소

96 증여세 연대납부의무 사유로 모두 묶인 것은?

가. 수증자의 주소 또는 거소가 불분명한 경우로서 조세채권 확보가 곤란한 경우
나. 수증자가 증여세를 납부할 능력이 없다고 인정되는 경우로서 강제징수를 해야만 증여세에 대한 조세채권 확보가 가능한 경우
다. 수증자가 비거주자인 경우

① 가, 나
② 가, 다
③ 나, 다
④ 가, 나, 다

97 아버지가 아들에게 아파트(시가 10억원, 담보대출잔액 6억원)를 부담부증여할 경우 각각의 납세대상이 적절하게 연결된 것은(수증자가 채무액을 부담하는 사실이 객관적으로 입증되는 경우임)?

	증여세	양도소득세
①	아들	아들
②	아들	아버지
③	아버지	아들
④	아버지	아버지

98 증여세 과세표준 계산 시 수증자의 입장에서 증여자들로부터 10년간 공제받을 수 있는 증여재산공제액으로 적절하지 않은 것은(혼인 · 출산공제는 해당사항 없음)?

	증여자	증여재산공제액
①	직계존속	5천만원(수증자 : 성인)
②	직계존속	5천만원(수증자 : 미성년자)
③	직계비속	5천만원
④	4촌 이내의 인척	1천만원

99 특수관계인 간의 거래에서 저가 양수 또는 고가 양도에 따른 이익의 증여에 따른 증여대상 요건으로 (가)~(나)에 들어갈 내용이 적절하게 연결된 것은?

대가와 시가와의 차액이 시가의 (가) 이상이거나 (나) 이상인 경우에 적용

	가	나
①	20%	2억원
②	20%	3억원
③	30%	2억원
④	30%	3억원

100 창업자금 증여세 과세특례 요건으로 적절하지 않은 것은?

① 증여재산 : 증여재산은 양도소득세 과세대상이 아닌 재산이어야 함

② 증여자 : 50세 이상의 부모로부터 증여받아야 함

③ 수증자 : 창업자금의 증여일 현재 수증자는 18세 이상인 거주자이어야 함

④ 사후관리 : 2년 내 미창업 또는 창업자금을 4년 내에 사용하지 않는 등 사후관리 요건 위반 시 증여세(또는 상속세)에 이자상당액을 가산하여 추징함

AFPK® 실전모의고사 2회

MODULE 2

수험번호		성명	

위험관리와 보험설계

01 민간보험의 대상이 되는 위험에 해당하는 것으로 모두 묶인 것은?

> 가. 순수위험　　　　나. 객관적 위험
> 다. 기본위험

① 가, 나
② 가, 다
③ 나, 다
④ 가, 나, 다

02 다음 사례를 토대로 계산한 기대손실로 가장 적절한 것은?

> • 보유한 재산 : 12억원
> • 화재 발생 확률 : 25%
> • 최종 재산은 화재가 발생하지 않을 경우 12억원, 화재가 발생할 경우 4억원

① 1억원
② 2억원
③ 5억원
④ 10억원

03 다음 재무설계사의 조언에 해당하는 위험관리 프로세스의 단계로 적절한 것은?

> 현재 고객님은 조기사망위험에 대한 측정 및 평가가 이루어졌으므로 이제 위험관리 목표를 충족할 수 있도록 위험관리방법을 선택하셔야 합니다. 고객님의 연령이 높아서 보험으로 위험을 관리하는 경우 비용이 많이 발생할 수 있으므로 별도의 건강관리 플랜이 병행되는 것이 좋을 것 같습니다.

① 1단계 : 위험인식
② 2단계 : 위험측정 및 평가
③ 3단계 : 위험관리방법 선택
④ 4단계 : 선택한 위험관리방법 실행

04 다음 손실 유형별 위험관리방법 중 (가)~(나)에 들어갈 내용이 적절하게 연결한 것은?

구분		손실빈도	
		높음	낮음
손실	높음	위험회피, 손실감소	(가)
심도	낮음	위험보유, 손실감소	(나)

	가	나
①	위험보유	위험보유
②	위험보유	위험전가
③	위험전가	위험보유
④	위험전가	위험전가

05 보험 가능 위험에 대한 사례가 적절하게 연결된 것은?

> 가. 휴대폰 구입 당시 휴대폰 손상과 분실을 보상해주는 보험에 가입한 고승완씨는 1년 후 페인트가 벗겨지는 등의 노후화가 진행되어 새 휴대폰으로 교환하기 위해 보험금을 청구하였으나 보험금 지급이 거절되었다.
> 나. 눈에 띄는 몸매로 유명한 아이돌 걸그룹 멤버 김아영씨는 5억원을 보장하는 다리보험에 가입하였다.
> 다. 최근 튀르키예에 발생한 지진과 같이 사고피해 규모가 천문학적 수준에 달해 합리적 보험료 산출이 어렵고 거액의 보험금 지급이 일시에 발생할 경우 보험회사가 지급불능에 처할 수 있다.

	가	나	다
①	다수의 동질성	측정 가능성	보험회사가 감당 가능한 손실
②	다수의 동질성	보험회사가 감당 가능한 손실	측정 가능성
③	우연성	측정 가능성	보험회사가 감당 가능한 손실
④	우연성	보험회사가 감당 가능한 손실	측정 가능성

06 손해보험계약에서 보험가입금액과 보험가액 간 관계에 대한 설명으로 적절하지 않은 것은?

① 초과보험은 동일한 보험목적에 대해 피보험이익이 동일한 다수의 보험계약이 병존하는 것으로 2개 이상 보험가입금액의 합계가 보험가액을 초과한 경우를 말한다.

② 손해보험은 가입금액과 상관없이 실손보상원칙에 의거하여 보험가액을 초과하는 보험금은 지급하지 않는다.

③ 일부보험의 경우 보험가액에 대한 보험가입금액의 비율에 따라 비례보상한다.

④ 손해보험에서 사기로 인한 초과보험이나 중복보험은 보험계약 전체를 무효로 한다.

07 보험기간과 보험계약기간에 대한 설명으로 적절하지 않은 것은?

① 보험기간은 보험회사가 보험사고를 보장하는 기간으로 담보기간, 책임기간이라고도 한다.

② 기간보험은 보험기간이 언제부터 언제까지라는 시간으로 정해지며, 주로 화재보험, 자동차보험, 해외여행보험 등에 적용된다.

③ 구간보험은 보험기간이 지역으로 정해지는 보험인데, 주로 운송보험에서 활용하며, 화물을 싣고 출발할 때 보험기간이 개시되고 목적지에 도착할 때 종료되는 방식이다.

④ 보험계약기간은 보험계약이 유효하게 존속하는 기간으로, 보험기간과 보험계약기간은 항상 일치한다.

08 보험계약이 성립되었지만, 계약의 효력이 처음부터 발생하지 않는 무효 요건에 해당되지 않는 것은?

① 보험계약 당시에 보험사고가 이미 발생하였거나 또는 발생할 수 없는 경우

② 사망보험 계약 체결 당시 피보험자가 15세 미만인 개인보험계약을 체결할 경우

③ 보험계약자와 피보험자가 동일하지 않은 타인의 사망보험에서 피보험자의 서면동의를 받지 않은 경우

④ 보험계약자가 계약 체결 시 청약서에 자필서명하지 않은 경우

09 약관의 규제에 관한 법률을 설명한 것으로 가장 적절한 것은?

① 약관에서 정하고 있는 사항에 관해 보험회사와 고객이 약관의 내용과 다르게 합의한 사항이 있더라도 그 합의 사항보다 약관이 우선한다.

② 약관은 신의성실의 원칙에 따라 공정하게 해석되어야 하며 고객에 따라 다르게 해석되어서는 안 되며, 약관의 뜻이 명백하지 아니한 경우에는 작성자에게 유리하게 해석되어야 한다.

③ 고객에게 부당하게 불리한 조항, 고객이 계약의 거래형태 등 관련된 모든 사정에 비추어 예상하기 어려운 조항, 계약의 목적을 달성할 수 없을 정도로 계약에 따르는 본질적 권리를 제한하는 조항과 같이 신의성실의 원칙을 위반하여 공정성을 잃은 약관 조항은 무효로 한다.

④ 약관법에서는 약관의 일부 조항이 무효인 경우 그 계약은 무효로 한다고 규정한다.

10 보험료가 높아지는 요인으로 모두 묶인 것은?

가. 높아지는 예정위험률
나. 낮아지는 예정이자율
다. 낮아지는 예정사업비율
라. 높아지는 계약유지비용

① 가, 라
② 가, 나, 다
③ 가, 나, 라
④ 나, 다, 라

11 보험유통채널별 법적 권한에 대한 적절한 설명으로 모두 묶인 것은?

가. 보험설계사는 계약체결권이 인정되지 않을 뿐만 아니라, 계약의 변경·해지·통지·고지를 수령할 수 있는 권한도 없지만, 제1회 보험료에 한해 보험료수령권만 인정될 뿐이다.
나. 보험대리점은 요율협상권을 갖는다.
다. 보험중개사는 고지의무수령권이 있지만 보험료수령권은 없다.

① 가
② 가, 나
③ 나, 다
④ 가, 나, 다

12 국민건강보험에 대한 설명으로 가장 적절한 것은?

① 직장가입자의 건강보험료는 가입자가 전부 부담한다.

② 지역가입자의 건강보험료는 가입자의 소득, 재산 등을 기준으로 정한 부과요소별 점수를 합산한 보험료 부과점수에 점수당 금액을 곱하여 보험료를 산정한 후 경감률 등을 적용하여 세대단위로 부과한다.

③ 외래진료 시 본인일부부담금은 병원 종류에 관계없이 요양급여비용 총액의 30%로 동일하다.

④ 본인부담액 상한제의 본인부담 상한액 기준은 가입자의 소득수준에 관계없이 모두 동일하게 적용된다.

13 저축성보험 보험차익 비과세 요건으로 적절하지 않은 것은?

① 계약기간 10년 이상, 납입기간 5년 이상이며, 1인당 월보험료가 150만원 이하인 월 적립식 저축성보험

② 보험료 납입 계약기간 만료 후 50세부터 사망 시까지 보험금·수익 등을 연금 형태로만 지급받는 종신형 연금보험계약

③ 연금 외의 형태로 보험금·수익 등을 지급하지 아니하는 종신형 연금보험계약

④ 최초 연금지급개시 이후 사망일 전에 계약을 중도해지 할 수 없는 종신형 연금보험계약

14 다음 정보를 고려할 때, 고승완씨의 생명보험 가입에 대한 설명으로 적절하지 않은 것은?

• 가족정보
 －고승완씨 본인(회사원), 배우자(회사원), 자녀(2세)
• 재무정보
 －소득 : 연간 88,000천원
 －자산 : 아파트 300,000천원, 정기예금 2,000만원
 －부채 : 주택담보대출 100,000천원(대출기간 20년, 매월 말 원리금균등분할상환 방식)

① 주택자금을 차입한 후 주기적으로 원금과 이자를 상환하면, 기간이 지날수록 미상환 주택자금이 감소하게 되므로 체감정기보험을 가입하여 정기보험 가입금액을 미상환 잔액으로 설정하면 유사시 사망보험금으로 잔여 대출금을 상환할 수 있어 유리합니다.

② 자녀의 대학등록금의 경우 교육비 상승으로 인해 필요한 대학교육자금이 늘어날 수 있어 이에 대비한 보험은 체증정기보험으로 가입하는 것이 유리합니다.

③ 가능한 저렴한 보험료로 사망보장을 받기를 원하시는 경우 갱신하는 형태의 정기보험이 유리한데, 건강에 매우 자신하는 편이시므로 갱신할 때마다 적격 피보험체 여부를 증명하여 보험회사의 언더라이팅 기준을 통과하면, 예정된 보험료보다 더 낮은 보험료로 계약을 갱신할 수 있는 갱신정기보험을 가입하는 것이 좋습니다.

④ 종신보험을 가입하시면 종신토록 사망보장을 받아서 좋지만 가능한 저렴한 보험료를 생각하신다면 일단 정기보험으로 가입하신 다음 나중에 적격 피보험체 여부에 대한 증명 없이 종신보험으로 전환할 수 있는 전환정기보험을 고려할 수 있습니다.

15 다음 고객 니즈에 맞는 전통형 종신보험이 적절하게 연결된 것은?

가. 고객 김밝은씨는 납입기간이 길더라도 보험료 수준이 가장 낮은 종신보험을 원하고 있다.

나. 고객 고승완씨는 은퇴 후 소득이 크게 줄어드는 데 비해 보장 니즈가 존재한다면 이 시기에 보험료가 상당한 부담으로 작용할 것을 걱정하고 있다. 따라서 소득수준이 높은 기간 동안 집중적으로 보험료를 납부하기를 원하고 있다.

다. 현재 소득이 낮지만, 장래 소득이 높아질 것으로 예상되는 고객 김민주씨는 가입 초기 몇 년 동안 낮은 보험료를 부담하다가 이후 보험료 수준을 높이기를 원하고 있다.

	가	나	다
①	전기납 종신보험	단기납 종신보험	수정 종신보험
②	전기납 종신보험	단기납 종신보험	유니버셜 종신보험
③	단기납 종신보험	전기납 종신보험	수정 종신보험
④	단기납 종신보험	전기납 종신보험	유니버셜 종신보험

16 고객 유형에 따라 추천할 수 있는 보험상품이 적절하게 연결된 것은?

> 가. 직업적 특성상 수입이 일정치 못한 작가 김세진 씨는 본인의 조기사망 위험에 대비하여 보험료 납입시기와 납입액수를 스스로 결정할 수 있으며, 본인의 선택에 따라 보험금액을 증액 또는 감액할 수 있는 유연성 있는 생명보험에 가입하길 원하고 있다.
>
> 나. 공격적인 투자성향을 가지고 있는 김밝은씨는 투자위험을 부담하더라도 계약자적립액이 특별계정으로 운용되어 펀드의 주식 및 채권 등에 투자되기를 원하고 있다.

	가	나
①	수정종신보험	변액종신보험
②	수정종신보험	변액유니버셜종신보험
③	유니버셜종신보험	변액종신보험
④	유니버셜종신보험	변액유니버셜종신보험

17 ㈜토마토는 종업원 송해씨를 피보험자와 수익자로 하는 단체순수보장성보험을 가입하여 올해 중에 보험료로 60만원을 납입한 경우 당해 보험료 납입액 중 근로소득으로 과세되는 금액으로 가장 적절한 것은?

① 0원
② 30만원
③ 50만원
④ 60만원

18 다음 고객 고승완씨의 니즈에 맞는 생명보험 특약으로 가장 적절하게 연결된 것은?

> 가. 고승완씨는 본인의 배우자 및 자녀 모두에게 보장을 제공하기를 원하고 있다.
>
> 나. 고승완씨는 노후에 사망보장에 대한 니즈가 감소하면 보장 대신 해약환급금으로 연금을 수령하여 노후소득원으로 활용하기를 원하고 있다.

	가	나
①	가족특약	선지급서비스 특약
②	가족특약	연금전환특약
③	가족생활자금특약	선지급서비스 특약
④	가족생활자금특약	연금전환특약

19 이채원씨와 이연수씨는 보험가입금액이 5억원인 종신보험에 각각 가입하였으나, 사업부진으로 인해 보험료 납입이 어려운 상황이다. 다음 이채원씨와 이연수씨의 니즈를 고려할 때, 적합한 계약유지제도로 적절하게 연결된 것은?

> 가. 이채원씨의 니즈
> - 보험료 납입 : 보험료 납입최고일까지 보험료가 납입되지 않을 경우에 대비하여 보험의 효력이 상실되는 것을 방지하고 싶음
> - 보험가입금액 : 보험가입금액을 지금과 동일하게 유지하고 싶음
> - 보험기간 : 기존 보험계약과 동일하게 종신으로 유지하고 싶음
>
> 나. 이연수씨의 니즈
> - 보험료 납입 : 보험료 납입을 중단하고 싶음
> - 보험가입금액 : 자녀들이 성장했기 때문에 보험가입금액을 하향 조정해도 괜찮음
> - 보험기간 : 기존 보험계약과 동일하게 종신으로 하고 싶음

	가	나
①	보험료 납입 일시중지 기능	감액 제도
②	보험료 납입 일시중지 기능	감액완납 제도
③	보험료 자동대출납입 제도	감액 제도
④	보험료 자동대출납입 제도	감액완납 제도

20 보험계약자가 계약 전 알릴 의무를 위반하였더라도 보험계약을 해지하거나 보장을 제한할 수 없는 경우로 가장 적절한 것은?

① 보험회사가 계약 당시에 그 사실을 알았거나 과실로 인하여 알지 못하였을 때

② 보험회사가 계약 전 알릴 의무 위반사실을 안 날로부터 3개월 이상 지났을 때

③ 보장개시일부터 보험금 지급사유가 발생하지 않고 1년이 지났을 때

④ 계약을 체결한 날부터 2년이 지났을 때

21 보험계약의 청약철회에 대한 설명으로 가장 적절한 것은?

① 청약철회는 보험증권을 받은 날로부터 60일 이내에 가능하다.

② 보험기간이 5년 이내인 계약은 청약을 철회할 수 없다.

③ 계약자의 청약철회는 보험자가 승낙해야만 효력이 발생한다.

④ 청약철회 당시 보험금 지급사유가 발생했으나 보험계약자가 그 사실을 알지 못한 경우에는 보장받을 수 있다.

22 생명보험약관에 대한 설명으로 적절하지 않은 것은?

① 해당 보험계약이 금소법상 판매규제에 위반되는 경우 금융소비자는 위법 사실을 안 날로부터 1년, 계약일로부터 3년 이내에 계약해지요구서에 증빙서류를 첨부하여 계약 해지를 요구할 수 있다.

② 보험계약에 관하여 분쟁이 있는 경우 분쟁당사자 또는 기타 이해관계인과 보험회사는 금융감독원장에게 조정을 신청할 수 있으며, 분쟁조정 과정에서 보험계약자는 관계 법령이 정하는 바에 따라 보험회사가 기록 및 유지·관리하는 자료의 열람을 요구할 수 있다.

③ 보험회사는 일반금융소비자인 보험계약자가 조정을 통하여 주장하는 권리나 이익의 가액이 금소법에서 정하는 일정 금액 이내인 분쟁사건에 대하여 조정절차가 개시된 경우에는 관계법령이 정하는 경우를 제외하고는 소를 제기하지 않는다.

④ 보험설계사 등이 모집과정에서 사용한 보험회사 제작의 보험안내자료 내용이 약관의 내용과 다른 경우에는 보험계약자에게 유리한 내용으로 계약이 성립된 것으로 본다.

23 4세대 실손의료보험을 가입하고 있는 친절한씨에게 다음과 같은 의료비가 발생한 경우 손해보험회사에서 지급해야 할 통원의료비 보험금으로 가장 적절한 것은?

〈4세대 실손의료보험 기본형·특별약관 가입〉
- 보험기간 : 올해 1월 1일 ~ 12월 31일
- 약관상 보장하는 질병으로 아래와 같이 통원치료

통원일	진단명 (병명)	진료 기관	본인부담의료비	
			급여	비급여
3월 11일	위염	A병원	240,000원	60,000원
5월 4일	위궤양	B상급· 종합병원	250,000원	70,000원

① 104천원

② 392천원

③ 462천원

④ 496천원

24 토마토손해보험회사가 경험통계를 활용하여 개발한 배상책임보험상품이 판매된 후 1년이 경과되어 실제 손해율이 다음과 같을 경우 손해율법에 따른 요율조정으로 가장 적절한 것은?

- 실제손해율 : 70%
- 예정손해율 : 60%

① +16.7%

② +10%

③ -10%

④ -16.7%

25 주택화재보험에 대한 설명으로 가장 적절한 것은?

① 화재가 발생하면 화재로 인한 직접손해는 보상받을 수 있으나, 화재로 인한 소방손해와 피난손해에 대해서는 보상받을 수 없다.

② 화재가 발생했을 때 생긴 도난 또는 분실로 생긴 손해도 보상받을 수 있다.

③ 골동품의 경우 자동담보물건으로 화재보험 가입 시 보험증권에 별도 기재할 필요는 없다.

④ '화보법'에 따라 11층 이상인 건물, 16층 이상의 아파트 및 부속건물(동일한 아파트 단지 내에 있는 15층 이하 아파트 포함) 등 일정 규모 이상의 특수건물에 대하여 특수건물의 소유주에게 신체손해배상책임담보 또는 특수건물 특약부 화재보험 가입을 의무화하였다.

26 다음 사례 중 공장물건의 지급보험금으로 가장 적절한 것은?

	보험가액	보험가입금액	손해액	지급보험금
①	100,000천원	100,000천원	80,000천원	40,000천원
②	100,000천원	50,000천원	100,000천원	100,000천원
③	100,000천원	50,000천원	50,000천원	25,000천원
④	100,000천원	120,000천원	100,000천원	120,000천원

27 배상책임보험에 대한 설명으로 적절하지 않은 것은?

① 일반적으로 보험가액의 개념이 존재하지 않으며, 책임 측면에서 피보험자가 부담할 보상한도액을 약정함으로써 보험금을 지급한다.

② 피보험자의 고의 및 과실로 인한 법률상 배상책임을 담보한다.

③ 배상책임보험에서는 크게 법률상 손해배상금과 비용손해(손해방지비용, 방어비용, 권리보전비용, 공탁보증보험료, 피보험자의 협력비용)를 보상한다.

④ 실무상으로 손해사고기준을 원칙으로 하고 있지만 손해사고 발생 시점을 특정하기 어려운 위험의 경우에는 배상청구기준을 사용하고 있다.

28 손해보험 가입 니즈에 따른 손해보험 상품의 분류가 적절하게 연결된 것은?

가. 화재보험에 가입하고자 하는데 보험료가 매년 변하는 것보다는 가입기간 내내 일정했으면 합니다.
나. 저는 화재보험에 가입하고자 하는데 보험료가 가능한 저렴했으면 합니다.
다. 건설공사보험에 가입하고자 하는데 시공일로부터 완공일까지(1년간)만 보장이 되었으면 합니다.
라. 배상책임보험에 가입하고자 하는데 중간에 해지할 경우 납입한 보험료가 너무 아까우므로 일정 부분 환급이 가능한 보험에 가입하고자 합니다.
마. 화재보험에 가입하고자 하는데 80% 미만의 화재가 발생하더라도 그 이후 몇 번이고 화재 발생 시 잔여기간의 보험가입금액이 감액되지 않고 최초 가입금액 기준으로 보상받았으면 합니다.

	일반손해보험	장기손해보험
①	가, 나	다, 라, 마
②	가, 나, 다	라, 마
③	나, 다	가, 라, 마
④	다, 라, 마	가, 나

29 자동차보험에 대한 설명으로 적절하지 않은 것은?

① 중앙선 침범 등 12대 중과실 사고인 경우 가·피해자 간 형사합의와 상관없이 형사처벌을 받는다.

② 대인배상 I은 자배법에 의한 손해배상책임에 한하여 보상하며, 대인배상 I에서의 보상한도가 초과되는 경우에는 대인배상 II에서 그 초과되는 금액을 보험가입금액 한도로 보상하며, 무한으로 가입한 경우에는 한도 없이 보상한다.

③ 대물배상은 피보험자가 피보험자동차를 소유, 사용, 관리하는 동안에 생긴 피보험자동차의 사고로 인하여 타인의 재물을 없애거나 훼손한 때에 법률상 손해배상책임을 짐으로써 입은 손해를 보상한다.

④ 법규를 위반하여 발생한 벌금에 대해서도 자동차보험에서 보상받을 수 있다.

30 개인택시를 운행하는 고객 A씨가 가입한 영업용 운전자보험에서 보상하지 않는 손해로 적절하지 않은 것은?

① 사고를 내고 도주하였을 때
② 음주, 무면허 상태로 운전하던 중 사고를 일으킨 때
③ 영업목적으로 운전하던 중 사고를 일으킨 때
④ 고의로 사고를 일으킨 때

투자설계

31 국내총생산(GDP)에 대한 설명으로 적절하지 않은 것은?

① 국내총생산은 한 국가 내에서 이루어진 생산활동의 가치를 측정하므로 그 나라의 경제활동 수준을 가장 잘 나타낼 수 있다.
② GDP 디플레이터는 GDP 산정에 포함된 재화와 서비스의 가격변동을 측정하는 지수로서 명목 GDP를 실질 GDP로 나누어 계산한다.
③ GDP 디플레이터가 2% 상승하였다면 명목 GDP 상승률이 실질 GDP 상승률보다 높다고 볼 수 있다.
④ GDP 갭이 양수이면, 경제가 보유하고 있는 생산요소 중 일부가 생산활동에 활용되지 않는 유휴상태라는 것을 의미한다.

32 실업에 대한 설명이 적절하게 연결된 것은?

가. 새로운 일자리 탐색과정에서 발생하는 실업
나. 특정 산업의 침체 등으로 노동 공급이 수요보다 커서 발생되는 실업
다. 경기순환에 따라 발생하는 실업

	가	나	다
①	경기적 실업	구조적 실업	마찰적 실업
②	구조적 실업	마찰적 실업	경기적 실업
③	마찰적 실업	경기적 실업	구조적 실업
④	마찰적 실업	구조적 실업	경기적 실업

33 국내 통화량 감소 요인으로 모두 묶인 것은?

가. 정부가 공무원에게 급여를 주거나 물자를 조달한 후 대금을 지급하는 경우
나. 해외제품을 수입하거나 국내기관이나 개인이 해외자산에 투자하는 경우
다. 국제수지가 적자일 경우

① 가, 나
② 가, 다
③ 나, 다
④ 가, 나, 다

34 물가에 대한 기대심리가 자금의 수요와 공급에 미치는 영향에 대한 설명으로 가장 적절한 것은?

① 물가가 상승하면 돈을 빌리는 사람은 실질적으로 손해를 보고 돈을 빌려주는 사람은 이익을 본다.
② 물가가 상승할 것으로 예상되면 자금의 공급은 증가하여 자금공급곡선이 우측으로 이동하는 반면, 자금의 수요는 감소하여 수요곡선은 좌측으로 이동하여 시장금리는 하락할 것이다.
③ 다른 조건이 동일하다면 물가상승으로 인한 이자의 실질가치가 하락한 만큼 금리는 상승할 것이다.
④ 물가상승으로 인해 금리가 상승할 경우 명목금리와 실질금리가 모두 상승하게 된다.

35 다음에 제시된 원달러환율과 크로스레이트를 사용하여 계산된 원화의 엔화에 대한 재정환율로 가장 적절한 것은?

- 원달러환율(USD/KRW) : U$1 = ₩992.1
- 엔달러환율(USD/JPY) : U$1 = ¥115.6

① 100¥ = ₩114.69
② 100¥ = ₩116.52
③ 100¥ = ₩686.76
④ 110¥ = ₩858.22

36 투자대상을 고를 때 요구수익률보다 높은 성과를 기대할 수 있는 투자대상으로 가장 적절한 것은?

	무위험수익률	위험보상률	기대수익률
①	명목무위험수익률 :	0%	3.5%
②	3.5%	2%	4%
③	실질무위험수익률 :	4%	7%
④	2.0%	5%	10%

37 경제환경에 따라 예상되는 투자수익률이 달라지는 세 가지 투자안의 수익률 분포를 아래와 같이 가정할 경우 투자위험이 가장 큰 투자안으로 적절한 것은?

경제환경	확률	A	B	C
긍정적	25%	+30%	0%	+5%
현재수준	50%	0%	+3%	0%
부정적	25%	-10%	+6%	-5%

① A
② B
③ C
④ 3 투자안 전부 비슷

38 체계적 위험과 비체계적 위험에 대한 설명으로 적절하지 않은 것은?

① 표준편차가 '0'이 되도록 하는 것이 가장 좋다.
② 주식의 수가 늘어남에 따라 비체계적 위험을 줄일 수 있다.
③ 시장포트폴리오에서도 체계적인 위험이 있다.
④ 분산투자에 따른 위험감소 효과를 높이기 위해서는 서로 다른 산업에서 추출한 주식을 늘리는 것이 좋다.

39 다음 'A~D' 펀드 중 지배원리로 판단할 때 가장 우수한 펀드는?

	펀드	평균수익률	표준편차
①	A펀드	4%	4%
②	B펀드	4%	9%
③	C펀드	9%	4%
④	D펀드	9%	9%

40 주식분할(액면분할)에 대한 설명으로 가장 적절한 것은?

① 기업이 주주들에게 배당할 때 현금 대신 주식으로 하는 경우를 말한다.
② 주식분할을 할 경우 기존 주식 보유자의 주식 수는 줄어든다.
③ 투자자가 보유하고 있는 주식의 시장가치는 변동하지 않는다.
④ 기존의 발행주식 수를 줄여 주당 액면가를 높이는 것을 말한다.

41 다음 자료에 기초한 A주식에 대한 설명으로 가장 적절한 것은?

- 작년도 배당 : 주당 1,000원
- 배당성장률 : 5%
- 무위험이자율 : 3%
- 시장의 기대수익률 : 8%
- A주식의 베타 : 1.2

① A주식의 요구수익률은 8%이다.
② A주식의 기대수익률이 11%일 경우 A주식은 현재 고평가상태이다.
③ 정률성장 배당할인모형에 의한 A주식의 적정가치는 27,000원이다.
④ A주식의 요구수익률이 10%라면 A주식의 적정가치는 21,000원이 된다.

42 A주식회사는 현재 주당순이익(EPS)이 5,000원이다. 과거 이익의 성장률을 계산해 본 결과 평균적으로 매년 10%씩 증가한 것으로 확인되었다. 1년 후 주가를 다음의 PER을 활용하여 예측해보면 평균적으로 추정할 수 있는 주가로 가장 적절한 것은?

동일산업 평균	시장 전체의 평균	과거 10년간의 평균
4배	6배	5배

① 5,500원
② 22,000원
③ 27,500원
④ 33,000원

43 다음 자료를 토대로 시가총액가중방법에 의해 평가시점의 주가지수를 산출할 때 가장 적절한 것은?

- 기준시점 시가총액 합계 : 199,000천원
- 평가시점 시가총액 합계 : 249,000천원
- 기준시점 주가지수 : 100

① 100
② 103.67
③ 106.15
④ 125.13

44 할인채의 채권가격을 계산하는 식으로 가장 적절한 것은?

- 채권종류 : 할인채
- 액면 10,000원, 만기 2년, 표면이자율 3%, 매매수익률 2%

① $\dfrac{10,000}{(1+0.02)^2}$

② $\dfrac{10,000}{(1+0.03)^2}$

③ $\dfrac{10,000 \times (1+0.02)^2}{(1+0.03)^2}$

④ $\dfrac{10,000 \times (1+0.03)^2}{(1+0.02)^2}$

45 채권투자의 위험에 대한 설명으로 적절하지 않은 것은?

① 채권보유자의 입장에서 채권의 가격변동위험은 채권을 중도에 매매하지 않고 만기까지 보유할 경우 회피할 수 있다.
② 채권의 가격변동위험과 재투자위험은 서로 상반되는 효과를 발생시킨다.
③ 콜옵션이 첨가되어 있는 채권을 수의상환채권이라고 하는데, 콜옵션이 행사되면 채권투자자는 재투자위험에 노출되게 된다.
④ 매수와 매도 호가차이인 스프레드가 클수록 유동성위험이 낮다고 평가한다.

46 전환사채(CB)에 대한 설명으로 적절하지 않은 것은?

① 보유한 사전에 정해진 조건으로 채권 투자자가 채권을 주식으로 전환할 수 있는 권리가 부여된 채권이다.

② 주가가 상승하면 유리하고 하락하면 불리한 손익 구조를 가지고 있다.

③ 전환권을 행사해도 채권은 존재한다.

④ 전환권을 행사하면 해당 기업은 부채감소와 자본 증가의 재무상태 변화가 나타난다.

47 옵션부채권에 대한 다음 설명 중 (가)~(나)에 들어갈 내용이 적절하게 연결된 것은?

옵션부채권의 관점으로 보았을 때, 채권 발행자는 발행 이후 금리가 (가)할 것이라고 예상되면 수의상환채권을 발행하는 것이 유리하고, 채권 투자자는 투자 시점에 향후 금리가 (나)할 것이라고 예상되면 수의상환청구채권에 투자하는 것이 유리하다.

	가	나
①	상승	상승
②	상승	하락
③	하락	상승
④	하락	하락

48 기업분석을 위한 재무비율 중 수익성 비율로 모두 묶인 것은?

가. 재고자산회전율
나. 부채비율
다. 총자산순이익률
라. 매출액순이익률

① 가, 나
② 나, 다
③ 다, 라
④ 가, 다, 라

49 기술적 분석 중 패턴분석에 대한 적절한 설명으로 모두 묶인 것은?

가. 패턴분석은 사전에 여러 가지 주가 변동 모형을 미리 정형화한 후 실제 주가를 모형에 맞추어 주가를 예측하는 방법이다.

나. 추세분석은 주가의 동적인 움직임을 관찰하여 추세의 방향을 예측하지만, 패턴분석은 정적으로 패턴을 지정해 놓고 전환시점을 파악한다.

다. 패턴분석 기법 중 헤드 앤 숄더는 지속형에 해당한다.

① 가, 나
② 가, 다
③ 나, 다
④ 가, 나, 다

50 펀드에서 투자자가 부담하는 비용에 대한 설명이 적절하게 연결된 것은?

가. 펀드에 가입하거나 환매할 때 1회성으로 부과되는 비용으로서 은행, 증권사 등 펀드 판매회사가 부과하는 비용이다.

나. 펀드 순자산에 비례하여 발생하는 비용으로서 매일 계산하여 순자산에서 차감한 후 기준가격이 계산된다.

	가	나
①	보수	수수료
②	보수	선취판매수수료
③	수수료	보수
④	수수료	후취판매수수료

51 다음은 채권형펀드의 스타일박스이다. 채권스타일은 금리민감도와 보유채권의 신용도를 기준으로 분류되는데, 이를 고려할 때, 가장 기대수익률이 높아지는 경우에 해당하는 것은?

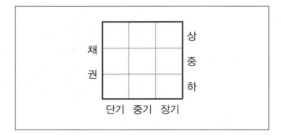

	금리민감도(듀레이션)	신용도
①	장기	상
②	장기	하
③	단기	상
④	단기	하

52 ELS 유형별 주요 손익구조에 대한 설명이 적절하게 연결된 것은?

> 가. 만기 시점에 최종 기준가격이 일정 구간에 도달해 있는지의 여부에 따라 수익률이 둘 중 하나로 결정된다.
> 나. 만기 시점에서의 최종 기준가격에 따라 수익률이 상승하거나 하락하나, 최대 수익률은 일정 수준으로 고정된다.
> 다. 발행 이후 기초자산 가격이 한계가격 미만으로 하락한 적이 없고 조기상환일의 평가가격이 일정 수준 이상이면 약정 수익률로 상환하며, 만기까지 조기 상환되지 않은 경우 만기 평가가격에 따라 수익률이 결정된다.

	가	나	다
①	디지털	유러피안	조기상환
②	디지털	베리어	스텝다운
③	클리켓	유러피안	조기상환
④	클리켓	베리어	스텝다운

53 주식의 종류가 적절하게 연결된 것은?

> 가. 기업의 이익이 평균보다 낮았고, 그 결과 미래의 이익전망에 대해서 시장에서 과도하게 낮게 측정된 종목
> 나. 경기순환 국면에 상관없이 수요가 큰 변화 없이 지속되면서 주가 변동도 크지 않은 종목

	가	나
①	가치주	경기순환주
②	가치주	방어주
③	성장주	경기순환주
④	성장주	방어주

54 채권투자전략에 대한 설명이 적절하게 연결된 것은?

> 가. 금리가 상승하면 채권가격은 하락하고, 반대로 금리가 하락하면 채권가격은 상승하는데, 듀레이션이 클수록 금리가 동일한 정도로 변동하더라도 채권가격은 더 큰 폭으로 변동한다.
> 나. 채권을 매수한 후 만기일까지 보유하는 전략이다.
> 다. 미래 기간별로 지급이 예상되는 현금흐름을 파악하고 동 현금흐름 일정에 맞춰 채권 포트폴리오를 구성하는 전략이다.

	가	나	다
①	듀레이션 전략	인덱싱전략	만기보유 전략
②	듀레이션 전략	만기보유 전략	현금흐름 일치전략
③	크레딧전략	인덱싱전략	현금흐름 일치전략
④	크레딧전략	만기보유 전략	인덱싱전략

55 고승완씨는 코스피200지수선물 5계약을 325에 매수하였는데, 선물 만기일의 코스피200지수가 350인 경우 고승완씨의 선물거래 손익으로 가장 적절한 것은(코스피200지수선물의 거래승수는 250천원)?

① −62,500천원
② −31,250천원
③ +31,250천원
④ +62,500천원

56 코스피200지수가 350인 경우 이익을 보는 옵션으로 가장 적절한 것은?

① 권리행사가격이 347.5인 풋옵션
② 권리행사가격이 350인 콜옵션
③ 권리행사가격이 352.5인 콜옵션
④ 권리행사가격이 352.5인 풋옵션

57 선물·옵션에 대한 설명으로 가장 적절한 것은?

① 증거금은 선물·옵션 모두 매도자만 필요하다.
② 선물매도자와 매수자의 이익과 손실은 일정범위 이내로 한정된다.
③ 옵션매수자는 자신이 유리한 경우에 그 권리를 행사하여 이익을 누리는 반면, 옵션매도자는 옵션매수자의 권리행사에 응해야 하는 의무를 지닌다.
④ 옵션매수자의 최대수익은 프리미엄으로 제한되지만, 최대손실은 무제한이다.

58 행사가격이 350인 코스피200 풋옵션을 2pt의 프리미엄을 받고 1계약 매도한 경우 최대수익과 만기 시점의 손익분기점으로 적절하게 연결된 것은?

	최대수익	만기 시점의 손익분기점
①	무제한	348pt
②	무제한	352pt
③	500천원	348pt
④	500천원	352pt

59 전술적 자산배분에 대한 적절한 설명으로 모두 묶인 것은?

가. 전술적 자산배분전략은 자산 시장에 대한 단기수익률에 대한 전망 등을 기초로 전략적 자산배분전략 대비 자산별 투자 비중을 조정하여 초과수익을 달성하고자 하는 단기투자전략을 말한다.
나. 장기투자전략인 전략적 자산배분전략 대비 자산별 비중을 조정한다는 점에서 패시브 투자전략의 일종이다.
다. 전술적 자산배분전략을 수립할 때 자산별 투자 비중을 큰 폭으로 조정하는 경우 시장이 예상과 달리 움직일 때는 전략적 자산배분전략의 성과보다 크게 저조할 가능성이 존재한다.
라. 전술적 자산배분전략을 수립하여 실행하는 경우 전술적 자산배분전략의 자산별 비중확대 또는 비중축소 크기에 대한 제한을 두지 않는 것이 일반적이다.

① 가, 다
② 나, 라
③ 가, 나, 다
④ 나, 다, 라

60 헤지펀드의 방향성전략과 비방향성전략에 대한 구분이 적절하게 연결된 것은?

	방향성전략	비방향성전략
①	주식롱숏전략, 글로벌매크로전략	이머징마켓헤지전략, 차익거래전략
②	글로벌매크로전략, 이머징마켓헤지전략	주식롱숏전략, 이벤트드리븐전략
③	주식롱숏전략, 글로벌매크로전략	차익거래전략, 이벤트드리븐전략
④	이머징마켓헤지전략, 차익거래전략	주식롱숏전략, 이벤트드리븐전략

세금설계

61 세금의 개념에 대한 설명으로 적절하지 않은 것은?

① 납세자에게 세금을 납부하는 대가로 국가 또는 지방자치단체에서 개별적인 반대급부를 제공한다.

② 세금은 국가나 지방자치단체가 부과 · 징수하며, 공공단체가 공공사업에 필요한 경비에 충당하기 위하여 부과하는 공과금은 세금이 아니다.

③ 세금은 국가나 지방자치단체의 재정수입을 조달하기 위한 목적으로 부과 · 징수하는데, 국가 또는 지방자치단체가 존립하기 위해서는 반드시 세금이 필요하며, 국가수입 중에서 가장 중요한 재원이다.

④ 세금은 법률에 규정된 과세요건을 충족한 모든 자에게 부과 · 징수한다.

62 국세부과의 원칙에 해당하지 않는 것은?

① 실질과세의 원칙
② 신의성실의 원칙
③ 근거과세의 원칙
④ 소급과세금지의 원칙

63 세금 부과의 기본원칙에 대한 설명으로 적절하지 않은 것은?

① 조세법률주의는 조세법률주의에 따라 국가 또는 지방자치단체는 조세를 부과 · 징수함에 있어서 법률의 근거에 의하여야 하며 국민에게 법률의 근거 없이 조세의 납부를 요구할 수 없다는 원칙이다.

② 법적형식이나 외관에 관계없이 경제적 실질에 따라 과세하는 실질과세의 원칙은 귀속에 대한 실질과세와 거래내용에 대한 실질과세, 조세회피방지를 위한 경제적 실질과세로 구분된다.

③ 국세를 조사 · 결정함에 있어서 장부의 기록 내용이 사실과 다르거나 장부의 기록에 누락된 것이 있을 때는 장부의 내용은 모두 부인되고 정부가 조사한 사실에 따라 결정하게 된다.

④ 소급과세금지의 원칙에는 입법상 소급과세의 금지와 해석상 소급과세의 금지가 있다.

64 수정신고에 대한 설명으로 적절하지 않은 것은?

① 수정신고란 이미 신고한 과세표준 및 세액이 세법이 정하는 방법에 따라 산출한 세액에 과소(또는 환급세액이 과대)한 경우 또는 이미 신고한 내용이 불완전한 경우에 납세의무자가 이를 바로잡고자 내용을 정정하여 신고하는 제도를 의미한다.

② 수정신고를 하는 경우에는 납세자 입장에서 가산세를 감면받을 수 있는데 실익이 있다.

③ 수정신고의 요건은 과세표준신고서를 법정신고기한까지 제출한 자와 기한후과세표준신고서를 제출한 자에 따른다.

④ 수정신고 시 가산세 감면 규정은 세금을 추가 자진납부한 경우에만 적용한다.

65 조세불복절차의 흐름이 적절하지 않은 것은?

① 세무서, 지방국세청 이의신청 → 국세청 심사청구 → 행정소송

② 세무서, 지방국세청 이의신청 → 조세심판원 심판청구 → 행정소송

③ 세무서, 지방국세청 이의신청 → 감사원 심사청구 → 행정소송

④ 감사원 심사청구 → 행정소송

66 종합소득에 해당하지 않는 것은?

① 이자소득
② 사업소득
③ 기타소득
④ 퇴직소득

67 소득세 과세원칙과 과세방법으로 적절하지 않은 것은?

① 개인단위 과세
② 비례세율 구조
③ 기간별 합산과세
④ 종합과세, 분류과세, 분리과세

68 부동산임대사업자 과세방법에 대한 설명으로 적절하지 않은 것은?

① 일반 부동산임대업에서 발생한 결손금은 다른 소득금액에서 공제하지 않고 다음 과세기간으로 이월하여 일반 부동산임대소득에서만 공제한다.

② 주거용 부동산임대업에서 발생한 결손금은 일반 사업소득의 결손금과 동일하게 공제한다.

③ 1세대 1주택인 경우에도 고가주택을 임대하는 경우에는 과세대상 주택임대소득에 해당한다.

④ 전세금 또는 보증금에 대해서는 과세하지 않지만, 부부 합산 2주택 이상을 소유한 자가 주택을 임대하는 경우에는 전세금 또는 보증금에 대해서도 과세하게 된다.

69 소득세법상 근로소득으로 열거하여 규정하고 있는 것으로 모두 묶인 것은?

가. 근로를 제공함으로써 받는 봉급 · 급료 · 보수 · 세비 · 임금 · 상여 · 수당과 이와 유사한 성질의 급여
나. 법인의 주주총회 · 사원총회 또는 이에 준하는 의결기관의 결의에 따라 상여로 받는 소득
다. 법인세법에 따라 상여로 처분된 금액
라. 계약기간 만료 전 또는 만기에 종업원에게 귀속되는 단체환급부보장성보험의 환급금

① 라
② 가, 라
③ 가, 나, 다
④ 가, 나, 다, 라

70 근로소득 중 비과세 소득에 해당하지 않는 것은?

① 종업원의 수학 중인 자녀가 사용자로부터 받는 학자금

② 자가운전보조금 월 20만원 이내의 금액

③ 식사 기타 음식물을 제공받지 않는 근로자가 받는 월 20만원 이하의 식사대

④ 근로자 또는 그 배우자의 출산 관련 급여로서 월 20만원 이내의 금액

71 이번 달에 퇴직하는 근로소득자 나영석씨의 연말정산에 대한 설명으로 적절하지 않은 것은?

① 연말정산은 근로소득만 있다고 가정할 때 소득세 결정세액을 계산하여 이미 원천징수한 세액을 정산하는 과정이다.

② 퇴직월의 급여를 지급할 경우 실제 근로자가 제출하는 부양가족과 종합소득공제 및 종합소득세액공제 관련 자료를 토대로 근로소득에 대한 소득세 결정세액을 산정한다.

③ 결정세액이 이미 원천징수한 세액보다 크면 그 차액을 퇴사한 다음 연도 2월 분 급여에서 원천징수하고, 반대의 경우에는 그 차액을 퇴사한 다음 연도 2월 분 급여 지급 시 환급하게 된다.

④ 나영석씨가 종합소득에 해당하는 다른 소득이 있는 경우에는 다음 연도 5월에 모두 합산하여 종합소득세 확정신고를 하여야 한다.

72 근로소득자인 김인남씨가 20××년에 특별 강연료(고용관계 없이 일시적으로 강연을 제공하고 받은 대가)로 5,000천원을 받았을 경우, 20××년 귀속 필요경비와 기타소득금액이 적절하게 연결된 것은?

	필요경비	기타소득금액
①	4,000천원	1,000천원
②	3,000천원	2,000천원
③	2,000천원	3,000천원
④	1,000천원	4,000천원

73 근로소득자인 최승진씨(총 급여액 7,000만원)의 자녀에 대한 정보가 아래와 같을 경우, 최승진씨의 20××년 귀속 근로소득세 계산 시 최대로 적용받을 수 있는 자녀세액공제 금액으로 가장 적절한 것은?

• 최민수 : 자녀(13세, 소득 없음)
• 최민정 : 자녀(10세, 소득 없음)

① 25만원	② 40만원
③ 55만원	④ 95만원

74 지방세 납세절차에 대한 설명으로 적절하지 않은 것은?

① 신고납부는 납세의무자가 그 납부할 지방세의 과세표준과 세액을 신고하고 납부하는 것이다.
② 재산세 등은 보통징수의 예에 해당된다.
③ 특별징수는 세무공무원이 납부고지서를 해당 납세자에게 발급하여 징수하는 것이다.
④ 지방소득세는 특별징수의 예에 해당된다.

75 세무조정 과정에서 당기순이익에 가산조정되는 항목으로 모두 묶인 것은?

가. 익금산입	나. 익금불산입
다. 손금산입	라. 손금불산입

① 가, 나
② 가, 다
③ 가, 라
④ 나, 다

76 소득세법에서 열거하고 있는 과세대상 배당소득에 해당하는 것은?

① 채권 또는 증권의 이자와 할인액
② 환매조건부 채권 또는 증권의 매매차익
③ 비영업대금의 이익
④ 국내 또는 국외에서 받는 일정 요건을 갖춘 집합투자기구로부터의 이익

77 금융소득 종합과세 판단 기준에 포함되는 금융소득으로 모두 묶인 것은?

가. 직장공제회 초과반환금
나. 배당가산액(Gross-up)
다. 은행 예금이자
라. 내국법인 현금배당

① 가, 나
② 다, 라
③ 가, 다, 라
④ 나, 다, 라

78 아래 자료에 근거하여 계산한 종합과세대상 금융소득금액으로 가장 적절한 것은?

• 은행 예금이자 60,000천원
• 내국법인 현금배당 40,000천원

① 100,000천원
② 104,000천원
③ 106,000천원
④ 108,000천원

79 소액주주의 주식양도 시 세금에 대한 설명으로 적절하지 않은 것은?

① 상장주식을 장내에서 양도할 때 양도차익이 발생하는 경우 양도소득세 과세대상이 된다.
② 주식양도소득 과세표준 계산 시 기본공제가 적용된다.
③ 비상장 중소기업 주식양도소득에 대한 세율은 10%이다.
④ 주식양도소득에 대한 예정신고는 양도일이 속하는 반기의 말일부터 2개월 내에 하여야 한다.

80 주식양도 시 세금에 대한 설명으로 가장 적절한 것은?

① 소액주주에게는 과세하지 않는다.
② 주식양도소득금액 계산 시 필요경비가 인정되지 않는다.
③ 주식양도소득 과세표준 계산 시 기본공제는 200만원이 적용된다.
④ 양도소득세 자진납부할 세액의 10% 상당액을 지방소득세로 납부하여야 한다.

81 상가 A를 다음과 같이 취득하였을 경우 신고납부 기한과 취득세 과세표준이 적절하게 연결된 것은?

- 사실상취득가격 : 12억원
- 시가표준액 : 10억원

	신고납부 기한	과세표준
①	취득일로부터 60일	10억원
②	취득일로부터 90일	10원원
③	취득일로부터 60일	12억원
④	취득일로부터 90일	12억원

82 다음 사례를 토대로 거주자 고승완씨의 올해 재산세 납세의무에 대한 설명으로 가장 적절한 것은?

- 고승완씨는 올해 5월 3일 상가A를 타인에게 양도하였다.
- 고승완씨는 올해 6월 9일 주택B의 지분 50%를 배우자에게 증여하였다.

① 고승완씨는 상가A와 주택B 모두에 대하여 재산세 납세의무가 있다.
② 고승완씨는 상가A 전부와 주택B 50%에 대하여 재산세 납세의무가 있다.
③ 고승완씨는 주택B 50%에 대하여만 재산세 납세의무가 있다.
④ 고승완씨는 주택B 전체에 대하여만 재산세 납세의무가 있다.

83 종합부동산세에 대한 설명으로 가장 적절한 것은?

① 종합부동산세 과세대상은 주택, 토지, 건축물 등을 포함한다.
② 종합부동산세 과세기준일은 재산세 과세기준일과 동일하다.
③ 종합부동산세는 해당 부동산의 소재지를 납세지로 한다.
④ 종합부동산세법에 의하여 납부하여야 할 종합부동산세액의 10%가 농어촌특별세로 부과된다.

84 거주자 고승완씨가 금년 중 자신이 보유하던 상가(등기자산)와 비상장주식을 각각 양도하였을 경우 올해 적용할 수 있는 양도소득 기본공제액으로 가장 적절한 것은(금년 중 위 양도 외에 다른 양도는 없었음)?

① 100만원
② 200만원
③ 250만원
④ 500만원

85 1세대 1주택 비과세 요건을 갖추고 있는 아래 주택의 양도에 대한 적절한 설명으로 모두 묶인 것은(올해 위 양도 외에 다른 양도는 없었음)?

- 양도가액 : 25억원
- 취득가액 : 15억원(필요경비 포함)
- 보유 및 거주기간 : 10년

가. 양도차익

$$= (25억원 - 15억원) \times \left(\frac{25억원 - 12억원}{25억원} \right)$$

나. 80%의 장기보유특별공제율이 적용된다.
다. 250만원의 양도소득 기본공제를 적용받을 수 있다.

① 가, 나
② 가, 다
③ 나, 다
④ 가, 나, 다

86 퇴직과 세금에 대한 설명으로 적절하지 않은 것은?

① 동일한 퇴직금이라도 근속연수에 따라 세부담이 달라진다.
② 퇴직소득공제는 근속연수에 관계없이 동일하게 적용된다.
③ 국내에서 퇴직소득을 지급하는 원천징수의무자는 퇴직소득세를 원천징수하여 그 징수일이 속하는 달의 다음 달 10일까지 관할 세무서에 납부하여야 한다.
④ 이연퇴직소득을 연금계좌에서 연금수령하면 연금소득으로 보아 연금소득세가 과세된다.

87 연금계좌에서 연금수령 시 과세에 대한 다음 설명 중 ㈎~㈏에 공통으로 들어갈 내용으로 가장 적절한 것은?

> 원천이 운용수익 및 소득·세액공제받은 자기부담금이라면 연령에 따라 3~5%의 세율로 원천징수하되 사적연금 분리과세 한도인 (가) 이하이면 분리과세를 선택할 수 있다. 그 외 소득을 원천으로 연금수령할 때 (나) 초과 시에도 종합과세와 분리과세 중에서 선택할 수 있다.

① 600만원   ② 900만원
③ 1,200만원   ④ 1,500만원

88 연금계좌에서 운용수익 및 공제받은 자기부담금을 원천으로 연금수령 시 60세와 70세의 원천징수세율이 적절하게 연결된 것은(종신연금계약이 아님)?

	60세	70세
①	5%	5%
②	5%	4%
③	4%	5%
④	4%	4%

89 김세진(56세)씨는 직장에서 퇴직하면서 지급받은 세후 퇴직금을 IRP계좌에 납입하여 운용한 후 은퇴기간 동안 연금으로 수령하는 방안을 고려하고 있을 경우, 이에 대한 설명으로 적절하지 않은 것은?

① 김세진씨가 만약 만약 세후 퇴직금을 지급받은 날로부터 90일 이내에 IRP계좌로 입금하면 이미 낸 퇴직소득세를 IRP계좌로 환급받게 된다.

② 김세진씨가 퇴직금을 받기 전에 IRP계좌를 개설하여 퇴직금을 받을 계좌로 지정하여 퇴직금을 IRP계좌로 받게 되면 세금을 차감하기 전의 금액, 즉 세전금액이 입금된다.

③ 김세진씨가 연금계좌에서 연금수령 시 원천이 퇴직소득인 이연퇴직소득은 이연된 퇴직소득세를 30%(실수령연차 11부터는 40%) 감면하여 원천징수하고 원천징수로 납세의무를 종결하는 분리과세방식이다.

④ 김세진씨가 IRP에서 정기예금 1년 만기 상품과 혼합형 펀드를 선택하여 운용할 경우 예금이나 펀드에서 발생하는 이자, 배당, 주식매매차익 등 운용수익에 대해서는 종류를 불문하고 인출하는 시점에 과세한다.

90 김세진씨는 연금계좌에서 연금수령 중 올해 사망하였다. 김세진씨의 유족으로는 배우자 이숙씨 및 자녀가 있을 경우, 연금계좌 승계에 대한 적절한 설명으로 모두 묶인 것은?

> 가. 이숙씨나 자녀 중 한 사람을 선택하여 연금계좌 승계가 가능하다.
> 나. 연금계좌를 승계하는 경우에는 김세진씨가 사망한 날에 상속인이 연금계좌에 가입한 것으로 본다.
> 다. 연금계좌를 승계하려는 상속인은 김세진씨가 사망한 날이 속하는 달의 말일부터 6개월 이내에 연금계좌취급자에게 승계신청을 하여야 한다.
> 라. 승계신청을 받은 연금계좌취급자는 사망일부터 승계신청일까지 인출된 금액에 대하여 이를 피상속인이 인출한 소득으로 보아 세액을 정산하여야 한다.

① 다
② 가, 나
③ 다, 라
④ 가, 나, 다, 라

※ 답안은 컴퓨터용 사인펜을 사용하여 표시하고, 예비답안 표시는 빨간색 사인펜만 사용 가능합니다.

AFPK® 자격시험 OMR 답안지(MODULE 1)

고사장 _____ 고사실 _____
성 명 _____

수험번호(7자리)

교시
① ②

주민앞번호(6자리)

(번호 마킹란: ① ~ ⓪)

감독관 확인란

수험생 유의사항

- 반드시 컴퓨터용 사인펜을 사용하여 마킹합니다.
- 예비마킹 시 빨간색 사인펜을 사용합니다.
- 보기

바른 예	틀린 예
●	⊙ ◑ ☑

(답안 마킹란: 문항 01~100, 각 ① ② ③ ④)

※ 답안은 컴퓨터용 사인펜을 사용하여 표시하고, 예비답안 표시는 빨간색 사인펜만 사용 가능합니다.

AFPK® 자격시험 OMR 답안지(MODULE 2)

고사장 _____ 고사실 _____
성 명 _____

수험번호(7자리)

교시
① ②

주민앞번호(6자리)

(번호 마킹란: ① ~ ⓪)

감독관 확인란

수험생 유의사항

- 반드시 컴퓨터용 사인펜을 사용하여 마킹합니다.
- 예비마킹 시 빨간색 사인펜을 사용합니다.
- 보기

바른 예	틀린 예
●	⊙ ◑ ☑

(답안 마킹란: 문항 01~90, 각 ① ② ③ ④)

AFPK®

실전모의고사 3회

1과목	재무설계 개론
2과목	은퇴설계
3과목	부동산설계
4과목	상속설계
5과목	위험관리와 보험설계
6과목	투자설계
7과목	세금설계

AFPK® 실전모의고사 3회

MODULE 1

수험번호		성명	

시험 유의사항

1. 시험장 내 휴대전화, 무선기, 컴퓨터, 태블릿 PC 등 통신 장비를 휴대할 수 없으며 휴대가 금지된 물품을 휴대하고 있음이 발견되면 부정행위 처리기준에 따라 응시제한 3년 이상으로 징계됨

2. 답안 작성 시 컴퓨터용 사인펜을 이용하고, 이외의 필기도구(연필, 볼펜 등) 사용 시 답안지 오류로 인식되어 채점되지 않음을 유의함

3. 답안은 매 문항마다 하나의 답만을 골라 그 숫자에 빈틈없이 표기해야 하며, 답안지는 훼손 오염되거나 구겨지지 않도록 주의해야 함. 특히 답안지 상단의 타이밍 마크를 절대로 훼손해선 안 되며, 마킹을 잘못하거나(칸을 채우지 않거나 벗어나게 마킹한 경우) 또는 답안지 훼손에 의해서 발생되는 문제에 대한 모든 책임은 응시자에 귀속됨

4. 유의사항 위반에 따른 모든 불이익은 응시자가 부담하고 부정행위 및 규정 위반자는 부정행위 세부 처리기준에 준하여 처리됨

재무설계 개론

01 재무설계에 대한 적절한 설명으로 모두 묶인 것은?

> 가. 재무설계는 투자수익의 극대화보다 돈이 필요한 시기나 사용처를 고려하여 재무목표를 정하고 이를 위해 필요한 자금을 만들기 위한 플랜과 꾸준한 실천에 중점을 둔다.
>
> 나. 재무설계를 통해 막연하게 생각했던 인생목표를 구체화할 수 있고, 그 목표달성을 위해 노력할 수 있다.
>
> 다. 재무설계는 사후 대책 마련보다 사전 예방적 기능이 강하다.

① 가, 나
② 가, 다
③ 나, 다
④ 가, 나, 다

02 저축 여력의 장단기 배분에 대한 설명으로 가장 적절한 것은?

① 장단기 배분 없이 단기 목적자금에만 집중하게 되면, 인생 후반기 소득의 하락 및 단절기에는 재무목표 달성에 큰 부담으로 작용하게 된다.

② 운용자산은 대부분의 고객들이 관심을 가지고 있는 분야이므로 고객의 재무목표에 현재의 투자액과 투자안이 적정한지를 파악하고 이를 조정하는 것이 중요하다.

③ 안정자산은 현금흐름관리에 있어서 간헐적으로 발생하는 지출을 해결하는 '지출 측면', 월수입이 균등하지 않을 경우 수입을 관리하는 '수입 측면', 이직이나 퇴직 등 일시적 수입 단절을 대비하는 '비상상황' 등을 대비할 수 있게 한다.

④ 고객의 재무목표기간에 따라 장단기로 배분된 투자자산이나 운용자산과 같은 목적자금들은 서로 간에 항목을 이동하면 아니 된다.

03 다음 정보를 고려하여 권나라씨의 재무상태표에 대한 분석으로 가장 적절한 것은?

> **〈권나라씨의 재무상태표 작성을 위한 정보〉**
> • 금융자산 관련 현황
>   - 보통예금 평가금액 : 2,250천원
>   - CMA 평가금액 : 3,620천원
>   - 적립식펀드 평가금액 : 8,000천원
> • 부동산 관련 현황
>   - 현재 거주 중인 주택 평가금액 : 500,000천원
>   - 5년 전 주택 구입 시 200,000천원 대출, 작성 기준일 현재 대출잔액 163,847천원

① 재무상태표상 저축성자산 금액은 5,870천원이다.
② 재무상태표상 투자자산 금액은 8,000천원이다.
③ 재무상태표상 총자산 금액은 350,023천원이다.
④ 재무상태표상 순자산 금액은 313,870천원이다.

04 거래 발생 당일 자산을 증가시키는 거래로 모두 묶인 것은?

> 가. 예금 100만원, 신용카드 100만원으로 200만원짜리 PC를 구입하였다.
>
> 나. 예금 100만원, 신용카드 100만원으로 휴가비를 사용하였다.
>
> 다. 신용카드 100만원으로 학원비 100만원을 납부하였다.
>
> 라. CMA 100만원, 적금만기금 100만원으로 200만원짜리 음향기기를 구입하였다.

① 가
② 가, 라
③ 나, 다
④ 가, 다, 라

05 현금흐름표의 작성에 대한 설명으로 적절하지 않은 것은?

① 월간 현금흐름표에서 수입은 가계에서 발생하는 모든 소득원, 즉 근로소득, 사업소득 외에도 재산소득, 연금소득, 이전소득, 기타소득 등 월단위로 발생하는 현금흐름을 모두 포함한다.

② 개인사업자의 경우 매월 가계에 들어오는 현금흐름은 총수입(세전수입)이 되므로, 매월 수입에는 납부해야 할 세금이 포함되어져 있음을 인지하고 있어야 한다.

③ 재량소득이란 음식, 주거, 의복 등 개인필수품에 지급한 뒤 지출, 투자, 저축을 위해 남는 세후소득이다.

④ 저축성보험 보험료는 고정지출에 포함시키는 것이 바람직하다.

06 다음 정보를 토대로 최용수씨가 보유하고 있는 비상예비자금은 몇 개월치에 해당하는지 가장 적절한 것은?

- 보유 현금성자산 : 7,000천원
- 총유출 : 9,000천원
  - 변동지출 : 2,100천원
  - 고정지출 : 2,900천원
  - 저축·투자액 : 4,000천원

① 1개월 이상~2개월 미만
② 2개월 이상~3개월 미만
③ 3개월 이상~4개월 미만
④ 4개월 이상~5개월 미만

07 다음 가계재무상태평가지표 중 재무상태표 분석을 통해 확인할 수 있는 지표로 가장 적절한 것은?

① 가계수지상태지표
② 소비성부채비율
③ 총부채상환비율
④ 주거관련부채부담률

08 화폐의 시간가치에 대한 적절한 설명으로 모두 묶인 것은?

가. 100만원을 연 3%의 단리로 2년간 예금을 했다면 2년간의 전체 이자는 총 6만원이 된다.

나. 1년 후에 1,000만원은 연복리 10%로 할인할 경우 현재시점에는 900만원이 되는데, 연복리 10% 기준으로 현재시점의 900만원은 1년 후 1,000만원과 동일하다는 것을 의미한다.

다. 투자기간(10년) 및 투자수익률(연 3% 연복리)이 동일하다면, 미래가치 1억원을 마련하기 위해 매년 정액으로 투자해야 하는 금액은 기간 초에 투자하는 것이 기간 말에 투자하는 것보다 크다.

① 가
② 가, 나
③ 나, 다
④ 가, 나, 다

09 재무설계 프로세스 2단계에서 재무설계사가 수행한 업무로 적절하지 않은 것은?

① 고객 관련 정보의 수집단계에서 기혼자인 고객에게 상담 시에 부부가 함께 임할 것을 요청하였다.

② 고객이 다소 비현실적인 목표를 생각하고 있더라도 그러한 인생목표를 보다 구체적으로 생각해 보게 하고 그것을 표현할 수 있도록 도움을 주었다.

③ 재무목표 구체화 과정에서 재무목표는 기간이 명시되어 있어야 하며, 금액으로 수치화가 가능해야 한다고 조언하였다.

④ 현금흐름 관리 사항 중 수입은 소득의 종류, 금액, 근무연수, 소득구조의 변화 가능성, 비정기 소득여부 등을 함께 파악하였다.

10 재무설계 제안서의 작성 및 제시에 대한 설명으로 적절하지 않은 것은?

① 물가상승률, 세후투자수익률 등은 재무목표 달성을 위한 필요자금과 부족자금 등을 계산하는 생애목적자금 분석에 필요한 요소들로서 재무설계에 반드시 고려되어야 할 경제가정치이므로, 고객과 상호 협의하기보다는 전문가인 재무설계사의 생각대로 결정한다.

② 재무설계 제안서는 고객의 가치관, 돈에 대한 태도, 위험프로파일, 그리고 고객 고유의 상황을 반영하여, 상담하는 고객만의 고유한 재무목표와 목적자금 등을 대처할 수 있어야 한다.

③ 재무설계사는 고객의 기대치들과 원하는 결과가 극대화되고, 고객이 제안서의 사항들을 철저히 이해하도록 제안된 재무전략들을 제시하고 검토하고 논의하도록 하는데, 고객과 재무설계사 간 논의를 토대로 제안서나 대안들을 수정해야 할 필요가 생길 수 있다.

④ 재무설계사가 작성된 재무설계 제안서를 고객에게 전달하고 설명할 때는 고객이 설계안대로 실행할 수 있도록 고객을 이해시키고 공감시키는 능력이 필요하다.

11 리스에 대한 설명으로 적절하지 않은 것은?

① 금융리스는 리스이용자가 사용하기를 원하는 설비나 기계 등을 리스회사가 대신 구입한 후 리스이용자에게 구입비용과 보험, 세금 등의 부대비용을 포함하는 리스료를 받고 일정 기간 동안 빌려주는 계약으로 소비자금융의 성격이 강하다.

② 금융리스 이용자는 리스 이용물건에 대한 유지, 관리 및 위험에 대한 책임을 지니게 된다.

③ 운용리스는 서비스 제공의 성격이 강해 리스이용자가 사용하고자 하는 물건을 필요한 기간 동안에만 이용하고 계약기간이 만료되면 리스회사에 물건을 반환하는 형태의 리스계약으로 임대차거래의 성격을 갖는다.

④ 운용리스는 원칙적으로 중도해지를 할 수 없다.

12 다음 그래프에 해당하는 대출상환방식으로 적절한 것은?

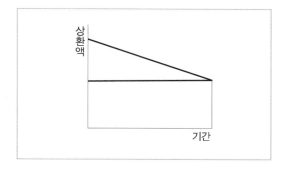

① 만기일시상환
② 원금균등분할상환
③ 원리금균등분할상환
④ 거치 후 분할상환

13 채무자구제제도에 대한 설명으로 가장 적절한 것은?

① 총채무액 20억원 이하인 채무자는 개인워크아웃제도 이용 신청이 가능하다.

② 프리워크아웃이 확정되면 이자와 연체이자는 모두 감면되고, 대출원금의 경우는 최대 90%까지 감면받게 된다.

③ 신용회복위원회의 채무조정 지원제도를 이용 중이거나 파산절차나 회생절차가 진행 중인 개인채무자도 개인회생 신청이 가능하다.

④ 개인파산은 개인파산에 처한 채무자가 신청할 수 있으며, 해당 채권자는 신청이 불가능하다.

14 다음은 재무설계사와 고객과의 상담 내용 중 일부이다. 효과적인 의사소통에 대한 설명으로 적절하지 않은 것은?

> 재무설계사 : ㈎ 부모님의 은퇴 후의 삶을 보면 고객님께서는 무엇을 느끼십니까?
>
> … 생략 …
>
> 재무설계사 : ㈏ 다시 말해 은퇴 후 생활비로 월 300만원을 예상한다는 말씀이신 거군요.
> 고객 : 네. 그 정도의 금액이 필요할 것 같습니다.

① 고객과의 의사소통 시 ㈎와 같은 폐쇄형 대화방식으로 대화를 이끌어 나간다.
② 고객의 가치관, 돈에 대한 태도 등 정성적 정보는 ㈎와 같은 대화를 통해서만 얻을 수 있는 정보이다.
③ 재무설계사는 ㈏와 같이 고객의 생각과 감정표출에 대해 수용적이고 공감하는 자세가 필요한데, 고객의 삶에 대한 관심이 결여되어 있다면 이 태도를 보이기 어렵게 된다.
④ 고객의 공감을 이끌어내기 위해 ㈏와 같이 재무설계사가 먼저 경청하고 이해하려는 태도를 가질 필요가 있다.

15 위법계약 해지권에 대한 다음 설명 중 ㈎~㈏에 들어갈 내용이 적절하게 연결된 것은?

> 금소법은 판매행위 규제를 위반한 위법한 계약에 대해 금융소비자에게 일정 기간 내에 해당 계약을 해지할 수 있는 권리를 부여하였다. 금융소비자는 계약체결에 대한 위법사항을 안 날로부터 (가) 이내의 기간(계약체결일로부터 (나) 이내의 범위)에 해당 계약의 해지를 요구할 수 있다.

	가	나
①	6개월	3년
②	6개월	5년
③	1년	3년
④	1년	5년

16 다음은 AFPK 자격인증자와 고객의 대화 내용이다. 내용에 대응하는 재무설계사의 고객의 대한 의무가 적절하게 연결된 것은?

> 가. A보험상품과 B보험상품의 만기 예상 환급률을 비교해 보면 A보험상품의 환급률이 높게 나옵니다.
> 나. 원금비보장 ELS상품은 기초자산이 일정 수준 이하로 하락할 경우에는 원금 손실이 발생할 수 있습니다.

	가	나
①	충실의무	고지의무
②	충실의무	자문의무
③	고지의무	자문의무
④	자문의무	충실의무

17 AFPK 자격인증자가 수행한 ㈎~㈏의 업무내용과 위반한 윤리원칙이 적절하게 연결된 것은?

> 가. 고객과의 관계정립 단계에서 자신이 고객의 거래처 사외이사여서 이해상충의 여지가 있음을 알게 되었으나 고객에게 해당 내용을 알리지 않았다.
> 나. 부채관리를 위한 조언을 하면서 최근 변경된 DTI제도에 대해 숙지하지 못한 채 상담을 진행하였다.

	가	나
①	공정성의 원칙	전문가 정신의 원칙
②	공정성의 원칙	능력개발의 원칙
③	근면성의 원칙	전문가 정신의 원칙
④	근면성의 원칙	능력개발의 원칙

18 고객과의 관계정립에 관한 행동규범 중 업무수행 계약서에 명시하여야 하는 사항으로 모두 묶인 것은?

> 가. 계약 당사자
> 나. 계약일 및 계약기간
> 다. 계약종료 방법 및 조건
> 라. 제공되는 서비스

① 다, 라
② 가, 나, 다
③ 가, 나, 라
④ 가, 나, 다, 라

19 다음과 같은 업무가 수행되는 재무설계 업무수행 과정으로 적절한 것은?

> 자격인증자는 현재 고객의 재무상태 및 정보를 분석하고, 고객이 언급한 목표 또는 수집된 정보 중 명백한 사실이 누락되거나 일관성이 없거나, 애매모호한 정보의 보완방안을 고객과 함께 협의하여 처리하여야 한다.

① 업무수행내용 1 – 3
② 업무수행내용 2 – 1
③ 업무수행내용 3 – 1
④ 업무수행내용 4 – 1

20 다음 명함에서 AFPK® 자격표장에 대한 적절한 사용으로 모두 묶인 것은?

> **재무설계**
> 행복한 미래를 여는 현명한 선택
>
> 최민정, ㈎ afpk®
> ○○ 재무설계 / 팀장
>
> 전화 : 010 – ○○○ – ○○○○
> 이메일 : ㈏ beligrace@bestfp.com
> 홈페이지 : ㈐ http://www.bestfp.com

① 가
② 나
③ 가, 나
④ 나, 다

은퇴설계

21 은퇴 후 생활비를 월 250만원으로 생각할 경우 매년 2%씩 물가상승을 가정할 경우와 물가상승률이 연 4%라고 가정할 경우 10년 후 필요한 생활비의 차이로 가장 적절한 것은?

> **〈화폐의 시간가치 금액〉**
> • 250만원 $\div (1+0.02)^{10}$ = 205만원
> • 250만원 $\times (1+0.02)^{10}$ = 305만원
> • 250만원 $\div (1+0.04)^{10}$ = 169만원
> • 250만원 $\times (1+0.04)^{10}$ = 370만원

① 36만원
② 65만원
③ 136만원
④ 165만원

22 소득대체율에 비해 은퇴 후 소득이 부족할 경우, 은퇴 후 소득을 늘리기 위한 방안에 대한 설명으로 가장 적절한 것은?

① 국민연금 가입기간 중 실직 등으로 보험료를 납부할 수 없었던 기간에 대하여 추후 납부능력이 있을 때 10년 미만의 범위 내에서 연금보험료 추후납부를 신청하여 납부함으로써 추납보험료에 해당하는 기간만큼 가입기간을 늘려 연금급여 혜택을 받을 수 있으며, 납부방법에는 분할납부도 가능하다.
② DB형 퇴직연금을 가입한 근로자는 사용자부담금에 추가하여 기여할 수 있으므로, DB형 퇴직연금 계좌에 추가 납입을 고려해야 한다.
③ 퇴직연금을 가입한 근로자는 개인형 퇴직연금을 설정할 수 없으므로, 연금계좌세액공제 효과를 높이기 위해서는 연금저축계좌 납입금액을 늘리는 것이 바람직하다.
④ 연금저축신탁의 수익률이 저조한 경우 연금저축펀드로의 이체를 고려해 볼 수 있으나 세제상 불이익이 있으므로 신중하게 결정하여야 한다.

23 은퇴소득원 유형에 대한 설명으로 적절하지 않은 것은?

① 국민연금은 연금을 받기 시작한 이후 전국소비자 물가변동률에 따라 연금액을 조정하여 지급하기 때문에 물가가 오르더라도 실질가치가 항상 보장된다.

② 개인형 퇴직연금(IRP)은 운용실적에 따라 적립금 규모가 달라질 수 있기 때문에 적립금 운용에 대한 지속적인 관리가 필요하다.

③ 연금계좌 세액공제는 근로소득자만 받을 수 있기 때문에 연금저축계좌를 가입하고 있다면 해당 금액을 다른 은퇴상품에 투자하는 것이 좋다.

④ 변액연금보험의 경우 최저보증수익률을 정하고 있다면 적립금 운용성과가 저조하더라도 최저보증수익률로 적립금이 부리된다.

24 주택연금에 대한 설명으로 가장 적절한 것은?

① 근저당 설정일 기준 주택소유자와 그 배우자 모두 55세 이상이고, 부부기준 공시가격 등이 9억원 이하의 주택을 보유한 경우 이용할 수 있다.

② 부부 기준 1주택을 보유한 경우에만 가입이 가능하고, 다주택자는 가입이 불가능하다.

③ 연금지급 방식 중 확정기간혼합방식의 월지급금은 정액형만 가능하다.

④ 연금액은 주택가격 상승률, 생명표에 따른 기대여명의 변화, 이자율 추이 등 미래위험을 예측하여 산출하는데 주택가격 상승률이 낮아질수록, 기대여명이 높아질수록, 이자율이 높아질수록 월지급액은 증가한다.

25 은퇴설계를 위한 정보수집 시 은퇴소득원에 대한 적절한 설명으로 모두 묶인 것은?

가. 국민연금은 공적연금으로 분류하고 관련 정보를 수집한다.
나. 연금보험은 저축 및 투자자산으로 분류하고 관련 정보를 수집한다.
다. 확정기여형 퇴직연금 평가금액은 세제적격연금으로 분류하고 관련 정보를 수집한다.
라. 연금저축펀드 평가금액은 저축 및 투자자산으로 분류하고 관련 정보를 수집한다.

① 가, 나
② 다, 라
③ 가, 나, 다
④ 나, 다, 라

26 은퇴설계를 위한 추가저축액 계산과정이 순서대로 나열된 것은?

가. 은퇴자산의 세후투자수익률을 고려하여 추가저축의 세후투자수익률 결정
나. 계산된 추가저축액과 추가저축여력을 비교 검토
다. 만약 추가저축액이 추가저축여력을 초과하는 경우 은퇴설계 가정치 수정
라. 추가저축액 결정을 위한 절차를 다시 진행
마. 총은퇴일시금에서 은퇴자산 평가액을 차감하여 부족한 은퇴일시금 계산
바. 저축가능기간 동안 연간 또는 월간 얼마를 저축해야 하는지 계산

① 가 - 마 - 라 - 바 - 나 - 다
② 가 - 마 - 바 - 나 - 다 - 라
③ 마 - 가 - 바 - 나 - 다 - 라
④ 마 - 바 - 가 - 나 - 다 - 라

27 전술적 자산배분에 대한 설명으로 가장 적절한 것은?

① 시장상황이나 고객상황이 특별하게 변화하지 않는 한 원래의 자산배분을 유지해 나가는 전략이다.

② 자산군별 투자비중의 변동허용폭을 정하기도 한다.

③ 경제상황 변화 및 시장상황을 예측하여 투자위험을 관리하거나 최적 수익률을 얻을 수 있도록 자산군별 투자비중을 조정해 나가는 전략이다.

④ 본질적으로 고평가된 자산을 매수하고, 저평가된 자산을 매도함으로써 투자수익률을 높이는 역투자전략이다.

28 기초연금제도에 대한 설명으로 가장 적절한 것은?

① 기초연금을 받을 수 있는 사람은 만 70세 이상이고 대한민국 국적을 가지고 있으며 국내에 거주하는 노인 중 가구의 소득인정액이 선정기준액 이하인 사람이다.

② 국민연금 수급권자는 원칙적으로 기초연금 수급 대상에서 제외된다.

③ 소득인정액이란 월 소득평가액과 재산의 월 소득환산액을 합산한 금액을 말한다.

④ 부부가 모두 기초연금 수급자인 경우 각각에 대하여 산정된 기초연금액의 50%를 감액하여 지급한다.

29 국민연금에 대한 설명으로 적절하지 않은 것은?

① 동일한 세대 내의 고소득계층에서 저소득계층으로 소득이 재분배되는 "세대 내 소득재분배" 기능과 미래세대가 현재의 노인세대를 지원하는 "세대 간 소득재분배" 기능을 동시에 포함하고 있다.

② 처음 연금을 지급할 때는 과거 보험료 납부소득에 연도별 재평가율을 적용하여 현재가치로 환산하여 계산한다.

③ 출산크레딧은 노령연금 급여산정 시 2008년 이후 출산 또는 입양한 자녀수에 따른 추가가입기간을 가산하는데, 자녀수에 따른 추가 가입기간은 최대 50개월까지 인정된다.

④ 유족연금은 가입자 또는 가입자였던 자 및 연금수급권자 등이 사망한 때 그에 의하여 생계를 유지하던 유족에게 가입기간에 따라 최대 기본연금액의 100%를 지급한다.

30 국민연금 가입자 종류가 적절하게 연결된 것은?

가. 상시근로자 3명을 두고 도소매업을 운영하는 50세의 이숙씨
나. 10년 전부터 중소기업 전문경영인으로 있는 63세의 최민수씨
다. 남편이 국민연금 사업장가입자이며, 국민연금에 가입한 적이 없고 소득이 없는 42세의 전업주부 은가은씨

A. 사업장가입자   B. 지역가입자
C. 임의가입자   D. 임의계속가입자

	가	나	다
①	A	A	C
②	A	D	C
③	B	A	C
④	B	D	B

31 3년간 재직한 A회사를 퇴직하고 1년간 실직상태였던 박소진씨가 최근 B회사에 재취업하였을 경우, 박소진씨의 국민연금에 대한 설명으로 적절하지 않은 것은?

① 박소진씨는 실직을 사유로 반환일시금을 지급받을 수 없다.

② 박소진씨는 실직을 사유로 납부예외기간 중에는 연금보험료 납부를 하지 않을 수 있다.

③ 박소진씨는 실업기간 중 구직급여를 받지 못한 기간만큼 국민연금 가입기간에 추가 산입이 가능하다.

④ 재취업 후 박소진씨의 기준소득월액이 200만원인 경우, 급여에서 공제되는 국민연금 월보험료는 9만원이다.

32 국민연금 기본연금액에 대한 설명으로 가장 적절한 것은?

① A값은 연금수급 직전 10년간 전체가입자의 평균소득월액의 평균액을 말한다.
② B값은 가입자 개인의 가입기간 중 매년의 기준소득월액의 평균액이다.
③ 가입자 개인의 평균소득이 가입자 전체 평균소득과 동일하고 가입기간이 30년인 자의 연금급여 수준을 소득대체율이라 하고, 이는 기본연금액 산정식의 비례상수에 따라 결정된다.
④ 소득대체율은 일정 기간까지 매년 급여수준을 높여서 적용하도록 하고 있다.

33 국민연금 수급개시연령에 도달한 시점에도 소득이 발생할 것으로 예상하는 경우, 국민연금 노령연금에 대한 설명으로 적절하지 않은 것은?

① 수급개시연령부터 5년 동안은 소득 수준에 따라 감액(노령연금액의 1/2 한도)된 금액으로 지급되며, 이때 부양가족연금액은 지급되지 않는다.
② 노령연금 수급권자로서 연금지급의 연기를 희망하는 경우 노령연금 수급개시연령부터 5년의 기간 이내에 그 연금의 지급을 연기할 수 있다.
③ 그 연금의 전부의 지급 연기는 불가하며, 일부의 지급 연기만 가능하다.
④ 연금을 다시 받게 될 때에는 연기를 신청하기 전 원래의 기본연금액에 대하여 연기된 매 1년당 7.2%의 연금액을 더 올려서 지급한다.

34 국민연금 유족연금의 지급 순위가 순서대로 나열된 것은?

가. 자녀	나. 부모
다. 손자녀	라. 배우자

① 가 - 라 - 나 - 다
② 라 - 가 - 나 - 다
③ 가, 라(동순위) - 나 - 다
④ 가, 라(동순위) - 다 - 나

35 국민연금 연금급여에 대한 설명으로 가장 적절한 것은?

① 장애연금, 유족연금에는 부양가족연금액을 지급하지 아니한다.
② 1969년생의 노령연금 수급개시연령은 65세이다.
③ 조기노령연금은 65세 수급개시 기준으로 60세부터 5년 일찍 받으면 50%를 지급한다.
④ 노령연금 수급권자가 유족연금 수급권이 발생한 경우 노령연금을 선택하면 유족연금의 20%를 가산하여 지급하지만, 유족연금을 선택하면 노령연금을 지급하지 않는다.

36 일반기업에서 근무하다가 퇴사한 김세진씨는 공무원시험에 합격하여 올해 공무원연금 가입자가 되었다. 김세진씨의 공적연금 연계에 대한 적절한 설명으로 모두 묶인 것은?

가. 김세진씨가 국민연금과 공무원연금의 연계신청을 하지 않는다면 공무원연금 가입자가 되는 즉시 국민연금 반환일시금을 지급받을 수 있다.
나. 김세진씨가 국민연금과 공무원연금의 연계신청을 하는 경우 국민연금의 출산크레딧은 연계대상기간에서 제외한다.
다. 김세진씨가 국민연금과 공무원연금의 연계신청을 하는 경우 각각의 기간을 연계하여 20년 이상이 되면 연계연금이 지급된다.

① 나
② 다
③ 가, 나
④ 가, 다

37 공무원연금에 대한 설명으로 가장 적절한 것은?

① 20년 미만 재직하고 퇴직한 경우 퇴직연금을 지급받을 수 없다.
② 공무원 재직기간 내 혼인기간이 10년 이상인 이혼한 사람으로 일정한 지급요건을 모두 갖추면 그때부터 그가 생존하는 동안 배우자였던 사람의 퇴직연금 또는 조기퇴직연금 및 연계퇴직연금을 분할한 일정한 금액의 분할연금을 지급한다.
③ 공무원연금 유족의 범위와 요건에 사실상 혼인관계가 포함된다.
④ 퇴직수당은 10년 이상 재직자에게만 지급한다.

38 퇴직급여 지급방법에 대한 다음 설명 중 (가)~(나)에 들어갈 내용이 적절하게 연결된 것은?

> 퇴직급여는 근로자의 퇴직일로부터 (가) 이내에 지급하도록 근퇴법에 규정하고 있다. 퇴직급여를 지연하여 지급하는 경우 지연일수에 해당하는 연 (나)의 지연이자를 더하여 지급한다.

	가	나
①	14일	10%
②	14일	20%
③	30일	10%
④	30일	20%

39 근퇴법상 퇴직연금 적립금에 대한 담보제공이 가능한 사유에 해당하는 것은?

① 무주택자인 가입자가 배우자의 명의로 주택을 구입하는 경우
② 가입자 본인이 질병 또는 부상으로 3개월 이상 요양을 하는 경우
③ 담보제공일부터 역산하여 10년 이내에 가입자가 파산선고를 받은 경우
④ 가입자가 배우자의 장례비를 부담하는 경우

40 확정급여형 퇴직연금에 대한 적절한 설명으로 모두 묶인 것은?

> 가. 일정한 사유에 해당하는 경우에는 퇴직연금 적립금을 인출하거나 담보제공을 할 수 있다.
> 나. DB형 퇴직연금을 가입한 근로자는 퇴직 시 평균임금과 근속년수에 따라 정해진 퇴직급여를 지급받으며, 퇴직급여는 기본적으로 퇴직금제도에서의 퇴직금과 동일하다.
> 다. 사용자는 매년 1회 이상 퇴직급여 지급을 위한 부담금을 납부해야 하며, 사용자부담금은 적립금 운용결과에 따라 변동될 수 있다.
> 라. 적립금은 위험자산에 투자할 수 없다.

① 가, 라
② 나, 다
③ 가, 나, 다
④ 나, 다, 라

41 퇴직연금제도에 대한 적절한 설명으로 모두 묶인 것은?

> 가. 사용자는 하나의 사업장에 DB형과 DC형 퇴직연금제도를 동시에 설정할 수 있다.
> 나. 퇴직연금을 가입한 근로자가 퇴직급여를 IRP로 이전한 경우는 가입기간이 10년 이상이어야 하며, 60세 이후부터 연금을 수령할 수 있다.
> 다. DC형 퇴직연금의 위험자산 투자는 펀드나 ETF 등 집합투자의 방법으로만 허용되며, 원리금보장상품은 투자가 불가능하다.
> 라. DC형 퇴직연금의 수수료는 기본적으로 사용자가 부담해야 하지만, 근로자가 납입하는 추가부담금에 대한 수수료는 노사합의가 없는 한 근로자가 부담한다.

① 가, 나
② 가, 라
③ 나, 다
④ 다, 라

42 IRP에 대한 설명으로 가장 적절한 것은?

① 퇴직연금을 가입한 근로자가 퇴직급여를 IRP로 이전한 경우는 가입기간과 관계없이 55세 이후부터 연금을 수령할 수 있다.
② 퇴직 시 퇴직일시금을 IRP가 아닌 일반계좌로 지급받은 사람은 퇴직일시금을 지급받는 날로부터 90일 이내에 이미 수령한 퇴직급여를 IRP에 입금하여 원천징수된 퇴직소득세를 환급받을 수 있다.
③ IRP 적립금은 소득세법상 요건을 충족하면 연금으로 수령할 수 있으며, 이 중 퇴직급여 납입액을 소득원천으로 하여 수령하는 연금은 이연퇴직소득세의 50%가 적용된다.
④ IRP 적립금을 중도해지하여 일시금으로 인출하는 경우 이자소득세가 과세된다.

43 연금계좌와 은퇴설계에 대한 설명으로 가장 적절한 것은?

① IRP계좌에서 수령하는 연금수령 금액은 금액에 상관없이 항상 소득세가 분리과세로 종결되기 때문에 종합과세에 대한 부담이 없다.

② IRP는 다수의 계좌를 개설할 수 없고, 1개의 IRP 계좌만을 개설할 수 있으므로, 가입자가 원하는 상품이 제공되고 있는 금융회사인지 확인한 후에 IRP계좌를 개설한다.

③ 은퇴시기가 가까워져 오는 50대에는 위험을 부담하더라도 높은 투자수익이 예상되는 투자방식으로 전환할 필요가 있다.

④ 연금저축계좌를 중도해지하여 적립금을 인출하는 경우 기타소득세가 과세되지만, 소득세법에서 정한 부득이한 사유에 해당하면 연금수령으로 보아 연금소득세가 과세된다.

44 다음 가입자 유형에 따른 연금저축이 적절하게 연결된 것은?

가입자 유형	가	나	다
납입방식은 자유적립 방식을 원한다.	O	O	–
연금수령방식은 종신연금형을 원한다.	–	–	O
원금손실 가능성이 존재하더라도 높은 기대수익률을 원한다.	–	O	–
예금자보호 대상 연금상품을 원한다.	O	–	O

	가	나	다
①	연금저축신탁	연금저축펀드	연금저축보험
②	연금저축신탁	연금저축보험	연금저축펀드
③	연금저축펀드	연금저축신탁	연금저축보험
④	연금저축보험	연금저축신탁	연금저축펀드

45 소득세법상 연금저축계좌 연간 납입한도로 가장 적절한 것은?

① 1,000만원
② 1,200만원
③ 1,800만원
④ 2,400만원

46 연금저축계좌에서 중도인출(부분 해지)하는 경우 소득원천에 따른 인출순서가 적절하게 연결된 것은?

> 가. 이연퇴직소득
> 나. 세액공제 받지 않은 납입액
> 다. 세액공제받은 납입액 및 운용수익

① 가 – 나 – 다
② 나 – 가 – 다
③ 나 – 다 – 가
④ 다 – 나 – 가

47 다음은 연금저축계좌 인출 시 연금수령 한도 계산식이다. (가)~(나)에 들어갈 내용이 적절하게 연결된 것은?

$$\text{연금수령 한도} = \frac{\text{연금계좌 평가액}}{[(\text{나}) - \text{연금수령연차}]} \times (\text{가})$$

	가	나
①	100%	11
②	100%	15
③	120%	11
④	120%	15

48 연금계좌 승계제도에 대한 설명으로 가장 적절한 것은?

① 연금계좌 가입자가 사망한 경우 배우자에 한해서 연금계좌를 승계할 수 있어 유족배우자의 생활보장을 위한 연금으로 활용될 수 있다.

② 연금계좌를 승계하고자 하는 자는 가입자가 사망한 날이 속하는 달의 말일부터 3개월 이내에 승계신청을 하여야 한다.

③ 연금계좌를 승계한 자는 본인 나이가 55세에 달하지 않았더라도 해당 연금계좌에서 연금수령이 가능하다.

④ 연금수령을 개시할 때 최소납입요건 판정을 위한 가입일은 승계한 날이 되기 때문에 승계한 날부터 5년이 지나야 연금수령이 가능하다.

49 세제비적격연금에 대한 설명으로 적절하지 않은 것은?

① 연금지급방법 중 상속연금은 피보험자 생존 시 연금을 지급하고, 사망 시 그 유족에게 잔여 연금 적립금을 지급한다.

② 장기저축성보험 성격으로 매월 공시이율로 적립금이 부리되는 금리연동형 연금보험과 적립금의 운용결과에 따라 연금액 수준이 결정되는 변액연금보험이 있다.

③ 대부분의 연금보험은 적립금 중 일정한 비율까지 중도인출을 허용하고 있어 긴급한 생활자금 등이 필요할 때 계약을 해지하지 않고 인출할 수 있다.

④ 납입단계에서의 세액공제나 소득공제 등의 세제혜택은 없으며, 운용단계에서 부리된 이자에 대해 매년 이자소득세가 과세된다.

50 다음 정보를 고려할 때 박소진씨의 20××년 귀속 종합소득세 계산 시 연금계좌세액공제를 최대한 적용받을 수 있는 납입액 한도와 세액공제율이 적절하게 연결된 것은?

- 박소진씨 20××년 귀속 근로소득 : 150,000천원
- 박소진씨 20××년 귀속 연금계좌 납입액
  - 연금저축펀드 : 7,000천원
  - 개인형 퇴직연금 : 3,000천원

	세액공제 적용 납입액 한도	세액공제율
①	900만원	12%
②	900만원	15%
③	1,000만원	12%
④	1,000만원	15%

부동산설계

51 부동산의 분류에 대한 설명으로 가장 적절한 것은?

① 토지이용계획에 따른 분류 중 도시지역은 주거지역, 상업지역, 공업지역, 녹지지역으로 구분되며, 관리지역은 보전관리지역, 생산관리지역, 계획관리지역으로 구분된다.

② 택지조성공사가 준공된 토지의 지목은 '잡종지'로 분류된다.

③ 건축법상 주택으로 쓰는 1개 동의 바닥면적합계가 $660m^2$를 초과하고, 층수가 4개 층 이하인 주택은 다세대주택으로 분류된다.

④ 획지란 지번부여지역의 토지로서 소유가 중심이 되어 성립된 법률상의 단위이다.

52 토지의 자연적 특성에 대한 설명이 적절하게 연결된 것은?

가. 일물일가의 법칙 적용을 배제시킨다.
나. 지가 상승의 원인이 되어 토지의 공급곡선을 완전 비탄력적 또는 매우 비탄력적으로 만든다.
다. 부동산활동에서 제일 중요한 것은 입지설정이다.
라. 토지는 가치보존수단으로서의 중요성도 가지며, 장기적인 관점에서 토지를 관리하여야 한다.

	부동성	영속성	부증성	개별성
①	가	라	다	나
②	나	가	다	라
③	다	나	라	가
④	다	라	나	가

53 수요와 공급에 대한 설명으로 가장 적절한 것은?

① 다른 조건이 동일한 경우 부동산의 가격이 상승하면 수요량은 증가하고, 반대로 가격이 하락하면 수요량이 줄어든다.

② 가격만의 요인 변화로 수요량이 수요곡선상에서 점의 이동으로 변화하는 것을 수요의 변화라고 한다.

③ 단기적으로 부동산의 물리적인 공급 측면에서 보면, 토지의 부증성이라는 자연적 특성으로 인해 가격이 아무리 상승해도 물리적인 양은 변함이 없으므로 공급곡선이 수직으로 비탄력적인 성격을 띠게 된다.

④ 경제적 공급을 통해 중장기적으로 공급이 확대되면서 공급곡선이 일반 경제재의 공급곡선처럼 생산비가 반영되어 완만하게 우하향으로 기울어지게 된다.

54 수요곡선이 일정한 가운데 건축 자재비 등 생산요소 가격의 상승, 금리인상 등 금융비용의 증가로 인해 공급곡선이 이동할 경우 균형가격과 균형거래량의 변화방향으로 가장 적절한 것은?

	균형가격	균형거래량
①	상승	증가
②	상승	감소
③	하락	증가
④	하락	감소

55 부동산 경기변동의 4개 국면 중 다음에서 설명하는 국면으로 가장 적절한 것은?

• 공급이 수요를 초과하게 되어 부동산가격은 약보합세를 형성하게 된다.
• 과거의 사례가격은 새로운 거래의 기준가격이 되거나 상한선이 되며 매수인 우위시장이 형성된다.

① 호황기
② 경기후퇴기
③ 불황기
④ 경기회복기

56 민법상 공동소유의 유형에 대한 설명으로 가장 적절한 것은?

① 공유는 수인이 조합체로서 물건을 소유하는 것이다.

② 공유의 경우 공동소유자 전원의 동의가 있는 경우에 한하여 지분의 처분이 가능하다.

③ 합유의 경우 목적물의 처분을 위해서는 합유자 전원의 동의가 필요하다.

④ 총유의 경우 공동소유자 각각의 지분이 인정되며, 지분의 처분이 자유롭다.

57 민법상 물권에 대한 설명으로 가장 적절한 것은?

① 일반적으로 점유권과 소유권은 병존할 수 없다.

② 토지 사용의 대가인 지료의 지급은 지상권의 성립요소이므로 무상의 지상권을 설정할 수는 없다.

③ 지역권이란 일정한 목적을 위하여 타인의 토지를 자기 토지의 편익에 이용하는 물권으로, 편익을 주는 토지를 '승역지'라 하고, 편익을 받는 토지를 '요역지'라고 한다.

④ 전세권은 양도 또는 임대가 불가능하다.

58 부동산 물권에 대한 다음 설명 중 (가)~(나)에 들어갈 내용이 적절하게 연결된 것은?

• 부동산은 매매와 같은 법률행위를 하고 이를 (가)함으로써 물권변동이 일어나는 성립요건주의이다.
• 법률규정에 의한 물권변동은 (나)이 규정하는 것으로 취득시효, 소멸시효, 혼동, 무주물 선점, 유실물 습득, 매장물 발견, 첨부(부합, 혼화, 가공), 상속 등이 있으며 (나) 이외의 법률이 규정하는 것으로는 공용징수(토지보상법), 몰수(형법), 경매(민사소송법) 등이 있다.

	가	나
①	등기	민법
②	등기	공법
③	인도	민법
④	인도	공법

59 다음 사례에서 부동산에 설정할 수 있는 등기의 종류가 적절하게 연결된 것은?

> 가. 이연수씨는 최민정씨의 토지에 대한 매매예약을 하면서 계약금과 중도금을 치르고 소유권 이전 청구권을 보전하기 위해 미리 예비로 하는 등기를 하고 싶어 한다.
>
> 나. 이채원씨는 매매계약과 동시에 최민수씨에게 금전을 차용하면서 이채원씨 소유의 부동산을 이전한 후 그 영수한 대금 및 최민수씨가 부담한 매매비용을 반환하고 그 목적물을 다시 본인에게 이전하고 싶어 한다.

	가	나
①	소유권이전등기	압류등기
②	소유권이전등기	환매등기
③	가등기	압류등기
④	가등기	환매등기

60 다음 등기사항전부증명서를 통한 부동산권리분석에 대한 설명으로 적절하지 않은 것은?

① 부동산 권리사항의 분석은 등기와 관련된 자료를 확인하는 것뿐만 아니라, 별도의 등기 없이 효력을 갖는 물권도 있으므로 현장에서 꼼꼼하게 직접 현황과 소유자 및 점유자 등을 확인해야 한다.

② 소유권이전 청구권 가등기에 관한 본등기가 이루어지는 경우, 본등기의 순위는 가등기의 순위와 관계없이 본등기가 이루어지는 시점에서의 순위에 따른다.

③ 근저당권 채무가 변제되지 않아 경매가 이루어지는 경우 경매기입등기는 등기사항전부증명서 갑구에 기재된다.

④ '근저당권의 채권최고액'에는 채무자가 현재 부담한 채무가 아니라 현재 부담한 채무 및 앞으로 부담할 이자 등의 최대한도의 채무를 표시하므로 채무자가 근저당권 채권을 모두 변제하지 아니하면 결국 그 부동산은 경매될 수 있다.

61 부동산 경매에 대한 설명으로 가장 적절한 것은?

① 첫 경매개시결정기입등기 후에 A주택을 가압류한 채권자는 배당요구를 하지 않아도 배당받을 수 있는 채권자이다.

② 부동산 경매에 참여하고자 하는 경우, 매각기일에 입찰하여야 한다.

③ 경매 참여 시 입찰보증금은 입찰가격의 1/10 이상을 제출하여야 한다.

④ 부동산 경매 낙찰자는 매각기일에 매각대금 전액을 납부하여야 한다.

62 공매부동산의 종류에 대한 설명이 적절하게 연결된 것은?

> | 가. 유입자산 | 나. 수탁재산 |
> |---|---|
> | 다. 압류재산 | 라. 국유재산 |

> A. 금융기관 또는 기업체가 소유하고 있는 비업무용 자산을 한국자산관리공사에 매각 위임하거나, 일시적 1세대 2주택자와 비사업용으로 전환 예정인 토지 소유자가 양도소득세의 비과세 또는 중과 제외 혜택을 받기 위하여 매각 위임한 자산이다.
>
> B. 국가의 부담, 기부채납이나 법령 또는 조약에 따라 국가 소유로 된 재산을 말한다.
>
> C. 금융회사 등으로부터 인수한 부실채권의 담보물권을 경매절차에서 한국자산관리공사가 취득한 재산이다.
>
> D. 국세징수법 및 지방세징수법 등에 의거하여 국세, 지방세 및 각종 공과금 등의 체납으로 세무서 또는 지방자치단체 등이 체납자의 재산을 압류한 후 체납세금을 징수하기 위하여 한국자산관리공사에 매각을 의뢰한 재산이다.

	가	나	다	라
①	B	C	A	D
②	C	A	D	B
③	C	D	B	A
④	D	A	B	C

63 해제 및 해지에 대한 설명으로 가장 적절한 것은?

① 해제권은 당사자의 약정이 있는 경우에만 발생하기 때문에, 이행지체 등의 채무불이행이 있더라도 별도의 약정이 없다면 해제권을 행사할 수 없다.

② 해지를 하게 되면 계약으로 인해 생긴 법률효과는 모두 소급적으로 소멸한다.

③ 계약이 해제된 경우 중도금 지급 등 이미 이행한 급부가 있는 경우에는 해제의 상대방은 물론이고 해제권자도 원상회복의무를 부담한다.

④ 계약해지로 인해 손해배상청구에 영향을 미치므로 해지권을 행사하면 손해배상청구를 할 수 없다.

64 임영웅씨는 노후에 전원주택에 거주하며 농사를 짓고자 한다. 토지 구매 시 유의사항에 대한 적절한 설명으로 모두 묶인 것은?

가. 임영웅씨가 경매를 통해 농지를 취득하려면 농지법에서 정한 농지취득자격증명이 필요하므로 입찰 시에 농지취득자격증명을 첨부해야 한다.

나. 계약금 관련 별도의 특약이 없는 경우에는 당사자 일방이 중도금지급 등 이행에 착수하기 전까지 매수인은 계약금을 포기하고 매도인은 배액을 상환하여 매매계약을 해제할 수 있다.

다. 수목의 집단은 일정 요건을 갖춘 경우 토지와는 독립된 거래의 객체가 되므로, 매수하려는 토지에 수목의 집단이 있는 경우에는 매매계약 시 분쟁 예방을 위해 소유권 등을 분명히 해두어야 나중에 문제가 없다.

① 다
② 가, 나
③ 가, 다
④ 나, 다

65 A주택을 매수하고자 하는 무주택자인 고승완씨의 다음 정보를 토대로 주택담보대출에 대한 설명으로 적절하지 않은 것은(단, 고승완씨는 현재 기존 대출이 없다고 가정함)?

〈A주택 및 대출 관련 정보〉
• A주택 시세 : 10억원(현재 A주택에 담보된 채권 및 기임차보증금 등은 없음)
• 고승완씨는 현재 A주택 구입자금으로 4억원을 마련하였으며, 나머지는 주택담보대출을 활용하고자 한다.
• 대출은 LTV와 DTI로 계산된 각각의 최대 대출가능금액 중 작은 금액으로 가능하며, 매월 말 원리금 균등분할상환 조건이다.
• 주택담보대출 LTV 및 DTI 규제비율 : LTV 40%, DTI 40%

① LTV로 계산된 최대 대출가능금액은 4억원이다.

② DTI는 A주택 담보대출금 상환액 중 연간 원리금 상환액을 고려하여 계산한다.

③ 고승완씨의 소득이 높을수록 DTI에서 계산된 최대 대출가능금액이 높아진다.

④ DTI로만 계산된 최대 대출가능금액이 6억원일 경우 고승완씨는 A주택 매수를 위해 더 이상의 추가자금이 필요 없다.

66 부동산 임대차에 대한 설명으로 가장 적절한 것은?

① 임차인은 원칙적으로 임대인의 동의가 없더라도 자유롭게 그 권리를 양도하거나 전대할 수 있다.

② 임대인이 임차인 의사에 반하여 보존 행위를 하는 경우에 임차인이 이로 인하여 임차의 목적을 달성할 수 없는 때에는 계약을 해지할 수 있다.

③ 임차인이 임차물의 보존에 관한 필요비를 지출한 때에는 임대차 종료 시에 그 가액의 증가가 현존한 때에 한하여 임차인이 지출한 금액을 청구할 수 있다.

④ 임차인이 그 사용의 편익을 위하여 임대인의 동의 없이 부속한 물건에 대해서는 부속물매수청구권이 인정된다.

67 주택임대차보호법상 묵시적 갱신에 대한 설명으로 가장 적절한 것은?

① 임대차 기간이 끝나는 경우 임차인은 반드시 임대인과 임대차계약을 새로 작성해야 기존 주택에 거주할 수 있다.

② 묵시적 갱신의 경우 임차인은 향후 최대 1년간 기존 주택에 거주할 수 있다.

③ 묵시적 갱신 이후 임차인이 계약해지를 통고한 경우 임대인이 그 통고를 받은 날로부터 3개월이 경과하면 해지의 효력이 발생한다.

④ 묵시적 갱신 이후 임대인은 임차인의 의사에 반하더라도 향후 언제든지 주택의 임대차계약을 해지할 수 있다.

68 상가건물 임대차보호법에 대한 설명으로 가장 적절한 것은?

① 대항력과 계약갱신요구의 권리, 임차인의 권리금 보호 규정에는 보증금의 규모와 상관없이 적용된다.

② 임차인의 계약갱신요구권은 최초의 임대차 기간을 포함한 전체 임대차 기간이 5년을 초과하지 아니하는 범위에서만 행사할 수 있다.

③ 차임 등의 증액 청구는 청구 당시의 차임 또는 보증금의 100분의 3의 금액을 초과하지 못한다.

④ 서울특별시 소재 상가건물의 경우 임차보증금이 1억원 이하인 경우 최우선변제권이 인정된다.

69 주택청약제도에 대한 다음 설명 중 가장 적절한 것은?

① 주택 종류에 따라 청약자격, 입주자(당첨자)선정방식, 재당첨 제한 등이 다르게 적용되므로 유의해야 한다.

② 주택청약종합저축에 가입 시 국민주택 및 $85m^2$ 이하의 민영주택에 대해서만 청약이 가능하다.

③ 미성년자는 주택청약종합저축에 가입할 수 없다.

④ 지역별 · 면적별 민영주택 청약 예치기준금액을 모두 충족하려면 청약통장 예치금액이 1,000만원 이상이어야 한다.

70 부동산중개제도에 대한 설명으로 적절하지 않은 것은?

① 부동산을 거래할 때 매도인과 매수인이 직접 만나서 거래하거나, 임대인과 임차인이 직접 만나서 거래할 수도 있지만, 거래금액이 매우 크고 분쟁이 발생할 수도 있기 때문에 양 당사자 사이에서 조율을 해줄 수 있는 개업공인중개사의 중개가 절실히 필요하다.

② 개업공인중개사는 중개를 의뢰받은 경우에 중개가 완성되기 전에 일정한 사항을 확인하여 이를 해당 중개대상물에 관한 권리를 취득하고자 하는 중개 의뢰인에게 성실 · 정확하게 설명하여야 한다.

③ 개업공인중개사의 과실로 인하여 중개 의뢰인 간의 거래행위가 해제된 경우에도 개업공인중개사는 원칙적으로 중개보수를 받을 수 있다.

④ 중개에 대한 보수는 공인중개사법 시행규칙에서 정하고 있고, 중개 의뢰인 쌍방으로부터 각각 받되, 그 일방으로부터 받을 수 있는 한도를 규정하고 있다.

71 다음 정보를 참고할 때 건축물 A의 건폐율과 용적률이 적절하게 연결된 것은?

〈건축물 A 관련 정보〉
- 대지면적 : $1,200m^2$
- 건축면 : $480m^2$
- 건축물의 연면적 : $1,920m^2$
※ 건축면적과 바닥면적은 동일하며, 지하 및 지상의 주차장 및 주민공동시설은 없다고 가정함

	건폐율	용적률
①	40%	160%
②	40%	400%
③	160%	40%
④	400%	40%

72 재개발사업의 조합설립인가에 대한 다음 설명 중 (가)~(나)에 들어갈 내용으로 적절하게 연결된 것은?

> 재개발사업의 추진위원회가 조합을 설립하려면 토지 등 소유자의 (가) 이상 및 토지면적 (나) 이상의 토지소유자의 동의를 받아 정관 등의 사항을 첨부하여 시장 · 군수 등의 인가를 받아야 한다.

	가	나
①	3/4	3/4
②	3/4	1/2
③	1/2	3/4
④	1/2	1/2

73 다음 자료를 참고하여 산정한 비례율로 가장 적절한 것은?

> • 조합원 분양 수입 : 273억원
> • 일반분양 수입 : 67억원
> • 총사업비 : 127.5억원
> • 종전자산평가액 : 167.5억원

① 77%   ② 123%

③ 127%   ④ 129%

74 심은하씨는 업무용 부동산 A를 매수할지 고민 중이다. 다음 정보를 고려할 때, 업무용 부동산의 투자가치와 매수 여부 판단이 적절하게 연결된 것은?

> • 업무용 부동산 A 매수 시 매매가격 : 300,000천원
> • 업무용 부동산 A의 1년간 순(영업)소득 20,000천원
> • 자본환원율(Capitalization Rate) : 5%

	업무용 부동산 A 투자가치	매수 여부 판단
①	200,000천원	매수하는 것이 유리
②	200,000천원	매수하지 않는 것이 유리
③	400,000천원	매수하는 것이 유리
④	400,000천원	매수하지 않는 것이 유리

75 부동산펀드 유형에 대한 설명이 적절하게 연결된 것은?

> 가. 펀드가 직접 부동산을 보유하여 운영하는 방식으로 펀드 기간 중에는 임대료 수익을 수취하고 만기 시 매각을 통해 차익을 실현하는 방식이다.
> 나. 펀드 기간 중 이자수익을 수취하고 대출채권 만기 시 원금상환을 받는 구조이다.
> 다. 펀드가 직접 시행사가 되거나 시행사 지분을 보유하는 형태로 부동산 개발사업을 진행하고 준공 후 분양, 임대, 매각 등의 방법으로 자금을 회수하는 구조이다.

	가	나	다
①	임대형	대출형	개발형
②	임대형	PF대출형	개발형
③	개발형	대출형	임대형
④	개발형	PF대출형	임대형

상속설계

76 다음 정보를 고려할 때, 민법상 실종선고에 따른 김세진씨의 사망 간주 시점으로 가장 적절한 것은?

> 평소 우울증을 앓던 김세진씨는 마지막으로 발견된 날인 2015년 3월 2일 집을 나간 후 10년이 넘도록 생사불명의 상태이다. 이에 김세진씨의 가족들은 보통실종을 청구하였으며, 2025년 5월 4일 법원으로부터 실종선고가 확정되었다.

① 2015년 3월 2일
② 2016년 3월 2일
③ 2020년 3월 2일
④ 2025년 5월 4일

77 법정상속인에 대한 적절한 설명으로 모두 묶인 것은?

> 가. 사람은 생존한 동안 권리능력을 가지는데, 예외적으로 태아의 경우 상속에 관하여는 이미 출생한 것으로 본다.
> 나. 고의로 상속의 선순위나 동순위에 있는 자를 살해하려고 한 경우 상속결격에 해당한다.
> 다. 일반양자는 양부모와 친부모 양쪽 모두에 대한 직계비속으로 1순위 상속인이 된다.

① 가, 나
② 가, 다
③ 나, 다
④ 가, 나, 다

78 피상속인 최민수씨의 다음 정보를 고려할 때, 배우자 안예은의 법정상속분으로 가장 적절한 것은?

> • 최민수씨의 유족으로는 배우자 안예은, 성년인 딸 최준희가 있고, 형 최태준 및 누나 최민정이 있음
> • 최민수씨의 상속재산은 420,000천원이고, 딸 최준희는 상속을 포기하였음

① 0원
② 140,000천원
③ 180,000천원
④ 420,000천원

79 상속에 따른 법률효과를 설명한 것으로 가장 적절한 것은?

① 승계는 피상속인의 사망으로 발생하는데, 공동상속인들 간 상속재산에 대한 분할이 완료될 때까지 공동상속인들은 상속재산을 합유로 정하게 된다.
② 공동상속인들 간 상속재산에 대한 분할이 완료될 때까지 각 공동상속인은 개개의 상속재산에 대하여 각자의 상속분을 단독으로 처분할 수 없다.
③ 취소권, 해제권, 해지권, 상계권 등 형성권도 상속재산에 해당하지 않는다.
④ 보증한도액이 정해진 계속적 보증계약의 경우 보증인이 사망하였더라도 보증계약이 당연히 종료하는 것은 아니고 특별한 사정이 없는 한 상속인들이 보증인의 지위를 승계한다.

80 다음 사례에서 최태준씨의 상속재산에 대한 사위 이재경씨와 손자 이규혁의 상속분이 적절하게 연결된 것은?

> • 최태준씨는 배우자 안예은, 아들 최민수, 딸 최민정이 있으며, 딸 최민정은 재작년 이재경씨와 결혼하여 아들 이규혁을 출생하였다.
> • 그 후 딸 최민정은 작년 10월 교통사고로 사망하였으며, 최태준씨는 금년 2월 지병으로 840,000천원의 재산을 남기고 사망하였다.

	이재경씨의 상속분	이규혁의 상속분
①	120,000천원	96,000천원
②	120,000천원	120,000천원
③	144,000천원	96,000천원
④	144,000천원	120,000천원

81 기여분에 대한 적절한 설명으로 모두 묶인 것은?

> 가. 사실혼 배우자도 기여분을 받을 수 있는 기여분 권자가 될 수 있다.
> 나. 피상속인에 대한 특별한 부양 또는 피상속인 재산의 유지 또는 증가에 특별한 기여가 기여분 인정 요건이 된다.
> 다. 상속재산분할협의와 마찬가지로 공동상속인 전원의 협의로 정하며, 공동상속인들 사이에 기여분에 대한 협의가 되지 않는 경우 가정법원은 기여의 시기·방법 및 정도와 상속재산의 액 기타의 사정을 참작하여 기여분을 정한다.
> 라. 기여분은 유증에 우선하기 때문에 피상속인이 특정인에게 전액 유증하더라도 기여분 청구가 가능하다.

① 가, 라
② 나, 다
③ 가, 나, 다
④ 나, 다, 라

82 상속재산의 분할에 대한 설명으로 가장 적절한 것은?

① 피상속인은 유언으로 상속개시의 날로부터 3년을 넘지 않는 기간 내에서 상속재산의 분할을 상속재산 전부 또는 일부에 대하여 금지할 수 있고, 미리 상속재산의 분할방법을 정하거나 이를 정할 것을 제3자에게 위탁할 수 있다.
② 공동상속인 3명 중 2명이 동의를 한 협의분할은 과반수 이상이므로 적법하다.
③ 미성년자와 그의 법정대리인인 친권자가 공동상속인인 경우 상속재산에 대하여 미성년자들의 특별대리인을 선임하지 아니하고서 한 상속재산분할의 협의는 무효이다.
④ 상속재산인 부동산의 분할 귀속을 내용으로 하는 상속재산분할심판이 확정되면 민법 제187조에 의하여 상속재산분할심판에 따른 등기를 통해 해당 부동산에 관한 물권변동의 효력이 발생한다.

83 상속회복청구권에 대한 설명으로 적절하지 않은 것은?

① 부의 사후 부에 대한 인지심판을 청구하여 확정된 경우 기존 상속인을 상대로 상속회복청구권을 행사할 수 있다.
② 공동상속인 중 1인이 협의분할에 의한 상속을 원인으로 하여 상속부동산에 관한 소유권이전등기를 마친 경우 그 협의분할이 다른 공동상속인의 동의 없이 이루어진 것으로서 무효라는 이유로 다른 공동상속인이 그 등기의 말소를 구하는 것도 역시 상속회복청구에 해당한다.
③ 상속회복청구권은 재판상으로만 행사 가능하며 그 침해를 안 날로부터 1년, 상속권의 침해행위가 있은 날로부터 5년이 경과하면 소멸된다.
④ 상속권의 침해를 안 날이란 자기가 진정상속인임을 알고 또 자기가 상속에서 제외된 사실을 안 때를 말한다.

84 피상속인의 상속채무가 상속재산을 초과하여 피상속인의 배우자와 자녀 전부가 상속을 포기한 경우 이 사실을 모르고 있는 피상속인의 직계존속이 할 수 있는 조치에 대한 설명으로 가장 적절한 것은?

① 피상속인의 직계존속은 1순위 상속인이 아니기 때문에 채무부담 문제가 발생할 여지가 없다.
② 상속인은 상속개시 있음을 안 날부터 3개월 내에 단순승인, 한정승인 또는 상속포기를 할 수 있는데, 상속개시 있음을 안 날이란 상속개시 원인이 되는 사실 발생을 알고 상속채무가 상속재산을 초과하는 사실을 안 날을 의미한다.
③ 피상속인의 직계존속은 자기가 상속인이 되었음을 안 날로부터 3개월 이내에 한정승인 할 경우 채무와 책임이 분리되어 상속재산 한도에서만 책임을 진다.
④ 고려기간이 경과한 이후라도 상속인이 상속채무가 상속재산을 초과하는 사실을 중대한 과실 없이 상속개시일부터 3월의 기간 내에 알지 못하고 단순승인한 경우에 그 사실을 안 날부터 3월 내에 상속포기 신고를 할 수 있다.

85 유증에 대한 설명으로 적절하지 않은 것은?

① 태아는 유증을 받을 수 없다.
② 포기 등은 포괄유증의 경우 상속인과 같은 절차를 거쳐 포기 가능하며, 특정유증의 경우 유언자 사망 후 언제든지 포기 가능하다.
③ 재산의 이전은 포괄유증의 경우 피상속인 사망으로 당연 상속하나, 특정유증의 경우 수유자가 청구권을 행사하여 이전해야 한다.
④ 집을 유증함과 아울러 자신의 손자녀가 성년에 달할 때까지 매달 얼마씩 주라고 하는 경우 부담부유증에 해당한다.

86 구수증서유언에 대한 다음 설명 중 (가)~(나)에 들어갈 내용으로 적절하게 연결된 것은?

> • (가) 이상의 증인이 참여하여야 한다.
> • 그 증인 또는 이해관계인이 급박한 사유가 종료한 날로부터 (나) 내에 법원에 그 검인을 신청하여야 한다.

	가	나
①	1인	5일
②	1인	7일
③	2인	5일
④	2인	7일

87 자필증서에 의한 유언을 설명한 것으로 가장 적절한 것은?

① 인지는 민법이 정하고 있는 유언사항에 해당하지 않는다.
② 날인은 인감뿐만 아니라 막도장이나 손도장도 무방하다.
③ 유언에 조건이나 기한을 붙일 수 없으므로 결혼을 조건으로 은행예금을 준다는 유언은 무효이다.
④ 유언 후의 생전행위가 유언과 저촉되는 경우에는 유언장 전체가 무효가 된다.

88 유언의 집행에 대한 설명으로 적절하지 않은 것은?

① 공정증서 및 구수증서를 제외한 나머지 유언은 유언자의 사망 후에 법원의 검인을 받아야 한다.
② 상속인은 유언집행자가 될 수 없다.
③ 유언집행자가 수인인 경우에는 임무의 집행은 그 과반수의 찬성으로 결정하나, 보존행위는 각자가 할 수 있다.
④ 유언의 집행에 관한 비용은 상속재산 중에서 이를 지급한다.

89 피상속인 안현수씨는 상속재산으로 100,000천원, 채무 60,000천원을 남기고 사망하였으며, 사망 3개월 전 내연녀 박선영씨에게 500,000천원을 증여하였다. 안현수씨의 유족으로는 아내 서예지씨와 자녀 안예은이 있을 경우 서예지씨와 안예은의 유류분이 적절하게 연결된 것은?

	서예지	안예은
①	108,000천원	72,000천원
②	108,000천원	108,000천원
③	162,000천원	72,000천원
④	162,000천원	108,000천원

90 유류분반환청구의 대상인 유증과 증여가 동시에 존재하는 경우에 대한 설명으로 가장 적절한 것은?

① 먼저 수유자에 대하여 반환을 청구하고, 그로써도 부족한 때에 한하여 수증자에게 반환을 청구할 수 있다.
② 먼저 수증자에 대하여 반환을 청구하고, 그로써도 부족한 때에 한하여 수유자에게 반환을 청구할 수 있다.
③ 수증자 또는 수유자 중 당사자의 선택에 따라 반환받을 수 있다.
④ 증여 또는 유증받은 금액에 비례하여 동시에 반환받을 수 있다.

91 피상속인이 거주자인 경우 상속세의 과세방식과 관할 세무서가 적절하게 연결된 것은?

	과세방식	관할 세무서
①	유산세 방식	피상속인의 주소지
②	유산세 방식	상속인의 주소지
③	유산취득세 방식	피상속인의 주소지
④	유산취득세 방식	상속인의 주소지

92 장슬아씨는 25년 5월 30일에 사망하여 상속이 개시되었는데, 상속개시일 전에 인출한 예금이 다음과 같을 경우, 추정상속재산으로 보는 금액으로 가장 적절한 것은?

- 24년 11월 23일 인출금액 1.5억원(용도 입증금액 5천만원)
- 23년 8월 1일 인출금액 4억원
- 22년 5월 22일 인출금액 2억원

① 0원
② 1.1억원
③ 3.9억원
④ 4.5억원

93 상속세 계산에 대한 설명으로 가장 적절한 것은?

① 사망 전 증여내역은 총상속재산가액에 포함된다.
② 상속개시일 현재 피상속인이 납부할 의무가 있는 공과금은 상속세 과세가액 계산시 상속재산에서 차감되는 금액이다.
③ 시신 안치 비용, 묘지 구입비, 비석 구입비 등 장례에 직접 소요된 비용이 2천만원이라면 장례비용 모두 상속재산에서 공제가 가능하다.
④ 현금도 금융재산상속공제 대상에 포함된다.

94 상속세 납부에 대한 설명으로 가장 적절한 것은?

① 상속세 과세표준을 법정신고기한까지 신고한 경우에는 상속세 납부 여부와 관계없이 상속세 산출세액(산출세액에 가산하는 할증세액을 포함)의 3%를 산출세액에서 공제한다.
② 상속세에는 물납이 허용되지 않는다.
③ 납부할 상속세액이 2천만원을 초과하는 경우에는 그 납부할 금액의 일부를 납부기한이 지난 후 2개월 이내에 분할 납부할 수 있다.
④ 납세지 관할 세무서장은 상속세 또는 증여세 납부세액이 1천만원을 초과하는 경우에는 납세의무자의 신청을 받아 연부연납을 허가할 수 있다.

95 증여세 과세체계에 대한 설명으로 적절하지 않은 것은?

① 세율은 10~50% 초과누진세율이 적용된다.
② 증여세 과세가액은 증여재산가액에 비과세 증여재산, 공익법인 출연재산, 장애인이 증여받은 재산 중 과세가액 불산입액, 수증자산 인수한 증여자의 채무금액을 차감하고 10년 이내에 동일인으로부터 증여받은 재산가액을 가산하여 계산한다.
③ 상증법에서는 국가 또는 지방자치단체로부터 증여받는 재산에 대해서도 증여세를 과세하도록 규정하고 있다.
④ 장애인 신탁재산이 일정 요건을 만족하면 5억원 한도로 증여세 과세가액에 불산입하도록 하고 있다.

96 아버지가 아들에게 부동산을 부담부증여할 경우 각각의 납세대상이 적절하게 연결된 것은(수증자가 채무액을 부담하는 사실이 객관적으로 입증되는 경우임)?

	증여세	양도소득세
①	아들	아들
②	아들	아버지
③	아버지	아들
④	아버지	아버지

97 성년인 거주자 이숙씨가 금번 아버지로부터 증여재산평가액 3억원의 재산을 증여받을 경우에 대한 설명으로 가장 적절한 것은?

① 만약 11년 전 할머니로부터 증여받은 아파트가 있다면 금번 증여에 따른 증여세 계산 시 합산과세된다.

② 만약 5년 전 배우자로부터 증여받은 주식이 있다면 금번 증여에 따른 증여세 계산 시 합산과세된다.

③ 금번 아버지로부터 증여받은 재산에서 5천만원의 증여재산공제를 적용받을 수 있다.

④ 금번 증여는 세대생략 할증과세가 적용되어 증여세 산출세액에 30%를 할증한 금액을 산출세액에 가산한다.

98 다음 자료를 토대로 박군씨가 사망할 경우 과세되는 세금의 종류와 과세대상 재산가액으로 가장 적절한 것은?

• 계약자 및 수익자 : 자녀 박소진
• 피보험자 : 부친 박군
• 사망보험금 : 200,000천원
• 총 납입보험료 : 50,000천원
※ 납입보험료 중 20,000천원은 모친 한영씨가 납부하였고 나머지 30,000천원은 자녀 박소진씨가 자신의 급여에서 납부함

	과세되는 세금의 종류	과세대상 재산가액
①	상속세	80,000천원
②	상속세	120,000천원
③	증여세	80,000천원
④	증여세	120,000천원

99 특수관계인 간 저가·고가 거래 증여이익에 대한 과세기준으로 (가)~(나)에 들어갈 내용이 적절하게 연결된 것은?

구분	수증자	과세기준
저가양수	양수자	(시가 - 대가) 차액이 시가의 (가) 이상 또는 (나) 이상
고가양도	양도자	(대가 - 시가) 차액이 시가의 (가) 이상 또는 (나) 이상

	가	나
①	20%	2억원
②	20%	3억원
③	30%	2억원
④	30%	3억원

100 상증법상 보충적 평가방법에 대한 설명으로 적절하지 않은 것은?

① 토지는 매년 1월 1일을 가격산정기준일로 하여 고시하는 개별공시지가에 의해 평가한다.

② 단독주택은 개별주택가격으로, 아파트, 연립·다세대주택은 공동주택가격으로 평가한다.

③ 평가기준일 현재 임대차계약이 체결된 부동산은 기준시가와 임대보증금 환산가액 중 작은 금액으로 평가한다.

④ 코스피나 코스닥에 상장된 주식은 평가기준일 이전 2개월 및 이후 2개월(합계 4개월) 거래소 최종시세가액의 평균액으로 평가한다.

MEMO

AFPK® 실전모의고사 3회

MODULE 2

수험번호		성명	

위험관리와 보험설계

01 손실 발생빈도와 규모에 따른 위험관리방법 중 위험전가 방법으로 관리하기에 가장 적절한 손실 유형은?

① 발생 빈도가 높고 손실규모(심도)가 높은 경우
② 발생 빈도가 낮고 손실규모(심도)가 높은 경우
③ 발생 빈도가 높고 손실규모(심도)가 낮은 경우
④ 발생 빈도가 낮고 손실규모(심도)가 낮은 경우

02 보험제도의 기본원리에 대한 설명이 적절하게 연결된 것은?

가. 독립적으로 발생하는 사건에 대해 관찰 횟수가 충분히 커지면 손실이 발생하는 경험확률이 실제 참값에 가까워져 신뢰할 수 있는 위험률을 산출할 수 있게 된다. 이러한 규칙이 성립하기 때문에 보험회사가 보험건수를 많이 판매할수록 궁극적으로 보험에 가입한 계약 건당 손실액이 모집단의 평균에 수렴하고, 변동성이 제거된다.
나. 보험회사는 수령한 보험료 범위 내에서 보험금을 지급해야 존속 가능하므로 위험집단 내 보험료 총액과 사고보험금 총액이 동일해야 한다.

	가	나
①	대수의 법칙	수지상등의 원칙
②	대수의 법칙	급부－반대급부 균등의 원칙
③	수지상등의 원칙	급부－반대급부 균등의 원칙
④	수지상등의 원칙	피보험이익원칙

03 보험계약 요건에 대한 설명으로 가장 적절한 것은?

① 보험자란 자기 이름으로 보험회사와 보험계약을 체결하는 자로서 보험료를 납부해야 한다.
② 생명보험의 피보험자는 보험의 객체로 자연인도 가능하고 법인도 가능하다.
③ 손해보험계약에서 피보험자는 피보험이익의 주체로서 보험사고 발생으로 인한 손실이 귀속되어 보험금을 수령하는 자를 의미한다.
④ 소급보험의 경우 보험기간이 보험계약기간보다 더 짧아질 수 있다.

04 손해보험계약에서 보험가입금액과 보험가액 간 관계에 대한 적절한 설명으로 모두 묶인 것은?

가. 일부보험의 경우 지급보험금은 보험가액 이내에서 지급된다.
나. 사기로 인한 중복보험이 아닌 경우 보험가입금액의 합계액이 보험가액을 초과한다 하더라도 보험가입금액의 합계액을 한도로 보상을 받을 수 있다.
다. 사기로 인한 초과보험이나 중복보험은 보험계약 전체를 무효로 한다.

① 다
② 가, 나
③ 가, 다
④ 나, 다

05 보험계약 특성에 대한 사례가 적절하게 연결된 것은?

가. 토마토보험회사와 노태환씨 간의 보험계약은 특별한 요식 없이 보험계약자인 노태환씨의 청약과 토마토보험회사의 승낙이라는 의사의 합치만으로 성립하였다.
나. 암에 대한 가족력을 가진 김세진씨는 암에 대한 보장을 2배로 늘리도록 약관을 변경한 후 보험에 가입하려 했으나, 약관의 변경이 불가능하여 가입을 하지 못했다.

	가	나
①	불요식/낙성계약	조건부계약
②	불요식/낙성계약	부합계약
③	유상/쌍무계약	조건부계약
④	유상/쌍무계약	부합계약

06 보험계약이 성립되었지만, 계약의 효력이 처음부터 발생하지 않는 무효 요건에 해당되지 않는 것은?

① 보험계약 당시에 보험사고가 이미 발생하였거나 또는 발생할 수 없는 경우
② 사망보험 계약 체결 당시 피보험자가 15세 미만, 심신상실, 심신박약일 경우
③ 보험계약자와 피보험자가 동일하지 않은 타인의 사망보험에서 피보험자의 서면동의를 받지 않은 경우
④ 보험계약자가 계약 체결 시 청약서에 자필서명하지 않은 경우

07 보험계약자의 권리와 의무에 대한 다음 설명 중 가장 적절한 것은?

① 보험금청구권과 적립금 반환청구권은 5년간 행사하지 않으면 소멸시효의 완성으로 행사할 수 없다.
② 손해보험에서 손해방지의무는 보험계약이 최대신의성실계약이라는 측면에서 인정된 것으로, 손해방지 및 경감을 위해 필요 또는 유익했던 비용과 보상액이 보험금액을 초과한 경우라도 보험회사가 이를 부담한다.
③ 보험계약 당시에 보험계약자 또는 피보험자가 고의 또는 중대한 과실로 인해 중요한 사항을 고지하지 않거나 부실 고지를 한 때에는 계약을 체결한 날로부터 1년 내에 한해 계약을 해지할 수 있다.
④ 보험설계사는 고지수령권이 있기 때문에 보험계약자가 청약서 질문 내용에 대한 답변을 보험설계사에게 구두로 알렸을 경우에는 계약 전 알릴 의무를 이행하였다고 볼 수 있다.

08 보험금 지급의무에 대한 설명으로 적절하지 않은 것은?

① 사망보험계약에서 보험계약자 또는 피보험자나 보험수익자의 중대한 과실로 인해 사고가 발생한 경우에는 보험금 지급의무를 지지 않는다.
② 사망보험계약에서 둘 이상의 보험수익자 중 일부가 고의로 피보험자를 사망하게 한 경우 보험회사는 다른 보험수익자에 대해서는 보험금을 지급해야 한다.
③ 손해보험의 경우 보험사고로 인해 상실된 피보험자의 이익이나 보수는 당사자 간에 약정이 없으면 보험회사가 보상할 손해액에 산입하지 않는다.
④ 보험사고가 적법한 기간 내에 발생하더라도 보험사고가 전쟁, 기타의 변란으로 인해 생긴 때에는 당사자 간에 다른 약정이 없는 경우 보험회사의 보험금 지급의무가 면제된다.

09 보험료 결정 요인에 대한 설명으로 적절하지 않은 것은?

① 보험계약자가 납부하는 영업보험료는 순보험료와 부가보험료로 구성된다.
② 위험보험료는 사망보험금, 장해급여금, 화재/도난/자동차 사고 등으로 인한 손실액 지급과 손해사정에 사용된 비용 등의 지급재원이다.
③ 저축보험료는 만기보험금, 해약환급금 등의 재원이 되는 보험료이다.
④ 예정이자율이 높아지면 보험료도 높아지게 된다.

10 노인장기요양보험에 대한 설명으로 가장 적절한 것은?

① 국민건강보험 가입자는 장기요양보험의 가입자가 되며, 건강보험의 적용에서와 같이 법률상 가입이 강제되어 있다.
② 4등급에 해당하는 장기요양인정점수는 1등급에 해당하는 장기요양인정점수보다 높다.
③ 보험급여는 본인부담금이 전혀 없어 재정적 부담 없이 장기요양보험 서비스를 이용할 수 있다.
④ 재가급여의 월 한도액은 등급에 관계없이 동일하게 지급하고 있다.

11 다음 사회보험 보험료 중 사업주가 보험료 전액을 부담하는 것으로 모두 묶인 것은?

> 가. 국민건강보험 직장가입자의 보험료
> 나. 고용보험의 실업급여에 해당하는 보험료
> 다. 고용보험의 고용안정사업 및 직업능력개발사업에 해당하는 보험료
> 라. 일반적인 산업재해보험의 보험료

① 가, 나
② 가, 라
③ 다, 라
④ 나, 다, 라

12 다음 고객의 니즈에 적합한 보험상품으로 적절하게 연결된 것은?

> 가. 아파트를 구입하면서 은행으로부터 주택담보대출을 받은 홍은균씨는 주택자금을 차입한 후 주기적으로 원금과 이자를 상환하고 있다. 홍은균씨는 대출상환이 완료되기 전에 자신이 사망할 경우 대출 잔액으로 인해 유족이 겪을 경제적 고통이 걱정되며, 만기환급금이 없더라도 가능한 저렴한 보험료로 보장받기를 원한다.
> 나. 홍범도씨는 보험료가 일정 기간마다 갱신되는 사망보장보험을 가입하고 싶은데 중간에 건강이 악화되었을 때 갱신이 되지 않을까 봐 걱정하고 있다. 또한, 건강관리를 잘하고 있다면 갱신 시 보험료를 할인받을 수 있기를 바란다.

	가	나
①	평준정기보험	갱신정기보험
②	평준정기보험	재가입정기보험
③	체감정기보험	갱신정기보험
④	체감정기보험	재가입정기보험

13 종신보험에 대한 설명으로 적절하지 않은 것은?

① 사망확률이 낮은 젊은 시기에는 가입자 사망확률에 비해 높은 보험료를 부담하게 되지만, 연령이 높아질수록 사망확률에 비해 저렴한 보험료를 부담하게 된다.
② 전기납은 소득수준이 높은 기간 동안 집중적으로 보험료를 납부하려는 사람들에게 적합하다.

③ 수정종신보험은 현재 소득은 낮지만 장래 소득이 높아질 것으로 예상되는 사람들에게 적합하다.
④ 계약자적립액은 보험료 납입 및 기간의 경과에 따라 꾸준히 증가하는 구조를 갖지만, 초기에 해지할 경우 계약자적립액에서 해약공제액을 차감하기 때문에 해약환급금이 거의 없거나 매우 적다.

14 변액유니버셜종신보험에 대한 설명으로 적절하지 않은 것은?

① 사망보험금을 증액하거나 감액할 수 있고 보험료도 신축적으로 조정할 수 있다.
② 변액종신보험과 달리 계약자적립액은 일반계정으로 운용된다.
③ 상품구조는 계약자적립액에서 위험보험료와 사업비가 차감되고 잔여 보험료가 투자된다.
④ 보험기간 중 보험료를 추가로 납입 또는 일시 중지할 수 있으며, 계약자적립액에서 중도인출도 가능하다.

15 투자수익률 결정방식에 따른 연금보험 상품분류에 대한 설명으로 적절하지 않은 것은?

① 금리확정형 연금은 보험회사가 자산운용 결과와 상관없이 확정적으로 예정이율을 보장하므로 시중금리가 지속적으로 하락할 경우 보험계약자는 유리하지만, 보험회사는 이자율차이에 따른 손실이 발생하게 된다.
② 금리연동형 보험은 최저보증이율을 설정하여 운용자산이익률 및 외부지표금리가 하락하더라도 보험회사에서 일정 이율 이상은 최저한도로 보증하고 있다.
③ 대부분의 변액연금상품은 투자실적에 상관없이 연금개시 시점에서 최소한 원금을 연금재원으로 보증하고 있는데 최저보증수수료는 보험회사가 부담한다.
④ 자산연계형 연금은 연계자산에서 발생한 추가수익을 기대할 수 있고 최저보증이율을 두고 있어 변액연금보다 더 안정적이다.

16 장애인전용 보장성보험에 대한 설명으로 가장 적절한 것은?

① 보장성보험료에 대한 세액공제 외에 별도로 연간 200만원 한도 내에서 추가공제 혜택이 있으며, 장애인전용보험을 포함한 모든 보험상품에 있어 장애인을 보험수익자로 하는 보험계약은 보험금으로 연간 4,000만원 한도 내에서 증여세가 비과세된다.

② 보험료 수준은 사업비율과 이자율을 우대 적용하여 보장내역이 유사한 일반보험에 비하여 상대적으로 저렴하다.

③ 세액공제 대상 보험료는 장애인을 보험계약자로 하는 장애인전용 보장성보험료이다.

④ 세액공제 비율은 13.2%(지방소득세 포함)이다.

17 ㈜토마토는 종업원 송강씨를 피보험자와 수익자로 하는 단체순수보장성보험을 가입하여 올해 중에 보험료로 120만원을 납입한 경우 당해 보험료 납입액 중 근로소득으로 과세되는 금액으로 가장 적절한 것은?

① 0원
② 30만원
③ 50만원
④ 120만원

18 보험계약 유지를 위한 제도 비교 내용 중 가장 적절한 것은?

	구분	보험금 (보장내용)	보험(보장) 기간
①	중도인출	감액	동일
②	보험료 자동대출납입	동일	단축
③	감액완납	감액	동일
④	연장정기보험	동일	동일

19 생명보험 언더라이팅에 대한 설명으로 적절하지 않은 것은?

① 언더라이팅 과정이 없거나 그 진행과정이 잘못되어 비정상적인 피보험자가 보험가입을 하게 되면, 선량한 보험가입자에게 보험료의 손실을 입힐 수 있고, 보험회사는 부실이 증대되어 경영에 큰 손실을 초래할 수 있다.

② 보험회사가 언더라이팅을 하는 이유는 정보의 비대칭성으로 인한 역선택 위험을 통제하고 보험목적을 선별적으로 인수함으로써 안정적인 경영을 도모하기 위함이다.

③ 보험금 지급이 예상되거나 역선택 의도가 있는 자의 청약 건은 인수를 거절함으로써 선의의 보험계약자를 보호할 수 있으며, 표준미달체 인수방법에는 보험금 감액법, 보험료 할증법, 특정신체부위/질병보장제한부 인수법이 있다.

④ 보험회사는 보험계약자 또는 피보험자가 고의 또는 중대한 과실로 중요한 사항에 대하여 사실과 다르게 알린 경우에는 보험계약이 처음부터 무효가 된다.

20 생명보험약관 상 보험금의 지급에 대한 다음 설명 중 적절하지 않은 것은?

① 보험계약자 또는 피보험자나 보험수익자는 보험금 지급사유 발생을 안 때에는 지체 없이 이를 보험회사에 통지해야 한다.

② 보험약관에서는 장해지급률이 재해일 또는 질병의 진단확정일로부터 180일 이내에 확정되지 아니하는 경우에는 180일이 되는 날의 의사진단에 기초하여 고정될 것으로 인정되는 상태를 장해지급률로 결정한다.

③ 보험수익자가 고의로 피보험자를 해친 경우, 어떠한 보험계약이라도 피보험자가 사망하였을 때는 보험금을 지급하지 아니하나, 보험수익자가 다수인 경우 가해자 몫을 제외한 나머지 보험금은 다른 보험수익자에게 지급한다.

④ 보험약관에서는 보험금 또는 해약환급금 등의 청구가 있을 때는 3영업일 이내에 보험금 또는 해약환급금을 지급하도록 규정하고 있지만, 보험금지급사유 조사나 확인이 필요한 때에는 청구서류 접수 후 7영업일 이내에 지급한다.

21 보험계약의 성립과 청약철회에 대한 설명으로 적절하지 않은 것은?

① 보험회사는 청약 받고 제1회 보험료를 받은 경우 청약일로부터(진단계약은 진단일로부터) 30일 이내 승낙 또는 거절하여야 하며, 승낙한 때에는 보험증권을 교부한다.

② 만약 보험회사가 정해진 기간 내에 승낙 또는 거절내용을 통지하지 않으면 그 보험계약은 승낙한 것으로 본다.

③ 청약철회는 보험증권을 받은 날로부터 60일 이내에 가능하다.

④ 보험계약자가 청약을 철회한 경우 보험회사는 청약철회를 접수한 날부터 3영업일 이내에 이미 납입한 보험료를 돌려주어야 하며, 만약 반환이 지체된다면 지체된 기간에 대해서는 보험계약대출이율을 연 단위 복리로 계산한 금액을 지연이자로 지급해야 한다.

22 보험료 납입의무에 대한 설명으로 가장 적절한 것은?

① 계속보험료가 약정한 시기에 납입되지 아니한 때에는 보험료 납입기일의 다음날 자동으로 해지된다.

② 계속보험료를 납입하지 못하여 계약이 해지된 경우, 보험회사는 계약이 해지되기 전 발생한 보험금 지급사유에 대해서도 보험계약내용을 보장하지 않는다.

③ 계속보험료를 납입하지 못하여 계약이 해지되었으나 해약환급금이 지급되지 않은 경우에 해지된 날로부터 6개월 이내에 보험회사가 정한 절차에 따라 계약의 부활을 청구할 수 있고, 보험회사의 승낙이 있으면 부활절차가 완료된다.

④ 보험회사는 부활계약을 심사하여 질병 또는 입원사실이 있으면 부활청약을 거절할 수 있다.

23 의료비 발생 및 보장구조에서 실손보험 보장 대상 영역으로 가장 적절한 것은?

국민건강보험		
급여		비급여
건강보험공단부담 (A)	법정본인부담 (B)	본인부담 (C)

① C
② A, B
③ B, C
④ A, B, C

24 제3보험에 대한 적절한 설명으로 모두 묶인 것은?

가. 상해보험의 경우 사망, 후유장해에 대해서는 실손보상 방식으로 보상한다.
나. 상해보험의 경우 피보험자가 직업, 직무 또는 동호회 활동목적으로 스카이다이빙, 행글라이딩 등 위험 행위를 하여 상해사고가 발생한 경우에도 보험금을 지급하지 않는다.
다. 보험회사는 역선택이 가능한 특정 질병의 경우 제1회 보험료 납입일 이후 일정 기간 동안 보장하지 않는 대기기간을 설정할 수 있는데, 암보험 특별약관에서는 90일의 대기기간 중 암진단이 확정되는 경우에는 특별약관을 무효로 한다.
라. 실손의료보험은 연간 보상금액 한도가 존재하지 않으므로 피보험자가 지출한 담보대상 의료비 전부를 보장한다.

① 가, 라
② 나, 다
③ 가, 나, 다
④ 나, 다, 라

25 다음 보험사고 중 장기간병보험으로 보상이 가능한 사례로 모두 묶인 것은?

> 가. 금년 3월 9일 장기간병보험 가입 후 금년 7월 5일 뇌병변장해로 인하여 일상생활장해상태가 된 경우
> 나. 금년 10월 1일 장기간병보험 가입 후 금년 10월 15일 강도폭행에 의해 이동 동작을 다른 사람의 도움 없이는 할 수 없는 상태로 목욕하기를 스스로 할 수 없는 일상생활장해상태가 된 경우
> 다. 금년 10월 21일 장기간병보험 가입 후 금년 10월 22일 등산 중 실족으로 인해 이동 동작을 다른 사람의 도움 없이는 할 수 없는 상태로 옷 입고 벗기를 스스로 할 수 없는 일상생활장해상태가 된 경우
> 라. 재작년 1월 3일 장기간병보험 가입 후 금년 2월 5일 알츠하이머병에 걸려 인지기능의 장애척도(CDR) 검사결과 2점에 해당하는 중증치매상태가 된 경우
> 마. 금년 10월 10일 장기간병보험 가입 후 금년 10월 15일 자동차사고로 인해 중증의 인지기능 장애 발생 상태가 된 경우

① 가, 마
② 나, 다, 라
③ 가, 나, 다, 마
④ 나, 다, 라, 마

26 토마토손해보험회사가 경험통계를 활용하여 배상책임보험 상품을 개발하였는데 처음 요율산출을 위해 활용한 예정손해율과 상품이 판매된 후 1년이 경과되어 나타난 실제손해율이 다음과 같을 경우 손해율법에 의한 요율조정으로 가장 적절한 것은?

> • 실제손해율 : 50%
> • 예정손해율 : 40%

① +25%
② +20%
③ +10%
④ −25%

27 다음 사례의 경우 주택화재로 인한 지급보험금으로 적절한 것은?

> • 보험가입금액 : 1억원
> • 보험가액 : 2억원
> • 손해액 : 2억원

① 1억원
② 1.25억원
③ 1.4억원
④ 2억원

28 주택화재보험 및 개인용 자동차보험에 대한 설명으로 가장 적절한 것은?

① 화재가 발생하면 화재로 인한 직접적인 손해는 보상받을 수 있으나, 화재진압과정에서 발생하는 소방손해와 피난손해에 대해서는 보상받을 수 없다.
② 골동품의 경우 자동담보물건으로 다른 약정이 없어도 보험의 목적에 포함된다.
③ '화보법'에 따라 층수가 11층 이상인 건물, 16층 이상의 아파트 및 부속건물(동일한 아파트 단지 내에 있는 15층 이하 아파트 포함) 등 일정 규모 이상의 특수건물에 대하여 특수건물의 소유주에게 신체손해배상책임담보 또는 특수건물 특약부 화재보험 가입을 의무화하였다.
④ 자동차손해배상보장법에 의하여 자동차를 보유한 사람이 의무적으로 가입해야 하는 자동차보험은 대인배상Ⅰ, 대인배상Ⅱ와 대물배상이다.

29 의사(병원)배상책임보험에 대한 적절한 설명으로 모두 묶인 것은?

> 가. 보험가액의 개념이 존재하지 않으며, 책임 측면에서 피보험자가 부담할 보상한도액을 약정함으로써 보험금을 지급한다.
> 나. 배상책임의 주체에 따른 분류상 전문직배상책임보험에 해당한다.
> 다. 배상기준 시점에 따른 분류상 배상청구기준 배상책임보험에 해당한다.

① 가, 나   ② 가, 다
③ 나, 다   ④ 가, 나, 다

30 자동차보험에 대한 적절한 설명으로 모두 묶인 것은?

가. 경찰관의 신호, 지시위반, 신호기 신호위반, 안전 표지지시 위반으로 인한 사고인 경우 가·피해자 간 형사합의와 상관없이 형사처벌을 받는다.
나. 대인배상 I 은 한도 없이 상대방 운전자에게 발생한 손해액 전액을 보상한다.
다. 무면허운전, 음주운전, 뺑소니사고인 경우 자기부담금을 공제한 후 나머지 금액을 보상한다.
라. 대물배상은 피보험자가 피보험자동차를 소유, 사용, 관리하는 동안에 피보험자동차가 입은 손해를 보상한다.

① 가, 다
② 나, 라
③ 가, 나, 라
④ 나, 다, 라

투자설계

31 투자와 위험에 대한 설명으로 적절하지 않은 것은?

① 개인은 손실이 발생할 가능성보다는 변동성을 위험으로 인식하는 경향이 있다.
② 개인은 복수의 투자목표를 가지고 있고 투자목표별로 투자기간과 감당할 수 있는 위험수준이 상이하여 투자목표별로 투자전략을 수립하여야 한다.
③ 목표를 달성하지 못할 가능성을 위험으로 설정한다면, 투자목표를 달성하지 못함으로써 발생하는 고통의 크기에 따라 감내할 수 있는 투자위험의 크기가 달라진다.
④ 투자위험이 높은 자산에 투자할 때 투자기간을 장기로 설정하는 것이 원금손실이 발생할 위험을 최소화하면서 자산가격이 급등할 경우 높은 수익률을 달성할 수 있다.

32 금융투자상품의 분류에 대한 설명으로 적절하지 않은 것은?

① 증권은 발생한 손실이 투자 원금 이하인 금융투자상품이고 파생상품은 손실이 원금을 초과할 가능성이 있는 금융투자상품이다.
② 증권은 채무증권, 지분증권, 수익증권, 투자계약증권, 파생결합증권, 증권예탁증권으로 분류된다.
③ 자본시장법에 따르면, 최대 원금손실 가능 금액이 원금의 100%를 초과하는 파생상품이나 파생결합증권 그리고 위험평가액이 자산총액의 10%를 초과하는 파생상품펀드 등은 고난도금융투자상품으로 분류된다.
④ 고난도 파생상품에 대해서는 금융소비자보호법상 적합성원칙 및 적정성원칙을 준수하는 것과 별도로 자본시장법상 고난도금융투자상품의 내용 및 투자위험 등을 해당 투자자가 쉽게 이해할 수 있도록 요약한 설명서를 제공하도록 의무화하고 있다.

33 A국가의 GDP가 다음과 같을 때, 금년 GDP 디플레이터와 작년 대비 금년 경제성장률로 가장 적절한 것은?

연도	명목 GDP	실질 GDP
작년	28,000	23,000
금년	55,000	29,500

	GDP 디플레이터	경제성장률
①	186.44	22.03%
②	186.44	28.26%
③	196.43	22.03%
④	196.43	28.26%

34 국민소득 3면 등가의 원칙에 따라 생산국민소득과 지출국민소득이 같을 경우 다음 정보를 토대로 구한 가계소비액으로 가장 적절한 것은?

- 생산국민소득 : 12.49조
- 국내투자 : 8.75조
- 정부지출 : 2.36조
- 순수출 : -0.72조

① 0.66조
② 2.1조
③ 10.39조
④ 12.49조

35 A 국가의 만 15세 이상 인구 구성이 다음과 같다고 가정할 경우 실업률과 경제활동참가율이 적절하게 연결된 것은?

경제활동인구		비경제활동인구
취업자	실업자	
2,870만명	68만명	1,610만명

	실업률	경제활동참가율
①	2.3%	62.8%
②	2.3%	64.6%
③	3.7%	62.8%
④	3.7%	64.6%

36 시장금리의 상승을 가져오는 경우로 모두 묶인 것은?

가. 자금의 초과공급이 발생한 경우
나. 경기가 침체될 것으로 예상되는 경우
다. 정부의 국채 발행 증가
라. 물가가 상승할 것으로 예상되는 경우

① 나
② 가, 나
③ 가, 라
④ 다, 라

37 물가지수에 대한 설명이 적절하게 연결된 것은?

가. 물가의 장기 추이나 지속성을 파악하기 위해서 소비자물가지수에 포함되는 품목 중 식료품과 에너지 관련 품목을 제외한 나머지 품목을 기준으로 산정된 물가지수
나. 국내 생산자가 생산한 상품 및 서비스의 종합적인 가격수준을 지수화한 물가지수로, 소비재뿐만 아니라 생산과정에서 투입되는 원재료 및 중간재 등 자본재를 포함하여 산출한다.

	가	나
①	GDP 디플레이터	소비자물가지수
②	GDP 디플레이터	생산자물가지수
③	근원물가지수	소비자물가지수
④	근원물가지수	생산자물가지수

38 요구수익률 대비 기대수익률을 기준으로 저평가된 주식으로 가장 적절한 것은?

투자대상	명목무위험 이자율	위험보상률	기대수익률
A주식		2.45%	5.5%
B주식	5.0%	3.5%	9.5%
C주식		4.55%	8.57%
D주식		5.25%	9.0%

① A주식
② B주식
③ C주식
④ D주식

39 다음 정보를 고려할 때 A주식 기대수익률이 0% 이하일 확률로 가장 적절한 것은(단, A주식의 기대수익률 확률분포는 정규분포 형태를 나타낸다고 가정함)?

〈A주식 관련 정보〉
• 평균수익률 : 10%
• 수익률의 표준편차 : 5%

〈정규분포 확률〉
• 기대수익률이 평균의 $\pm 1\sigma$에 있을 확률 : 68.27%
• 기대수익률이 평균의 $\pm 2\sigma$에 있을 확률 : 95.45%
• 기대수익률이 평균의 $\pm 3\sigma$에 있을 확률 : 99.73%

① 0.27%
② 2.28%
③ 4.55%
④ 15.87%

40 다음은 주식A와 주식B 수익률의 통계적 특징을 나타내는 자료이다. 주식A와 주식B의 상관계수로 가장 적절한 것은?

구분	평균	표준편차	공분산
주식A	8.6%	4.04%	-0.35%
주식B	3.6%	11.93%	

① -1.3771
② -1.1305
③ -0.8846
④ -0.7262

41 주식의 특징에 대한 설명으로 가장 적절한 것은?

① 누적적 우선주는 당해 영업연도에 우선배당을 받지 못한 경우 그 미지급배당액을 다음 영업연도 이후에 우선하여 보충 배당받는 우선주이다.
② 무상증자 후 기업 전체의 주식 수에는 변동이 없다.
③ 주식분할은 기존의 발행주식 수를 줄여 주당 액면가를 높이는 것을 말한다.
④ 경기순환주는 경기순환국면에 상관없이 수요가 큰 변화 없이 지속되면서 주가 변동도 크지 않은 종목들로써 음식료, 제약업, 가스 및 전력업종의 주식이 경기순환주로 분류된다.

42 액면가 2,000원인 주식A의 현재주가는 40,000원이며 주당순이익(EPS)이 5,000원이고, 주당배당금(DPS)은 500원을 지급하기로 결정하였을 경우에 주식A의 배당성향, 배당수익률, 배당률이 적절하게 연결된 것은?

	배당성향	배당수익률	배당률
①	10%	25%	10%
②	10%	1.25%	25%
③	25%	25%	10%
④	25%	1.25%	25%

43 다음 정보를 토대로 PER을 활용해 분석한 ㈜토마토전자 주식에 대한 설명으로 가장 적절한 것은?

〈㈜토마토전자 관련 정보〉
• 현재 주가 : 10,000원/주
• 주당순이익(EPS) : 1,000원
• 동일 산업 평균 PER : 8배
• 시장 전체의 평균 PER : 12배
• 과거 10년간의 평균 PER : 10배

① 현재 ㈜토마토전자 주식의 PER은 5배이다.
② ㈜토마토전자 주식의 현재 주가는 동일 산업 평균 PER로 산출한 적정주가보다 과소평가되어 있다.
③ ㈜토마토전자 주식의 현재 주가는 시장 전체의 평균 PER로 산출한 적정주가보다 과대평가되어 있다.
④ 동일산업 평균, 시장전체 평균, 과거 10년 평균 PER을 활용하여 평균적으로 예측한 ㈜토마토전자 주식의 적정주가는 10,000원이다.

44 다음 주식시장 정보를 토대로 시가총액가중방법에 의한 평가시점의 주가지수로 가장 적절한 것은?

• 기준시점 시가총액 : 370,000천원
• 평가시점 시가총액 : 393,000천원
• 기준시점 주가지수 : 100

① 93.78
② 105.38
③ 106.22
④ 116.32

45 채권수익률과 채권가격에 대한 다음 설명 중 (가)~(다)에 들어갈 내용이 적절하게 연결된 것은?

> • 채권수익률이 상승하면 채권가격은 (가)하고 채권수익률이 하락하면 채권가격은 (나)한다.
> • 채권수익률은 원점에 대해서 (다)한 모습을 보인다.

	가	나	다
①	상승	하락	볼록
②	상승	하락	오목
③	하락	상승	볼록
④	하락	상승	오목

46 채권에 대한 설명으로 가장 적절한 것은?

① 일반적으로 채권은 거래단위가 크고 금리에 민감하게 수익률이 계산되므로 베이시스포인트(bp)로 표시하는데 1bp는 1%를 의미한다.
② 이표채의 현금흐름은 만기에 한 번뿐이다.
③ 만기가 2년인 할인채를 매매수익률 5%로 매수할 경우 현재가격은 액면가보다 크다.
④ 매매수익률은 시장이자율에 따라서 변동되므로 채권을 만기까지 보유하지 않는 경우에는 언제든 채권가격이 변할 수 있는 위험을 채권의 가격변동위험이라고 하며, 이는 채권을 만기까지 보유할 경우 회피할 수 있다.

47 전환사채(CB)에 대한 적절한 설명으로 모두 묶인 것은?

> 가. 보유한 사전에 정해진 조건으로 채권 투자자가 채권을 주식으로 전환할 수 있는 권리가 부여된 채권이다.
> 나. 주가가 상승하면 유리하고 하락하면 불리한 손익구조를 가지고 있다.
> 다. 전환권을 행사해도 채권은 존재한다.
> 라. 전환권을 행사하면 해당 기업은 부채감소와 자산감소의 재무상태 변화가 나타난다.

① 가, 나   ② 가, 라
③ 나, 다   ④ 다, 라

48 신종채권에 대한 다음 설명 중 (가)~(나)에 들어갈 내용이 적절하게 연결된 것은?

> 채권 발행자는 발행 이후 금리가 하락할 것이라고 예상되면 (가)을 발행하는 것이 유리하고, 채권 투자자는 투자 시점에 향후 금리가 오를 것이라고 예상되면 (나)에 투자하는 것이 유리하다.

	가	나
①	변동금리채권	역변동금리채권
②	변동금리채권	수의상환청구채권
③	수의상환채권	역변동금리채권
④	수의상환채권	수의상환청구채권

49 현재 원달러환율이 1,300원이고 1년 만기 한국금리가 3%, 미국금리가 1%인 경우 1년 만기 선물환율로 가장 적절한 것은?

① 1,274.76원
② 1,313.13원
③ 1,325.74원
④ 1,352.39원

50 기업분석을 위한 재무비율 중 수익성 비율로 모두 묶인 것은?

> 가. 매출채권회전율
> 나. 이자보상비율
> 다. 총자산순이익률
> 라. 매출액순이익률

① 가, 나
② 나, 다
③ 다, 라
④ 가, 다, 라

51 기술적 분석에 대한 적절한 설명으로 모두 묶인 것은?

> 가. 과거 가격의 패턴을 분석하여 미래가격의 움직임이나 시장의 경향을 예측하는 데 집중한다.
> 나. 주가는 시장의 사소한 변동을 고려하지 않는다면 상당 기간 동안 지속되는 추세에 따라 움직이는 경향이 있다는 기본가정을 가지고 있다.
> 다. 패턴분석은 사정에 여러 가지 주가 변동 모형을 미리 정형화한 후 실제 주가를 모형에 맞추어 주가를 예측하는 방법으로, 주가의 동적인 움직임을 관찰하여 추세의 방향을 예측한다.
> 라. 지표분석의 기법으로는 엘리어트 파동이론, 일목균형표 등이 있다.
> 마. 단기간에 주가의 추세와 변화 방향을 파악할 수 있으나, 동일한 주가를 대상으로 주가 변화의 시발점에 대한 해석이 다를 수 있다는 한계를 갖는다.

① 가, 나
② 가, 나, 마
③ 나, 다, 라
④ 가, 다, 라, 마

52 펀드에 대한 설명으로 적절하지 않은 것은?

① 자본시장법상 혼합자산펀드는 증권, 부동산, 특별자산 중 어느 하나도 50% 이상 투자하지 않고 분산하여 투자하는 펀드이다.
② 수수료는 펀드에 가입하거나 환매할 때 1회성으로 부과되는 수수료로서 은행, 증권사 등 펀드 판매회사가 부과하는 비용이다.
③ 펀드 판매 방법 및 투자자 유형별로 상이한 판매수수료와 보수비용을 부과하기 위해 하나의 펀드에 여러 가지 클래스를 둘 수 있는데, 이를 종류형펀드라고 한다.
④ 국내펀드는 종류를 불문하고 마감시간 전 환매신청을 완료한 경우에는 환매신청일의 종가로 산정되어 당일 고시되는 기준가격이 환매기준가격이 된다.

53 금융투자상품 투자에 대한 설명으로 가장 적절한 것은?

① 주식시장이 하락할 것이라고 판단되면 베타계수가 1보다 높은 고베타 주식을 선택하는 것이 투자의 방법이 될 수 있다.
② 주식스타일 중 가치 스타일에는 저PER 투자, 고배당수익률 투자 등 장기적인 통찰력을 바탕으로 가치평가에 확신이 드는 종목에 집중하여 투자한다.
③ 채권형펀드의 스타일박스에서 투자위험을 줄이기 위해서는 금리민감도(듀레이션)를 기준으로 장기이고, 신용도를 기준으로 하로 분류되는 채권형펀드를 선택하는 것이 바람직하다.
④ 상장지수펀드(ETF)는 공모펀드이므로 공모펀드와 동일한 수준의 투명성 제고장치가 적용되지만, 펀드와 비교하여 운용보수가 낮고 판매보수나 매매수수료가 없어서 보수비용이 저렴하며 주식처럼 거래소에서 실시간으로 매매할 수 있는 장점이 있다.

54 자산유동화증권의 종류에 대한 설명이 적절하게 연결된 것은?

> 가. 채권을 기초로 발행되는 ABS를 말한다.
> 나. 금융기관의 대출채권을 기초자산으로 발행되는 ABS이다.

	가	나
①	CBO	CLO
②	CBO	MBS
③	ABCP	CLO
④	ABCP	MBS

55 현재 코스피200지수는 200이며, 3개월 만기 코스피200 선물가격은 202이다. 선물거래에 대한 적절한 설명으로 모두 묶인 것은(단, 코스피200지수 선물의 거래승수는 250천원임)?

> 가. 증거금은 선물계약의 매수자만 예치하며, 선물계약의 매도자는 예치하지 않아도 된다.
> 나. 현재 선물을 202에 5계약 매수하여 만기까지 보유할 경우, 만기 시 코스피200지수가 204라면 만기 손익은 +2,500천원이다.
> 다. 현재 선물을 202에 1계약 매도하여 만기까지 보유할 경우, 만기 시 코스피200지수가 204라면 만기 손익은 (−)500천원이다.

① 가, 나
② 가, 다
③ 나, 다
④ 가, 나, 다

56 코스피200지수가 350인 경우 옵션매수자에게 손실이 발생하는 옵션으로 가장 적절한 것은?

① 권리행사가격이 347.5인 콜옵션
② 권리행사가격이 350인 풋옵션
③ 권리행사가격이 352.5인 풋옵션
④ 권리행사가격이 355인 콜옵션

57 기초자산의 가격이 상승하면 수익이 발생하지만, 최대이익은 일정한 수준으로 제한되는 옵션의 수익구조로 가장 적절한 것은?

① 콜옵션 매수
② 콜옵션 매도
③ 풋옵션 매수
④ 풋옵션 매도

58 만기 시점의 손익분기점이 적절하게 연결된 것은(단, 세금 등 기타의 비용은 없다고 가정함)?

> 가. 행사가격이 350인 코스피200 콜옵션을 2포인트의 프리미엄을 주고 1계약 매수
> 나. 행사가격이 350인 코스피200 풋옵션을 2포인트의 프리미엄을 받고 1계약 매도

	가	나
①	348pt	348pt
②	348pt	352pt
③	352pt	348pt
④	352pt	352pt

59 주식포트폴리오에 50억원을 투자하고 있는 투자자가 주가 하락을 우려하여 코스피200지수선물을 매도하였다고 가정하자. 지수선물의 매도가격이 200일 때 주식포트폴리오를 완전히 헤지하기 위해서 매도해야 하는 코스피200지수선물의 계약수로 가장 적절한 것은(주식포트폴리오의 베타는 1.50이고 선물거래승수는 25만원으로 가정)?

① 50계약
② 100계약
③ 150계약
④ 200계약

60 헤지펀드 개별 전략의 주요 특징에 대한 설명이 적절하게 연결된 것은?

> 가. 개별주식의 방향성을 기대하며, 롱숏 비율을 조절하여 방향성 전략으로 활용
> 나. 금리, 경제정책, 인플레이션 등과 같은 요인을 고려하여 세계 경제 추세를 예측하고 포트폴리오를 구성하는 전략

	가	나
①	주식롱숏전략	글로벌매크로전략
②	주식롱숏전략	이벤트드리븐전략
③	차익거래전략	글로벌매크로전략
④	차익거래전략	이벤트드리븐전략

세금설계

61 납세의무의 소멸 원인으로 모두 묶인 것은?

> 가. 충당
> 나. 부과처분의 취소
> 다. 조세징수권의 소멸시효 완성

① 가, 나
② 가, 다
③ 나, 다
④ 가, 나, 다

62 불복절차에 대한 설명으로 가장 적절한 것은?

① 이의신청을 한 경우에는 국세청에 심사청구를 제기할 수 없다.
② 불복청구인은 이의신청절차를 거치지 않고서는 조세심판원의 심판청구를 제기할 수 없다.
③ 심사청구, 심판청구, 감사원 심사청구 세 가지 절차 중 하나를 선택하여 청구할 수 있으며, 중복하여 청구할 수는 없다.
④ 조세불복청구 절차의 결과 납세자의 신청이 받아들여지지 않으면 행정소송을 제기할 수 없다.

63 소득세 과세원칙과 과세방법에 대한 설명으로 적절하지 않은 것은?

① 소득세는 본인이 내야 할 세금을 납세의무자인 개인이 스스로 산정하여 납부하는 신고납세제도를 채택하고 있다.
② 현행 소득세법은 종합과세를 기본원칙으로 하고 있으나, 퇴직소득과 양도소득에 대해서는 다른 소득과 합산하지 않고 각각의 소득별로 분류하여 과세하고 있다.
③ 종합소득이 있는 자는 모두 보장성보험료, 의료비 및 교육비 등 특별세액공제를 적용받을 수 있다.
④ 연금계좌에서 연금수령 시 원천이 운용수익 및 세액공제받은 자기부담금이라면 연령에 따라 3~5%의 세율로 원천징수하되 사적연금 분리과세 한도인 1,500만원 이하이면 분리과세를 선택할 수 있다.

64 소득세 납세의무에 대한 설명으로 가장 적절한 것은?

① 거주자가 연도 중 사망하더라도 소득세의 과세기간은 1월 1일부터 12월 31일까지이다.
② 양도소득세의 납세지는 거주자의 주소지가 되며, 양도소득세는 주소지 관할 세무서에 신고해야 한다.
③ 종합소득 과세표준 확정신고는 다음 연도 6월 1일부터 6월 30일까지 납세지 관할 세무서장에게 하여야 한다.
④ 국외에서 받는 예금의 이자소득은 원칙적으로 무조건분리과세대상 금융소득이다.

65 종합소득금액의 구성에 대한 설명으로 가장 적절한 것은?

① 이자소득금액은 필요경비 공제로 인해 이자소득의 총수입금액과 동일하지 않다.
② 근로소득에 대해서는 세법상 인정되는 필요경비가 없기 때문에 총급여액과 근로소득금액은 항상 동일하다.
③ 강연료 등 기타소득금액은 기타소득 총수입금액에서 필요경비를 차감하여 계산한다.
④ 공동사업장에서 발생한 사업소득금액은 원칙적으로 사업소득금액 전부를 주된 공동사업자의 소득금액으로 보아 과세한다.

66 복식부기에 의해 기장하는 개인사업자의 사업소득금액 계산에 대한 설명으로 가장 적절한 것은?

① 부가가치세 매출세액은 총수입금액에 산입한다.
② 사업과 관련된 벌금은 필요경비에 산입한다.
③ 일정 금액 이내의 기업업무추진비는 필요경비에 산입한다.
④ 개인사업자 본인의 인건비는 필요경비에 산입한다.

67 아래 자료를 토대로 계산한 거주자 윤계상씨의 올해 사업소득금액으로 가장 적절한 것은?

- 올해 제조업 사업소득금액 : 3억원
- 올해 부동산임대업(상가임대)에서 발생한 결손금 : 5,000만원
- 작년도 부동산임대업(상가임대)에서 발생한 이월결손금 : 1억원
- ※ 윤계상씨는 모든 소득에 대해서 복식부기에 의해 기장을 했으며, 최대한 절세되는 소득세 신고를 하려고 한다.

① 1.5억원
② 2억원
③ 2.5억원
④ 3억원

68 거주자 고승완씨가 추계에 의해 간주임대료를 계산할 경우 20××년도 간주임대료로 가장 적절한 것은?

- 상가보증금 : 200,000천원
- 월 임대료 : 2,000천원
- 계약기간 : 20××년 1월 1일~12월 31일
- 기획재정부령으로 정하는 정기예금 이자율 : 3.5%

① 2,000천원
② 7,000천원
③ 24,000천원
④ 200,000천원

69 근로소득 중 비과세 소득에 해당하지 않는 것은?

① 종업원의 수학 중인 자녀가 사용자로부터 받는 학자금
② 일직료, 숙직료 또는 여비로서 실비변상정도의 금액
③ 식사 기타 음식물을 제공받지 않는 근로자가 받는 월 20만원 이하의 식사대
④ 근로자 또는 그 배우자의 출산 관련 급여로서 월 20만원 이내의 금액

70 다음 근로소득자인 A, B, C, D 중 20××년 귀속 종합소득세 계산 시 인적공제 중 배우자공제를 적용받을 수 없는 것은(단, 각 사례에서 배우자는 제시된 소득 외에 다른 소득은 없다고 가정함)?

① A의 배우자는 20××년 가을 중소기업에 취업하였으며, 20××년 귀속 총급여액은 400만원이다.
② B의 배우자는 상가를 보유하고 있는데, 공실 상태였던 상가가 하반기에 임대가 이루어져 20××년 귀속 상가 임대사업으로 인한 사업소득금액은 100만원이다.
③ C의 배우자는 번역을 통해 사업소득이 발생하며, 20××년 귀속 사업소득금액은 400만원이다.
④ D의 배우자는 최근 오픈한 분식점을 통해 사업소득이 발생하며, 20××년 귀속 사업소득금액은 100만원이다.

71 종합소득공제 중 인적공제에 대한 설명으로 가장 적절한 것은?

① 직계존속은 65세 이상이어야 기본공제대상자가 될 수 있다.
② 부양가족이 장애인에 해당하는 경우 연령요건을 적용하지 않으며 연간 소득금액 요건만 충족되면 기본공제대상자가 될 수 있다.
③ 기본공제에 해당하는 자 중 경로우대자가 있는 경우 인당 200만원의 추가공제를 적용받을 수 있다.
④ 해당 거주자가 부녀자공제와 한부모공제 모두에 해당하는 경우에는 부녀자공제만 적용한다.

72 박소진씨의 20××년도 소득 및 공제내역이 다음과 같을 경우 종합소득 산출세액으로 가장 적절한 것은?

[박소진씨의 20××년도 소득 및 공제내역]
- 사업소득금액 : 60,000천원
- 근로소득금액 : 25,000천원
- 토지A 양도소득금액 : 20,000천원
- 종합소득공제 : 10,000천원

[종합소득 기본세율]

과세표준	세율
1,400만원 초과 5,000만원 이하	84만원+1,400만원 초과액의 15%
5,000만원 초과 8,800만원 이하	624만원+5,000만원 초과액의 24%
8,800만원 초과 1억5천만원 이하	1,536만원+8,800만원 초과액의 35%

① 12,240천원
② 14,640천원
③ 17,810천원
④ 21,310천원

73 다음은 중소기업 직원으로 근무하는 황대헌씨의 20××년 귀속 근로소득에 대한 연말정산 결과 자료이다. 이에 대한 설명으로 가장 적절한 것은?

- 소득세 결정세액 : 40만원
- 기납부세액(회사가 근로자를 대신해서 매달 납부한 원천징수세액) : 66만원

① 26만원의 소득세를 자진납부세액으로 납부하여야 한다.
② 26만원의 소득세를 환급받을 수 있다.
③ 40만원의 소득세를 자진납부세액으로 납부하여야 한다.
④ 66만원의 소득세를 환급받을 수 있다.

74 부가가치세에 대한 설명으로 가장 적절한 것은?

① 일반과세자의 납부세액은 공급대가에 10%를 곱한 가액이다.
② 일반과세자의 과세기간은 매년 1월 1일부터 12월 31일까지이다.
③ 용역의 공급은 부가가치세법의 과세대상이 아니다.
④ 사업자는 각 과세기간에 대한 과세표준과 세액을 그 과세기간 종료 후 25일 이내에 신고납부하여야 한다.

75 소득세법에서 열거하고 있는 과세대상 배당소득에 해당하는 것은?

① 환매조건부 채권 또는 증권의 매매차익
② 직장공제회 초과반환금
③ 비영업대금의 이익
④ 국내에서 받는 일정 요건을 갖춘 집합투자기구로부터의 이익

76 금융소득종합과세에 대한 설명으로 가장 적절한 것은?

① 모든 금융소득은 종합과세 대상에 포함된다.
② 금융소득의 연간 합계액이 1천만원을 초과하는 경우에는 배당가산액(Gross-up)을 더하여 종합과세한다.
③ Gross-up을 하는 배당소득이 있는 경우에는 Gross-up을 하기 전의 배당소득에 의하여 종합과세기준금액을 판단한다.
④ 종합소득 산출세액은 종합과세방식으로 산출한 금액과 분리과세방식으로 산출한 금액 중에서 작은 금액으로 한다.

77 홍범도씨의 소득자료가 다음과 같은 때 배당가산액(Gross-up)으로 가장 적절한 것은?

> • 은행이자 10,000천원
> • 직장공제회 초과반환금 5,000천원
> • 외국법인 배당(국내에서 원천징수하지 않음) 3,000천원
> • 내국법인 배당 8,000천원

① 100천원
② 200천원
③ 300천원
④ 400천원

78 주식양도소득에 대한 설명으로 가장 적절한 것은?

① 소액주주의 장내 상장주식 양도차익에 대해서는 과세하지 않는다.
② 3년 이상 장기간 보유 시 장기보유특별공제가 적용된다.
③ 양도소득 기본공제는 부동산과 합산하여 연간 250만원을 공제한다.
④ 주식양도소득에 대한 예정신고는 양도일이 속하는 달의 말일부터 2개월 내에 하여야 한다.

79 증권거래세에 대한 설명으로 가장 적절한 것은?

① 양도인은 양도일이 속하는 달의 말일부터 1개월 이내에 증권거래세의 과세표준과 세액을 신고하고 증권거래세를 납부하여야 한다.
② 장외거래는 증권거래세 납세의무가 없다.
③ 주식 양도 시 양도차손이 발생한 경우에는 증권거래세가 부과되지 않는다.
④ 유가증권시장의 증권거래세율은 농어촌특별세와 합산하여 0.15%의 세율을 적용한다.

80 금융자산과 세금에 대한 설명으로 가장 적절한 것은?

① 집합투자기구로부터의 배당소득도 Gross-up 대상이다.
② 장내에서 거래되는 상장주식의 양도차익은 과세대상이다.
③ 채권의 이자와 할인액에 대해서는 이자소득세, 채권의 매매차익에 대해서는 과세하지 않는다.
④ 적격집합투자기구로부터의 이익 중 국내 증권시장 상장증권의 매매나 평가로 인하여 발생한 손익은 배당소득세를 과세한다.

81 취득세 과세대상이 되는 지방세법상 취득 유형으로 모두 묶인 것은?

> 가. 상속에 의해 건물을 무상승계취득한 경우
> 나. 건물의 증축으로 인해 부동산 가치가 상승한 경우
> 다. 토지의 지목을 사실상 변경함으로써 그 가액이 증가한 경우

① 나
② 가, 나
③ 가, 다
④ 가, 나, 다

82 김세진씨는 20××년 6월 30일 자신이 보유하던 주택을 이숙씨에게 양도하였으며, 이숙씨는 7월 1일 적법하게 이를 등기처리를 하였을 경우 20××년도 주택에 대한 재산세와 종합부동산세 납세의무자가 적절하게 연결된 것은?

	재산세	종합부동산세
①	김세진	김세진
②	김세진	이숙
③	이숙	김세진
④	이숙	이숙

83 부동산 보유 시 세금에 대한 설명으로 적절하지 않은 것은?

① 해당 재산에 대한 재산세는 관할 지방자치단체의 장이 세액을 산정하여 보통징수의 방법으로 연 1회 부과 · 징수한다.

② 세부담 상한으로 해당 재산에 대한 재산세 산출세액이 직전 연도의 해당 재산에 대한 재산세액 상당액의 150/100을 초과하는 경우에는 150/100에 해당하는 금액을 해당 연도에 징수할 세액으로 하지만, 주택의 경우에는 적용하지 아니한다.

③ 재산세 납세의무자의 신청에 의해 분할납부 및 물납이 가능하다.

④ 종합부동산세는 거주자인 경우 그 주소지를 납세지로 하고 주소지가 없는 경우에는 그 거소지를 납세지로 한다.

84 부동산 양도소득세에 대한 적절한 설명으로 모두 묶인 것은?

> 가. 이혼 위자료 지급에 갈음하여 일방이 소유하고 있던 부동산으로 대물변제를 한 경우에는 그 자산을 양도한 것으로 본다.
> 나. 지상권은 양도소득세 과세대상 자산이 아니다.
> 다. 장기보유특별공제는 토지 및 건물에 한하여 10년 이상 보유 시 적용된다.
> 라. 양도차익 계산 시 취득 당시의 실지거래가액을 확인할 수 있는 경우 기타필요경비는 실비공제 방식을 적용하여 자본적지출액 및 양도비의 합계액으로 한다.

① 가, 라
② 나, 다
③ 가, 나, 다
④ 가, 다, 라

85 상가(등기자산)를 다음과 같이 양도할 때 양도차익으로 적절한 것은?

구분	실지거래가액	기준시가
양도 시	20억원	12억원
취득 시	12억원	8억원

※ 기타 필요경비 실비발생액 : 2억원

① 4억원
② 6억원
③ 8억원
④ 12억원

86 1세대 1주택 비과세에 대한 설명으로 가장 적절한 것은?

① 10년 이상 보유해야 한다.

② 부부는 별도로 각각의 주택 수를 계산한다.

③ 양도소득세가 비과세되는 주택은 주택에 부수되는 토지로서 도시지역 내의 경우에는 건물이 정착된 면적의 5배(수도권의 주거지역, 상업지역, 공업지역은 3배), 도시지역 밖의 경우에는 10배를 넘지 않는 토지를 포함한다.

④ 비과세 요건을 구비한 모든 1세대 1주택은 실지거래가액과 관계없이 비과세에 해당한다.

87 퇴직소득 및 연금소득 관련 세금에 대한 적절한 설명으로 모두 묶인 것은?

> 가. 동일한 퇴직금이라면 근속연수가 다르더라도 세부담이 동일하다.
> 나. 근로자가 출자관계에 있는 법인으로 전출하면서 퇴직금을 지급받고 이후 그 전입된 회사에서 퇴직하는 경우에는 퇴직소득세액을 정산할 수 있다.
> 다. 국민연금법에 따라 받는 각종 연금은 연금소득으로 과세되지 않는다.
> 라. 공적연금소득만 있는 자로서 원천징수의무자인 공적연금관리공단에서 법에 따라 연말정산하고, 다른 종합소득이 없는 경우에는 과세표준 확정신고를 하지 않아도 된다.

① 가, 나
② 가, 다
③ 나, 라
④ 다, 라

88 다음 거주자의 소득이 아래와 같을 때 연금계좌세액공제 공제율이 적절하게 연결된 것은?

- 사업소득금액 1.5억원인 A
- 근로소득만 있는 경우로 총급여액 5,500만원인 B

	A	B
①	12%	12%
②	12%	15%
③	15%	12%
④	15%	15%

89 연금계좌 과세체계에 대한 설명으로 가장 적절한 것은?

① 연금계좌에서 수령하는 연금수령 금액은 금액에 상관없이 항상 소득세가 분리과세로 종결되기 때문에 종합과세에 대한 부담이 없다.

② 요양, 사망, 해외이주 등 부득이한 사유로 인출 시에는 부득이한 사유가 발생한 날로부터 6개월 이내에 신청하여야 연금형태로 수령하는 것으로 보아 연금소득세로 저율분리과세 시켜주고 무조건 분리과세한다.

③ IRP에서 정기예금 1년 만기 상품과 혼합형 펀드를 선택하여 운용할 경우 예금이나 펀드에서 발생하는 이자, 배당, 주식매매차익 등에 대해서는 비과세된다.

④ 연금계좌에서 인출할 때 소득세법에서는 운용수익 및 소득·세액공제받은 자기부담금 → 이연퇴직소득 → 과세제외금액의 순서대로 인출하였다고 본다.

90 연금계좌 가입자의 사망 시 연금계좌 승계에 대한 설명으로 가장 적절한 것은?

① 연금계좌 가입자의 사망 시 배우자의 안정적 노후소득 보장을 위해 연금계좌를 배우자가 승계할 수 있다.

② 배우자가 연금계좌를 승계하는 경우에는 연금계좌 가입자가 사망한 날에 상속인이 연금계좌에 가입한 것으로 본다.

③ 연금계좌를 승계하려는 상속인은 피상속인이 사망한 날이 속하는 달의 말일부터 3개월 이내에 연금계좌취급자에게 승계신청을 하여야 한다.

④ 승계신청을 받은 연금계좌취급자는 사망일부터 승계신청일까지 인출된 금액에 대하여 이를 상속인이 인출한 소득으로 보아 세액을 정산하여야 한다.

MEMO

※ 답안은 컴퓨터용 사인펜을 사용하여 표시하고, 예비답안 표시는 빨간색 사인펜만 사용 가능합니다.

AFPK® 자격시험 OMR 답안지(MODULE 1)

수험번호(7자리)   교시   주민앞번호(6자리)

① ②

감독관 확인란

수험생 유의사항

• 반드시 컴퓨터용 사인펜을 사용하여 마킹합니다.
• 예비마킹 시 빨간색 사인펜을 사용합니다.
• 보기

바른 예   틀린 예
●   ⊙ ◑ ☑

※ 답안은 컴퓨터용 사인펜을 사용하여 표시하고, 예비답안 표시는 빨간색 사인펜만 사용 가능합니다.

AFPK® 자격시험 OMR 답안지(MODULE 2)

수험번호(7자리)   교시   주민앞번호(6자리)

① ②

감독관 확인란

수험생 유의사항

• 반드시 컴퓨터용 사인펜을 사용하여 마킹합니다.
• 예비마킹 시 빨간색 사인펜을 사용합니다.
• 보기

바른 예   틀린 예
●   ⊙ ◑ ☑

AFPK®

정답 및 해설

1회 AFPK® MODULE 1 정답 및 해설

01	02	03	04	05	06	07	08	09	10
④	③	③	①	①	④	①	②	③	②
11	12	13	14	15	16	17	18	19	20
②	④	③	③	③	②	③	①	④	②
21	22	23	24	25	26	27	28	29	30
④	③	③	③	②	②	④	④	④	④
31	32	33	34	35	36	37	38	39	40
②	①	④	③	②	②	④	④	①	②
41	42	43	44	45	46	47	48	49	50
④	①	②	④	②	①	④	④	④	③
51	52	53	54	55	56	57	58	59	60
④	①	①	①	②	②	④	①	③	③
61	62	63	64	65	66	67	68	69	70
①	①	④	③	②	②	①	②	③	①
71	72	73	74	75	76	77	78	79	80
③	①	④	③	②	④	①	④	①	①
81	82	83	84	85	86	87	88	89	90
④	①	④	③	④	④	③	④	④	④
91	92	93	94	95	96	97	98	99	100
②	①	②	④	③	①	②	②	③	②

재무설계 개론

01 ④

① 재테크에 대한 설명이다. 재무설계는 재무목표를 정하고 이를 위해 필요한 자금을 만들기 위한 플랜과 꾸준한 실천에 중점을 둔다. 재무설계의 궁극적 목표는 개인 및 가계의 재무목표를 달성하고 이를 통해 금융복지를 달성함으로써 행복한 삶을 영위하기 위한 것이다.

② 당면한 재무이슈뿐만 아니라 미래 발생 가능한 재무이슈를 사전에 파악하고 이를 효과적으로 관리할 수 있다. 재무설계는 사후 대책 마련보다 사전 예방적 기능이 강하다. 재무적으로 인생 전체를 조망해보고 발생 가능한 재무이슈와 변동요인 등을 예측하여 관리하면 심리적·재무적 안정에 도움이 된다.

③ 흔히 재무설계는 소득이나 자산이 많은 사람들에게 필요하다고 생각할 수 있지만 자산이나 소득이 적은 경우, 즉 한정된 자원의 효율적 활용을 적극 모색해야 하므로 전문가를 통한 재무설계가 더욱 필요하다.

02 ③

다. 1단계 : 월수입 확인
가. 2단계 : 지출비용 추정
나. 3단계 : 수입과 지출비용을 비교·검토하여 조정
라. 4단계 : 저축 여력의 장단기 배분

03 ③

자산의 종류	기록방법(자산가치평가)
• 현금 • 보통예금 • 단기금융상품(CMA, MMF, MMDA 등) • 90일 미만의 양도성 예금증서(CD) 등	• 원금 또는 작성일 해지 가정 시 환급금(원금이 크고 경과일이 길 경우)
• 주식	• 상장주식 : 작성일의 종가 • 비상장주식 : 거래가 또는 공정가치평가금액으로 평가한 금액
• 토지	• 실거래가, 감정평가액, 개별공시지가 등

• 금융자산 : 보통예금 20,000 + CMA 11,000 + 상장주식 10,000 = 41,000천원
• 부동산자산 : 토지 100,000천원
• 총자산 : 금융자산 41,000 + 부동산자산 100,000 + 사용자산 600,000 = 741,000천원

04 ①

① 재무상태표를 통해 재무설계사는 고객의 재무적 태도, 습관 및 위험수용성향 등을 파악할 수 있을 뿐만 아니라 특정 재무거래가 재무상태에 미치는 영향을 파악할 수 있다.

05 ①

• 비상예비자금지표 $= \dfrac{\text{현금성자산}}{\text{월 총지출}}$

• 부채 적정성 평가지표

평가지표		재무비율	가이드라인
현금흐름	소비성부채비율	$\dfrac{\text{소비성부채상환액}}{\text{월 순수입}}$	20% 이내
	주거관련부채비율	$\dfrac{\text{주거관련부채상환액}}{\text{월 총수입}}$	28% 이내
	총부채상환비율	$\dfrac{\text{총부채상환액}}{\text{월 총수입}}$	36% 이내
재무상태	주거관련부채부담률	$\dfrac{\text{주거관련부채}}{\text{총자산}}$	30% 이내
	총부채부담률	$\dfrac{\text{총부채}}{\text{총자산}}$	40% 이내

06 ④

④ 현재가치는 미래가치를 기간에 따른 할인율로 할인하여 구하며, 미래가치는 현재가치에 이자율을 곱하여 구할 수 있다.

07 ①

라. 2단계 고객 관련 정보의 수집 단계에서 수행해야 할 핵심 업무에 해당한다.

08 ②

업무수행범위를 합의한 업무수행 계약서에는 다음과 같은 사항을 포함한다.

• 재무설계사와 고객의 역할과 책임 • 포함되는 서비스와 포함되지 않는 서비스의 구분   • 재무설계 업무의 보수에 관한 사항 • 고객 정보의 비밀유지에 대한 확약   • 계약당사자와 계약기간 • 고객 불만 해결에 대한 사항   • 발생 가능한 이해상충 상황 • 계약 해지 및 종료에 대한 사항

09 ③

③ 재무설계사가 지시하기는 하지만 고객이 수행할 필요를 느낄 수 있을지 없을지 모를 많은 책임들이 있기 때문에 '고객의 관점에서 실행안을 보는 것'이 중요하다.

10 ②

• 소비자신용은 크게 금융회사에서 소비자가 물품이나 서비스 구입에 필요한 자금을 제공하는 '소비자금융'과 판매업자가 물품 등을 소비자에게 제공하고 그 대금을 나중에 받는 '신용판매'로 나눈다. 주택의 건축이나 구입, 임대 등과 관련된 자금을 금융회사에서 제공하는 주택금융은 그 특성상 대부분 소비자금융의 범주에 속한다.
• 소비자금융은 (소비자)대출이라고도 하는데, 다양한 금융회사를 통해 담보부대출이나 신용대출의 형태로 제공되고 있다.
• 신용판매는 일종의 외상구매방식으로 판매회사가 직접 소비자에게 일시불 또는 할부방식을 제공하거나 소비자가 판매회사에 현금을 지불하지 않고 신용카드사, 할부금융회사, 캐피탈회사 등을 활용하여 일시불 또는 할부방식으로 물품이나 서비스를 구입하는 것을 말한다.

11 ②

신용정보란 금융거래 등 상거래에서 거래 상대방의 신용을 판단할 때 필요한 정보를 말하는데, 식별정보(성명, 주민등록번호 등), 신용거래정보(신용카드 발급, 대출정보 등), 신용도 판단정보(연체정보 등), 신용거래능력 판단정보(재산, 소득 등), 공공정보(세금체납 등) 등 5가지로 구성된다.

12 ④

④ 부채원리금상환비율(DSR)이란 차주의 연간 소득 대비 연간 금융부채 원리금 상환 비율로 차주의 소득수준에 비해 총 금융부채 상환부담을 판단하는 지표이다. DSR은 주택담보대출 원리금 상환액은 물론 신용대출, 마이너스통장대출, 학자금대출, 자동차할부금융, 비주택담보대출 등 모든 대출의 원금과 이자 상환액을 포함해 총체적인 상환능력을 평가하는 것이다.

$$DSR = \frac{금융회사\ 대출의\ 연간\ 원리금\ 상환액}{연간소득} \times 100$$

13 ③

⟨우리나라 채무조정제도 비교⟩

구분	사적제도			공적제도	
	연체 전 채무조정 (신속채무조정)	이자율 채무조정 (프리워크아웃)	채무조정 (개인워크아웃)	개인회생	개인파산
운영주체	신용회복위원회			법원	
연체기간	0~30일(정상변제자 포함)	31~89일	90일 이상	연체 무관	
대상채무	신용회복지원협약 가입 채권금융회사(대부업체 포함) ※ 세금, 건보료, 개인채무 등 비금융채무 조정 불가			제한 없음(세금, 건보료, 개인채무 등 포함)	제한 없음(세금, 건보료 면책 불가)
채무범위	총 채무액 15억원 (무담보 5억원, 담보 10억원)			총 채무액 25억원 (무담보 10억원, 담보 15억원)	제한 없음

구분	사적제도			공적제도	
	연체 전 채무조정 (신속채무조정)	이자율 채무조정 (프리워크아웃)	채무조정 (개인워크아웃)	개인회생	개인파산
변제기간	최장 10년	최장 10년(담보35년) 주택담보(일반) 최장 20년 주택담보(특례) 최장 35년	최장 8년(10년)	3년 (최장 5년)	–
지원내용	연체이자 감면, 약정이자율 인하 (최고 연 15%, 단, 신용카드 연 10%)	연체이자 감면, 약정이자율 30~70% 인하 (최고 연 8% 제한)	이자 전액 감면, 원금 0~70% 감면 (사회취약계층 최대 90% 감면)	변제기간 동안 상환 후 잔여채무 면책	청산 후 잔여채무 감면
담보대출	조정 불가	제외(요건 충족 시 지원)		제외(별제권)	
보증인 채권추심	불가			가능	
법적 효력	당사자 간 합의효력			판결효력	
연체정보 등록/삭제 시점	미등록		채무조정합의서 체결 시 등록, 성실상환 2년 경과 시 삭제	변제계획 인가 시 등록, 변제기간 종료 시 삭제	면책 결정 시 등록, 5년 경과 시 삭제

14 ③

Yes, No를 요구하는 폐쇄형 대화방식이 아니라 고객의 생각이나 의견을 묻는 개방형 대화방식으로 대화를 이끌어 나간다. 고객의 가치관, 돈에 대한 태도 등 비재무적(정성적) 정보는 개방형 대화를 통해서만 얻을 수 있는 정보이다.

15 ③

① 설명의무 – 금소법상 설명서 제공은 계약이 체결되기 전 금융상품을 권유하는 단계에서 준수해야 할 사항으로, 해당 금융상품에 대한 계약이 실제로 체결되었는지 여부와는 직접적인 관련성이 없다.

② 적합성원칙 – 금융상품직접판매업자, 금융상품판매대리·중개업자 및 금융상품자문업자(금융상품판매업자등)는 일반금융소비자의 재산상황, 금융상품 처분·취득 경험 등에 대한 정보를 고려하여 그 일반금융소비자에게 적합하지 아니하다고 인정되는 금융상품의 계약체결을 권유해서는 아니 된다.

④ 불공정영업행위 금지 – 대출성 상품에 관한 계약체결과 관련하여 금융소비자의 의사에 반하여 다른 금융상품의 계약체결을 강요하는 행위(일명 '꺾기'), 대출성 상품에 대한 부당한 담보 및 보증을 요구하거나 업무와 관련하여 편익 요구 및 제공받는 행위, 대출성 상품 취급 시 자기 또는 제3자의 이익을 위하여 금융소비자에게 특정 대출상환방식을 강요하는 행위 등 금융상품판매업자등이 우월적 지위를 이용하여 금융소비자의 권익을 침해하는 행위는 불공정영업행위에 해당하여 금지된다.

16 ②

가. 충실의무 : 전문직업인이 고객을 위하여 서비스를 제공한다는 것은 선량한 관리자로서의 주의의무와 함께 고객이 합법적으로 최대의 이익을 도모할 수 있도록 전문가로서 최선을 다하여 충성하여야 한다는 것을 의미하므로 재무설계사는 언제나 자신의 이익보다는 고객의 합법적 이익을 최우선순위에 두어야 한다. 따라서 고객에게 투자설계에 따른 투자방안을 제안하는 경우 및 위험관리를 위한 보험설계에 따른 보험가입을 제안하는 경우에는 재무설계사 자신에 대한 수입보다도 고객에 대한 서비스를 우선하여야 하며, 자산운용을 위한 투자방안 제시와 관련하여 자신과 고객 간에 이해상충의 가능성이 있는 사항은 모두 고객에게 사전에 통보하여야 한다는 것이다.

나. 자문의무 : 재무설계사는 본인의 능력의 한계를 알고 있어야 한다. 재무설계사가 업무수행 중 어떤 사항이 자신의 개인적 능력의 한계를 넘는 사항이라는 생각이 들 때에는 해당 분야의 전문가로부터 자문을 받도록 하여야 한다. 종합적인 재무설계업무는 보험, 연금설계, 법률 및 세무회계 등 많은 분야를 포함하기 때문에 아무리 유능하다고 하더라도 어느 한 사람이 이 모든 분야의 전문가가 될 수는 없기 때문이다. 재무설계사의 자문의무는 고객이 비전문 분야에 대한 서비스를 요청하는 경우에 원만한 업무수행을 위하여서도 반드시 필요한 사항이며, 이와 같은 상황에 대비하여 분야별로 다른 전문가 그룹과 네트워크를 구성하고 상호간에 긴밀한 협조관계를 유지하는 것도 재무설계사에게 필요한 방안이 될 수 있다.

17 ③

A. 성실성의 원칙
B. 객관성의 원칙
C. 공정성의 원칙
D. 능력개발의 원칙

18 ①

자격인증자는 고객의 정보에 대하여 비밀을 유지하여야 한다. 다만 다음의 경우는 예외로 한다.

- 법적 요건 또는 관련 규제당국의 요구가 있는 경우
- 자격인증자가 소속된 회사에 대한 의무의 이행에 필요한 경우
- 자격인증자 자신에 대한 소송에 대응하기 위한 경우
- 민사소송과 관련한 경우
- 고객을 위한 서비스업무수행에 필요한 경우

19 ④

가. 자격인증자는 자신의 의견이 증명된 사실인 것처럼 제시하여서는 안 된다.

20 ②

〈AFPK 자격상표〉

(1) 항상 대문자로 사용하여야 한다.
(2) 글자 사이에 생략점을 표시하여서는 아니 된다.
(3) 항상 '®' 심볼을 위첨자로 사용하여야 한다.
(4) 항상 적절한 명사를 수식하는 형용사형으로 사용하여야 하며, 명사형으로 사용하여서는 아니 된다. 다만 AFPK 자격상표를 자격인증자의 이름 바로 다음에 표시하는 경우에는 독자적으로 사용할 수 있다(독자적 사용사례 : 홍길동, AFPK®).

〈인터넷에서의 AFPK® 자격표장의 사용기준〉

(1) 자격상표를 도메인 이름의 일부로 사용하여서는 아니 된다.
(2) 자격상표를 이메일 주소의 일부로 사용하여서는 아니 된다.
(3) 인터넷의 개별 웹사이트에 자격표장을 사용하는 경우에는 쉽게 판별할 수 있는 위치에 태그라인을 표시하는 것을 원칙으로 한다.

은퇴설계

21 ④

④ 두 번째 단계인 회상기는 일반적으로 70대 초반부터 후반까지로 보지만 완전은퇴 시기가 늦어지고 평균수명이 연장되면서 그 기간이 더 길어질 수도 있다. 이 시기는 은퇴 이후 자신의 인생을 돌아보면서 가족이나 친구 등 사회적 관계에 대해 다시 생각하게 되며, 건강상태는 아직까지 양호하지만 활동기처럼 활발하게 활동하기에는 어려움이 있어 사회활동이 줄어들고 정적인 여가활동이나 봉사활동에 관심을 가지는 시기이다.

22 ③

③ 노령화지수 : 유소년 인구 1백명당 고령인구

23 ③

A. 개인연금에 대한 설명이다.
B. 국민연금에 대한 설명이다.
C. 퇴직연금에 대한 설명이다.

24 ③

가. 소득대체율에 대한 설명이다. 목표소득대체율은 소득대체율에 개인의 선호와 욕구를 최대한 반영한 것으로 은퇴 전 소비패턴으로부터 예측된 은퇴 후 소비수준을 은퇴 전 소비수준으로 나누어 산출한다.
라. 은퇴설계에서 은퇴기간은 기대여명 이외에 한 해 동안 사망한 사람들을 나이별로 나열할 경우 가장 많은 사람이 사망하는 나이를 의미하는 최빈 사망연령 등을 적용하는 사례들도 있다.

25 ②

A. 은퇴소득원 점검
B. 비상예비자금 점검
C. 저축여력 점검
D. 소득대비 지출 점검

26 ②

주택연금은 근저당 설정일 기준 주택소유자 또는 그 배우자 중 1명이 55세 이상이고, 부부기준 공시가격 등이 12억원 이하의 주택을 보유한 경우 이용할 수 있다. 다주택자라도 합산 공시가격 등이 12억원 이하이면 가입이 가능하고, 12억원 초과 2주택자는 3년 이내 1주택을 처분하는 조건으로 가입이 가능하다. 다만, 주택연금 가입대상 주택은 가입자 또는 배우자가 실제로 거주지로 이용하고 있어야 하며, 의사능력 및 행위능력이 있어야 가입이 가능하다. 만약 치매 등의 사유로 의사능력 또는 행위능력이 없거나 부족한 경우는 성년후견제도를 활용하여 가입이 가능하다.

27 ④

다. 5단계 : 연간 은퇴저축액 계산에 대한 설명이다.

28 ④

④ 소득세율은 다양한 사회적, 경제적, 정치적 요인 등 복잡한 환경적 변화에 따라 정책적으로 결정되는 것이므로 이를 추정하거나 예측하기는 어렵다. 따라서 은퇴설계 시 소득세율은 설계 당시의 세율을 적용한다. 은퇴자산 축적기간 또는 은퇴소득 인출기간 동안 소득세율이 개정되어 예측한 현금흐름에 크게 영향을 미치게 되는 경우 기존의 은퇴설계안을 수정해 나간다.

29 ④

가. 은퇴기간 : C, D
나. 은퇴시기 : A, B

30 ④

1단계 : 퇴직 시 IRP로 이전되는 (세전)퇴직급여액을 산정한다.
2단계 : IRP로 이전된 퇴직급여를 은퇴시점까지 IRP의 운용수익률을 적용하여 미래가치를 계산한다.
3단계 : 은퇴시점에서 평가된 IRP의 적립금을 기초로 은퇴기간 중 연간 지급되는 (세전)연금액을 계산한다.
4단계 : IRP에서 매년 인출되는 연금에 대한 소득세를 산출하고 세후연금액을 계산한다.
5단계 : IRP에서 은퇴기간 중 매년 수령하는 세후연금액을 은퇴시점에서 일시금으로 할인한다.

31 ②

나. 전술적 자산배분은 경제상황 변화 및 시장상황을 예측하여 투자위험을 관리하거나 최적의 수익률을 얻을 수 있도록 자산군별 투자비중을 조정해 나가는 전략이다.

다. 20~30대의 연령대에 대한 설명이다. 은퇴까지의 기간이 많이 남아 있지 않은 50대의 은퇴저축은 보수적이고 안정성을 요구하는 경향이 많다. 현재까지 축적된 은퇴자산에 대한 손실 없이 은퇴까지 안정적으로 운용될 수 있어야 한다. 이 연령대는 주식형자산의 투자비중을 축소하고 채권형자산과 원금보장형 금융상품의 투자비중을 늘리는 자산배분이 필요하다.

32 ①

② 공적연금은 사회보험방식의 국민연금과 직역연금(공무원연금, 군인연금, 사립학교교직원연금, 별정우체국직원연금)이 있으며, 공공부조방식의 기초연금제도가 있다.

③ 직역연금은 가입기간이 상호 연계되어 있지만 국민연금과는 연계되어 있지 않다가 2009년 '국민연금과 직역연금의 연계에 관한 법률'이 제정·시행되면서 각각의 연금제도의 가입기간을 연계하여 일정 기간 이상 충족하는 경우 각각의 제도에서 연금을 수령할 수 있도록 하였다.

④ 2008년 1월 공공부조방식으로 운영되는 기초노령연금제도가 도입되었으며, 이후 2014년 7월 기초연금제도로 개정되어 운영되고 있다.

33 ④

① 가입기간이 10년 이상이고 수급개시연령이 된 때부터 기본연금액과 부양가족연금액을 합산하여 평생 동안 지급받을 수 있는 연금이다.

② 수급개시연령에 도달하여 노령연금을 받고 있는 사람이 일정 수준을 초과하는 소득이 있는 업무에 종사하는 경우 수급개시연령부터 5년 동안은 소득 수준에 따라 감액(노령연금액의 1/2 한도)된 금액으로 지급되며, 이때 부양가족연금액은 지급되지 않는다. 5년 이후에는 소득액에 상관없이 전액 지급된다.

③ 노령연금 수급권자로서 연금지급의 연기를 희망하는 경우 노령연금 수급개시 연령부터 5년의 기간 이내에 그 연금의 전부 또는 일부의 지급을 연기할 수 있다.

34 ③

① 직역연금의 퇴직일시금 수급권을 취득한 경우 일시금을 수령하지 않았다면 퇴직일로부터 5년 이내에 연계신청이 가능하고, 퇴직일시금을 수령하였다면 그 일시금의 전부 또는 일부를 지급받은 연금기관에 반납하고 연계신청을 하여야 한다.

② 퇴직(퇴역)연금, 퇴직(퇴역)연금일시금, 퇴직(퇴역)연금공제일시금 수령자는 연계신청 대상이 아니다. 다만, 퇴직(퇴역)연금 수급권을 취득하였더라도 연금 수급 전이면 연계신청이 가능하다.

④ 연계기간이 10년 이상인 자 중 국민연금 또는 직역연금의 가입(재직)기간이 1년 미만인 경우에는 연금이 아닌 일시금으로 지급한다.

35 ②

① 퇴직연금에 대한 설명이다.

③ 퇴직일시금에 대한 설명이다.

④ 퇴직수당에 대한 설명이다.

36 ②

① 퇴직급여의 청구권 소멸시효는 5년이다.

③ 퇴직연금, 조기퇴직연금 또는 장해연금액의 60%를 유족연금액으로 지급하는데, 부부가 둘 다 직역연금의 퇴직연금 수급자인 경우는 유족연금액의 1/2을 감액하여 지급한다.

④ 유족급여를 받을 수 있는 유족의 범위와 요건은 아래와 같다.

배우자	재직 당시 혼인관계(사실상 혼인관계 포함)에 있던 자
자녀	19세 미만 또는 19세 이상으로 장애등급 제1~제7급인 자
손자녀	부(손자녀의 부)가 없거나 또는 그의 부가 장애등급 제1~제7급인 손자녀로서 19세 미만인 자 또는 19세 이상으로 장애등급 제1~제7급인 자
(조)부모	퇴직일 이후에 입양된 경우의 (조)부모는 제외

37 ④

④ 사학연금제도의 비용 부담 방식은 매월 기준소득월액에 보험료율(18%)을 곱한 금액을 가입자 50%, 학교법인 및 국가가 50%씩 공동으로 부담하고 있다.

38 ④

A. 개인형 퇴직연금
B. 확정기여형 퇴직연금
C. 중소기업퇴직연금기금
D. 확정급여형 퇴직연금

39 ①

① 무주택자인 가입자가 본인의 명의로 주택을 구입하는 경우

40 ②

② DB형 퇴직연금을 가입한 근로자는 사용자부담금에 추가하여 기여할 수 없다.

41 ④

IRP를 설정할 수 있는 사람은 다음과 같다.

① 퇴직급여를 지급받은 사람
② 퇴직금제도에서 퇴직일시금을 지급받은 사람
③ 근로소득이 있는 사람
④ 공무원연금 등 직역연금 가입자
⑤ 자영업자 등 안정적인 노후소득 확보가 필요한 사람
⑥ 10인 미만 고용 사업장의 근로자

42 ①

① 상시근로자 30인 이하 사업장 사용자는 중소기업퇴직연금기금 근로자대표의 동의를 얻어 근로복지공단과 계약을 체결하는 방식으로 중소기업퇴직연금기금을 설정한다. 중소기업퇴직연금기금을 반드시 도입해야 하는 것은 아니며 확정기여형, 확정급여형, 중소기업퇴직연금 중에서 선택하여 퇴직급여제도를 설정하면 된다.

43 ②

A. 연금저축보험에 대한 설명이다.
B. 연금저축신탁에 대한 설명이다.
C. 연금저축펀드에 대한 설명이다.

44 ④

〈연금저축 납입단계 세액공제〉

소득기준	세액공제 적용 납입액 한도	세액공제율(지방소득세 별도)
종합소득금액 4,500만원 이하 (근로소득만 있는 경우 총급여액 5,500만원 이하)	연간 600만원	15%
종합소득금액 4,500만원 초과 (근로소득만 있는 경우 총급여액 5,500만원 초과)		12%

45 ②

〈연금저축 중도해지 시 세금〉

인출사유	과세 세목	적용세율
중도해지(소득세법상 연금외수령)	기타소득세	15%
소득세법에 정한 부득이한 사유(소득세법상 연금수령)	연금소득세	연령에 따라 3~5%

〈연금수령 시 세금〉

연금수령 연령	확정연금형		종신연금형	
	한도 내 금액(연금소득세)	한도초과금액(기타소득세)	한도 내 금액(연금소득세)	한도초과금액(기타소득세)
55~69세	5%	15%	4%	15%
70~79세	4%			
80세 이상	3%		3%	

46 ①

① 연금계좌 가입자가 사망한 경우 배우자에 한해서 연금계좌를 승계할 수 있어 유족배우자의 생활보장을 위한 연금으로 활용될 수 있다.

47 ④

④ 소득세법상 장기저축성보험에 해당하며, 소득세법상 장기저축성보험 과세제외 요건을 충족한 경우 인출 시 과세를 하지 않는다. 연금보험은 보험료 납입액에 소득공제나 세액공제 등 세제혜택은 없지만 소득세법상 요건을 충족하면 보험차익에 대해 이자소득세를 과세하지 않는다. 은퇴 기간 중 연금을 수령하다가 불가피하게 해지를 하는 경우 해약환급금액에 대해 과세하지 않는다.

48 ④

④ 추가납입보험료는 기본보험료에서 공제하는 사업비보다 낮은 수준의 사업비를 공제한다. 매월 납부할 금액의 50%를 기본보험료로 납부하고 나머지는 추가보험료로 납부하는 방법을 활용하면 변액연금의 적립금 운용수익률을 높일 수 있다.

49 ④

〈변액연금 적립금 운용옵션〉

구분	옵션 내용
자동자산배분	가입자가 가입 시 정한 펀드별 투자비중에 따라 특별계정에 납입되는 보험료를 자동배분하여 적립금을 운용
펀드자동재배분	투자성과에 따라 변동된 적립금을 일정 기간 단위별로 가입자가 정한 특별계정별 비율로 재조정하여 적립금을 운용

50 ③

③ 일반적으로 가계가 보유한 자산은 금융자산과 실물자산으로 구분할 수 있는데, 은퇴 후 축적된 자산을 어디에 활용할 것인지에 따라 연금자산(공적연금, 퇴직연금, 개인연금, 주택연금, 농지연금 등), 비연금 금융자산(예적금, 펀드, 기타 금융자산), 거주주택 실물자산(주택연금 연계 실물자산 제외), 거주주택 이외의 실물자산(농지연금 연계 실물자산 제외)으로 재구분할 수 있다.

부동산설계

51 ④

〈한국표준산업분류상 부동산업 분류〉

소분류	세분류	세세분류
부동산임대 및 공급업	부동산 임대업	주거용 건물 임대업
		비주거용 건물 임대업
		기타 부동산 임대업
	부동산 개발 및 공급업	주거용 건물 개발 및 공급업
		비주거용 건물 개발 및 공급업
		기타 부동산 개발 및 공급업
부동산관련 서비스업	부동산 관리업	주거용 부동산 관리업
		비주거용 부동산 관리업
	부동산 중개, 자문 및 감정평가업	부동산 중개 및 대리업
		부동산투자 자문업
		부동산 감정평가업
		부동산 분양대행업

52 ①

A. 물리적 측면의 개념
B. 경제적 측면의 개념
C. 법률적 측면의 개념

53 ①

국토계획법 제6조에 따르면 국토는 토지의 이용실태 및 특성, 장래의 토지 이용 방향, 지역간 균형발전 등을 고려하여 도시지역, 관리지역, 농림지역, 자연환경보전지역으로 구분하고 있다. 이중 도시지역은 주거지역, 상업지역, 공업지역, 녹지지역으로 구분되며, 관리지역은 보전관리지역, 생산관리지역, 계획관리지역으로 구분된다.

54 ①

부동산 수요가 증가하는 주요 요인으로는 인구 및 가구 수의 증가, 소득수준 증가(정상재의 경우) 및 금리의 인하, 대체재의 가격 상승 및 수익률 악화, 부동산 조세의 세율 완화, 공·사법상 규제 완화, 특정 지역 및 부동산 유형에 대한 선호도 증가 등을 들 수 있다.

55 ②

나. 부동산 수요가 증가하는 주요 요인으로는 인구 및 가구 수의 증가, 소득수준 증가(정상재의 경우) 및 금리의 인하, 대체재의 가격 상승 및 수익률 악화, 부동산 조세의 세율 완화, 공·사법상 규제 완화, 특정 지역 및 부동산 유형에 대한 선호도 증가 등을 들 수 있다.
다. 단기적으로 부동산의 물리적인 공급 측면에서 보면, 토지의 비생산성(부증성)이라는 자연적 특성으로 인해 가격이 아무리 상승해도 물리적인 양은 변함이 없으므로 공급곡선이 수직으로 비탄력적인 성격을 띠게 된다.

56 ②

① 소득수준 변동은 수요에 영향을 미치는 주요 요인이다.
③ 건축 자재비 등 생산요소의 가격은 공급에 영향을 미치는 주요 요인이다.
④ 수요곡선이 일정한 가운데 공급이 증가하면 공급곡선이 오른쪽으로 이동하게 되며 균형가격은 하락하고 균형거래량은 증가한다.

57 ④

④ 정부의 규제가 없으면 초과수요로 인해서 임대료는 다시 상승하지만, 정부의 규제로 임대료 인상이 불가능해지면 초과수요상태가 지속되어 더 높은 가격을 지불할 능력이 있는 임차인들로 인해 암시장이 형성되는 등 부작용이 발생하게 된다. 또한 주택소유자는 추가적인 비용을 들여 주택을 수선하여도 임대료를 높일 수 없으므로 장기적으로 임대주택의 질이 하락하게 되고 이미 특정 지역의 임대주택에 거주하고 있는 임차인은 다른 곳에서 임대주택을 구하기가 어려우므로 이동에 제약을 받게 된다. 기존 임차인들의 이동이 저하되면 새로운 임차인들은 임대주택을 더욱 구하기 어려워지는 악순환이 발생하게 된다.

58 ①

① 주택 보유세가 강화되면 주택가격은 하락하고 임대료가 상승하게 된다.

59 ③

가. 경기후퇴기에 대한 설명이다.
나. 불황기에 대한 설명이다.

60 ③

〈공동소유의 유형〉

구분	공유	합유	총유
의의	하나의 소유권이 수인에게 양적으로 분할	수인이 조합체로서 물건 소유	법인이 아닌 사단의 사원들의 집합체로서 소유
성격	개인주의적 성격이 강한 공동소유	공유·총유의 중간적 형태의 공동소유	단체주의적 성격이 강한 공동소유
지분	공유지분	합유지분	없음
지분의 처분	자유	전원의 동의	지분이 없음
목적물의 변경·처분	전원의 동의	전원의 동의	사원총회의 결의
목적물의 사용·수익	지분 비율에 따라 공유물 전부 사용·수익	합유물 전부에 미침	정관, 기타 규약에 따라

61 ①

〈물권과 채권의 비교〉

구분	물권	채권
법적 성격	• 대체로 강행규정 • 물건에 대한 지배권	• 대체로 임의규정 • 특정인에 대한 요구권 • 계약자유의 원칙이 지배함
객체	• 현존·특정·독립의 물건	• 채무자의 급부행위
특징	• 절대권(모든 사람에게 주장) • 배타성 존재(독점성)	• 상대권(특정 상대방에게 주장) • 배타성이 없음(평등성)
효력	• 채권에 대한 우선성 • 물권 간 시간적으로 우선권	• 채권 간 평등주의

62 ①

등기대상이 되는 권리는 소유권, 지상권, 지역권, 전세권, 저당권 등이며 점유권, 유치권, 특수지역권, 분묘기지권 등은 등기능력이 없다.

63 ④

④ 가등기는 부동산물권 및 이에 준하는 권리의 설정·이전·변경·소멸의 청구권을 보전하기 위해 미리 예비로 하는 등기로, 등기의 순위에 있어 가등기를 한 후 가등기에 의한 본등기가 있는 경우에는 본등기의 순위는 가등기의 순위에 따른다.

64 ③

가. 부동산에는 질권을 설정할 수 없다.

나. 부동산은 매매와 같은 법률행위를 하고 이를 등기함으로써 물권변동이 일어나는 성립요건주의이며 동산과 달리 목적물의 인도는 부동산 물권변동의 요건이 아니다.

다. 부동산의 환매기간은 최대 5년이며, 환매기간을 정한 때에는 이를 다시 연장하지 못한다.

65 ②

① '답'에 대한 설명이다. '전'은 물을 상시적으로 이용하지 아니하고 곡물·원예작물(과수류 제외)·약초·뽕나무·닥나무·묘목·관상수 등의 식물을 주로 재배하는 토지와 식용으로 죽순을 재배하는 토지이다.

③ 고속도로의 휴게소 부지는 '도로'이다. '주유소용지'는 석유·석유제품, 액화석유가스, 전기 또는 수소 등의 판매를 위하여 일정한 설비를 갖춘 시설물의 부지, 저유소 및 원유저장소의 부지와 이에 접속된 부속시설물의 부지이다. 다만, 자동차·선박·기차 등의 제작 또는 정비공장 안에 설치된 급유·송유시설 등의 부지는 제외한다.

④ '하천'에 대한 설명이다. '구거'는 용수 또는 배수를 위하여 일정한 형태를 갖춘 인공적인 수로·둑 및 그 부속시설물의 부지와 자연의 유수가 있거나 있을 것으로 예상되는 소규모 수로부지이다.

66 ②

① 근저당권, 전세권 등 소유권 이외의 권리들은 을구에 기재된다. 갑구에는 소유권보존등기, 소유권이전등기, 가등기, 가압류등기, 가처분등기, 압류등기, 환매등기, 경매기입등기 등 소유권에 관한 사항을 기록한다.

③ 대지권의 표시는 집합건물의 등기사항전부증명서에 기재한다. 지적도의 경우 해당 토지의 행정구역과 지번, 경계선, 지목 등이 수록되어 토지의 형상이나 위치, 접면도로 폭 등을 어렵지 않게 파악할 수 있다.

④ 건물의 전유면적과 공용면적은 집합건축물대장을 통해 확인할 수 있다. 토지이용계획은 해당 토지의 용도지역 및 행위제한에 관한 내용이 기재된 서류로 누구나 열람이 가능하며, 적용된 규제 여부를 확인한 뒤 토지를 자신이 원하는 용도로 활용이 가능한가를 알 수 있는 공부이다.

67 ①

⟨배당요구종기까지 반드시 배당요구를 하여야 할 채권자⟩

- 집행력이 있는 판결문 정본을 가진 채권자
- 민법, 상법 기타 법률에 의하여 우선변제청구권이 있는 채권자 : 주택임대차법에 의한 소액임차인(주택임대차법에 의한 소액임차인이라도 경매법원에 배당요구종기까지 반드시 배당요구를 하여야만 배당을 받을 수 있음), 확정일자부임차인, 근로기준법에 의한 임금채권자, 상법에 의한 고용관계로 인한 채권이 있는 자, 교부청구권자 등
- 첫 경매개시결정기입등기 후에 가압류한 채권자
- 국세 등의 교부청구권자

68 ②

① 유입자산은 매매금액에 따라 1개월에서 최장 5년기간 내 6개월 균등분할로 구매가 가능하며, 계약 체결 후 매매대금의 1/2 이상을 납부하고 근저당권을 설정하는 조건으로 매매대금을 전액 납부하지 않아도 소유권이전이 가능하다.

③ 압류재산의 소유자는 체납자이며 명도책임은 매수인이 진다. 즉, 경매와 달리 공매에는 인도명령이라는 제도가 없기 때문에 점유자와 합의가 되지 않는다면 명도소송을 통해야 한다.

④ 국유재산이란 국가의 부담, 기부채납이나 법령 또는 조약에 따라 국가 소유로 된 재산을 말하며, 이 중 국유 일반재산은 국유재산 중 행정재산(공용재산, 공공용재산, 기업용재산, 보존용재산)을 제외한 모든 재산으로 대부 및 매각이 가능한 재산이다.

69 ③

③ 매매계약에 관한 비용에는 측량비용, 감정평가비용 등이 있으며 당사자 사이에 별도의 특약이 없으면 일반적으로 양 당사자가 균분하여 부담하게 된다. 다만, 부동산매매에서 이전등기에 소요되는 비용을 계약비용으로 보지 않으며 매수인이 부담하는 것이 일반적이다.

70 ①

가. 사업자등록의 대상이 되는 상가건물의 임대차(임대차 목적물의 주된 부분을 영업용으로 사용하는 경우를 포함)에 대하여 적용하며, 일정 보증금
  액 이하인 임대차에만 적용된다.

다. 임차인이 3기의 차임액에 해당하는 금액에 이르도록 차임을 연체한 사실이 있는 경우 임대인은 임차인의 계약갱신요구를 거절할 수 있다.

라. 보증금의 전부 또는 일부를 월 단위의 차임으로 전환하는 경우에는 그 전환되는 금액에 연 12%와 한국은행에서 공시한 기준금리에 4.5배수를
  곱한 비율 중 낮은 비율을 초과하지 못하도록 규정하고 있다.

마. 대항력(건물의 인도와 사업자등록)을 갖추고 관할 세무서장으로부터 임대차계약서상의 확정일자를 갖춘 임차인은 민사집행법에 따른 경매 또는
  국세징수법에 따른 공매 시 임차건물(임대인 소유의 대지를 포함)의 환가대금에서 후순위권리자나 그 밖의 채권자보다 우선하여 보증금을 변제
  받을 권리가 있다.

71 ③

도시지역에 속하지 아니하는 농지법에 따른 농업진흥지역 또는 산지관리법에 따른 보전산지 등으로서 농림업을 진흥시키고 산림의 보전을 위하여
필요한 지역을 말한다.

72 ①

① 층수가 21층 이상이거나 연면적 합계가 10만m² 이상인 건축물을 건축, 연면적의 3/10 이상을 증축하여 층수가 21층 이상으로 되거나 연면적의
  합계가 10만m² 이상으로 되는 경우에는 특별시장 또는 광역시장의 건축허가를 받아야 한다.

73 ④

정비기본계획수립(재건축사업의 경우 안전진단 시행) 및 정비구역지정 → 추진위원회 승인 → 조합설립인가 → 시공자 선정 → 사업시행계획인가 →
관리처분계획인가 → 이주 및 철거 → 조합원 동호수 추첨 → 착공 → 일반분양 → 준공인가 및 입주 → 이전고시 및 청산

74 ③

① 감정평가액은 공식자격을 인정받은 감정평가사의 절차에 따라 평가하는 금액으로 공식적인 가치를 갖는다. 재개발·재건축에서는 보상의 기준
  과 조합원의 공식적 자산 금액으로 사용된다. 권리가액은 조합원들이 주장할 수 있는 권리의 가치로서 감정평가액에서 비례율을 곱한 금액이다.

② 단위면적(m²)당 가격으로 발표하며 기준날짜는 공동주택 공시가격과 마찬가지로 매년 1월 1일이다.

④ 조합원 분담금은 조합원 분양가에서 권리가액을 뺀 금액으로 조합원들이 분양을 받기 위해 추가로 부담해야 하는 금액을 말한다.

75 ②

① 개발형은 펀드가 직접 시행사가 되거나 시행사의 지분을 보유하는 형태로 부동산 개발사업을 진행하고 준공 후 분양, 임대, 매각 등의 방법으로
  자금을 회수하는 구조이다.

③ 자산 500억원을 초과하는 경우 외부회계감사를 받아야 한다.

④ 국내 리츠는 대부분 국내부동산에 투자하는 경우가 많아 국내부동산시장에 매우 큰 영향을 받지만, 부동산펀드는 해외부동산펀드의 비중이 절반
  가까이 차지한다. 그러므로 해당 부동산펀드가 해외부동산에 투자하고 있다면 전 세계 경기뿐만 아니라 해당 국가의 경제 상황에 대해서도 살펴
  보아야 한다.

상속설계

76 ④

④ 동시사망이 추정되는 2인 이상 상호 간 대습상속은 인정된다. 대습상속이란 상속인이 될 직계비속 또는 형제자매(피대습자)가 상속개시 전에 사망하거나 결격자가 된 경우 그 사망하거나 결격자가 된 피대습자의 직계비속 또는 배우자가 피대습자의 상속순위에 갈음하여 상속인으로 되는 것을 말한다. 그런데 대습상속은 피대습자가 상속개시 전에 사망할 것을 인정 요건으로 하고 있는데, 피대습자와 피상속인이 동시에 사망한 것으로 추정되는 경우에도 피대습자의 직계비속 또는 배우자가 피대습자를 대신하여 피상속인의 재산을 대습상속 받을 수 있는지에 대하여 대법원 판례는 이를 인정하고 있다.

77 ①

가. 1순위 상속인 : 피상속인의 직계비속
나. 2순위 상속인 : 피상속인의 직계존속
다. 4순위 상속인 : 피상속인의 4촌 이내 방계혈족
라. 배우자란 법률상의 배우자만을 의미하며 사실혼 배우자의 경우 상속권이 인정되지 않고, 상속인이 없는 경우로서 법에서 정한 일정 요건을 충족하는 경우 특별연고자로서 상속재산을 전부 또는 일부 분여받을 수 있을 뿐이다.

78 ④

〈상속재산의 범위〉

구분	내용	예시
상속재산에 해당하는 것	적극재산	• 물건 등에 대한 소유권, 점유권, 지상권 등 물권(단, 담보물권은 피담보채권과 분리해서 단독으로 상속되지는 않음) • 일신전속적인 것을 제외한 채권(손해배상청구권, 이혼 시 재산분할청구권 등) • 무체재산권(저작권 등) • 형성권(취소권, 해제권, 해지권, 상계권 등)
	소극재산	• 일신전속적인 것을 제외한 채무, 조세
상속재산에 해당하지 않는 것	일신전속적 권리	• 위임계약의 당사자 지위 등 • 위자료청구권(단, 당사자 간에 이미 그 배상에 관한 계약이 성립하거나 소를 제기한 경우면 상속 가능)
	기타 법률 또는 계약 등에 의해 귀속이 결정되는 것	• 생명보험청구권 • 퇴직연금 · 유족연금의 청구권 등

79 ①

② 공동상속인들 간 상속재산에 대한 분할이 완료될 때까지 공동상속인들은 상속재산을 공유하게 된다.
③ 상속인은 공유관계에 있는 상속재산을 상속인 전원의 동의 없이 단독으로 처분할 수 없지만 각자의 상속분에 해당하는 지분을 단독으로 처분할 수 있으며, 각 공동상속인은 상속재산 전부에 대하여 각자의 상속분에 해당하는 지분의 비율로 사용, 수익할 수 있다.
④ 금전채무와 같이 급부의 내용이 가분인 채무가 공동상속된 경우 이는 상속개시와 동시에 당연히 법정상속분에 따라 공동상속인에게 분할되어 귀속되는 것이므로, 상속재산분할의 대상이 되지 않는다.

80 ①

② 상속재산 및 특별수익재산 가액의 평가는 상속개시 당시의 시가로 하고, 특별수익 중 현금의 상속개시 당시의 평가액은 수증 당시의 금액에 소비자물가지수를 참작하여 산정한다.
③ 특별수익자의 범위는 상속을 승인한 공동상속인에 한정된다. 따라서 상속을 포기한 공동상속인(다만, 상속을 포기하였더라도 그가 받은 특별수익이 다른 공동상속인의 유류분을 침해한 때에는 유류분반환청구의 대상이 될 수 있음), 공동상속인의 직계비속, 배우자 또는 직계존속이 증여나 유증을 받은 경우에도 이러한 증여 또는 유증은 상속재산분할 시 원칙적으로 특별수익으로 고려하지 않는다.
④ 상속재산분할협의와 마찬가지로 공동상속인 전원의 협의로 정하며, 공동상속인들 사이에 기여분에 대한 협의가 되지 않는 경우 가정법원은 기여의 시기 · 방법 및 정도와 상속재산의 액 기타의 사정을 참작하여 기여분을 정한다.

81 ④

상속재산은 55억원에서 10억원을 뺀 45억원을 상속재산으로 본다. 여기에 법정상속분을 계산하면 최민정씨가 3/9, 세 자녀가 각각 2/9이므로 최민정씨가 15억원, 세 자녀가 각각 10억원씩 상속받게 되고 그 중 기여상속인 배우자 최민정씨에게 기여분 10억원을 추가로 지급하면 최민정씨의 구체적 상속분은 25억원이 된다.

82 ①

다. 상속재산분할의 대상은 피상속인의 상속개시 당시 남은 적극재산이 된다. 즉, 사전증여나 유증은 상속재산분할의 대상이 되지 않고 공동상속인의 유류분을 침해하는 경우 반환대상이 될 뿐이다. 상속재산으로 적극재산과 소극재산이 있는데 소극재산은 분할대상이 되지 않는 것이 원칙이다. 분할을 하더라도 채권자의 동의가 없는 한 상속인 간의 관계에서만 효력이 있을 뿐이다. 예를 들어 금전채무와 같은 가분채무는 상속재산분할의 대상으로 되지 않고 상속개시와 동시에 당연히 법정상속분에 따라 공동상속인에게 분할되어 귀속된다.

라. 상속재산의 분할은 상속개시된 때에 소급하여 그 효력이 있다. 이는 분할에 의하여 각 공동상속인에게 귀속되는 재산이 상속개시 당시에 이미 피상속인으로부터 직접 분할받은 자에게 승계된 것을 의미한다.

마. 공동상속인 간 협의분할에 의하여 공동상속인 중 1인이 고유의 상속분을 초과하는 재산을 취득하게 되었더라도 이는 상속개시 당시에 피상속인으로부터 승계받은 것으로 보아야 하고 다른 공동상속인으로부터 증여받은 것으로 볼 수 없다.

83 ④

〈법정단순승인〉

- 상속인이 상속재산에 대한 처분행위를 한 때
- 상속인이 3개월의 고려기간 내에 한정승인 또는 포기를 하지 않은 때
- 상속인이 한정승인 또는 포기를 한 후에 상속재산을 은닉하거나 부정소비거나 고의로 재산목록에 기입하지 않은 때

84 ③

가. 상속개시 있음을 안 날이란 상속개시의 원인이 되는 사실의 발생을 알고 또 이로써 자기가 상속인이 되었음을 안 날을 의미한다.

마. 생명보험금은 상속인이 보험수익자의 지위에서 보험금 지급을 청구하는 것이어서 상속재산이 아니라 상속인의 고유재산이다. 따라서 상속인이 상속포기를 하여도 생명보험금을 받을 수 있다.

85 ④

〈후견제도의 비교〉

구분	성년후견	한정후견	특정후견	임의후견
사유	정신적 제약으로 사무를 처리할 능력이 지속적으로 결여	정신적 제약으로 사무를 처리할 능력이 부족	정신적 제약으로 일시적 후원 또는 특정한 사무에 관한 후원이 필요	정신적 제약으로 사무를 처리할 능력이 부족한 상황에 있거나 부족하게 될 상황에 대비
본인의 행위능력	원칙적 제한	원칙적 행위능력자	행위능력자	계약에 따름
후견인의 권한	포괄적 대리권 · 취소권	법원이 정한 범위 내에서 대리권, 동의권, 취소권	법원이 정한 범위 내에서의 대리권	계약에 따름

86 ④

④ 유언에 의하여 이익을 받을 사람, 그의 배우자와 직계혈족도 증인이 될 수 없다.

87 ③

③ 유언 후의 생전행위가 유언과 저촉되는 경우에는 그 저촉된 부분은 철회한 것으로 본다. 유언자가 고의로 유언증서를 파훼한 때에는 그 파훼한 부분에 관하여는 철회한 것으로 본다.

88 ④

① 유증은 유언에 의하여 자신의 재산을 무상으로 제3자에게 주는 단독행위를 말한다. 유증은 유언이라는 단독행위로 이루어지므로 증여계약의 일종으로서 사망을 조건으로 하여 효력이 발생하는 사인증여와는 구별된다. 증여계약이 재산을 무상으로 주겠다는 계약인데, 특히 주는 사람이 사망한 후에 증여의 효력이 발생하는 것을 사인증여라고 한다.

② 혼인할 의무를 지우는 것과 같이 당사자의 의사가 존중되어야 할 가족법상의 행위를 강제하는 부담은 무효이다.

③ 부담 있는 유증을 받은 자가 부담의무를 이행하지 아니한 때에는 상속인 또는 유언집행자는 상당한 기간을 정하여 이행할 것을 최고하고, 그 기간 내에 이행하지 않은 때에는 가정법원에 유언의 취소를 청구할 수 있다. 가정법원의 취소심판이 있으면, 유증은 상속개시 시에 소급하여 그 효력을 잃는다. 따라서 유증의 목적인 재산은 원칙적으로 상속인에게 귀속되고, 취소청구권자는 수유자에 대하여 유증의 목적인 재산의 반환을 청구할 수 있다.

89 ④

나. 공증인이 작성한 공정증서유언은 공증인 사무실에서 증서를 보관하므로 검인 절차가 필요 없다.

90 ④

④ 반환의 청구권은 유류분권리자가 상속의 개시와 반환하여야 할 증여 또는 유증을 한 사실을 안 때로부터 1년 내 또는 상속이 개시된 때로부터 10년 내에 하지 아니하면 시효에 의하여 소멸한다.

91 ②

〈상속세와 증여세의 차이점〉

구분	상속세	증여세
법률행위	상속개시를 원인으로 포괄적 권리의무의 승계	당사자 쌍방 계약에 의한 재산의 무상이전
포기/반환행위	포기(단독행위)	반환(계약)
과세방식	유산세 방식(피상속인 재산 전체를 기준으로 과세)	유산취득세 방식(재산을 받은 자 별로 받은 재산에 대해 과세)
관할 세무서	피상속인의 주소지	수증자의 주소지
공제제도	상대적으로 종류가 다양	상대적으로 종류가 적음

92 ①

① 신고세액공제는 상속세 과세표준과 세액을 신고만 하면 상속세 납부 여부와 관계없이 공제를 받을 수 있으므로 이런 점을 상속세 절세에 활용할 수 있다.

93 ②

본래의 상속재산은 아니지만 상증법에서 상속재산으로 간주하는 재산을 말하며, 보험금과 신탁재산, 퇴직금 등이 있다.

94 ④

상속개시일 전 1년 이내에 부동산을 처분한 수입금액은 1억원이고 2년 이내에 처분한 수입금액은 총 6억원이므로 2년 이내 처분한 경우에 상속재산의 추정요건에 해당한다. 따라서 부동산을 2년 이내 처분한 경우가 상속세 과세가액에 산입하는 추정상속재산에 해당되는지 여부를 검토하여야 한다. 추정상속재산가액 = 상속개시 전 1년(2년) 내 재산처분·인출 및 채무부담 금액 - 용도가 입증된 금액 - Min(재산처분 등으로 얻은 금액×20%, 2억원) = (1억원 + 5억원) - 0원 - Min(6억원×20% = 1.2억원, 2억원) = 6억원 - 1.2억원 = 4.8억원

95 ③

상속재산에 가산할 증여재산은 딸과 손자, 아들에게 증여한 12억원(3억원 + 4억원 + 5억원)이다. 왜냐하면 상속인에 해당하지 않는 손자, 손녀 중 그 손녀에게 증여한 재산은 상속개시일 전 5년이 지났기 때문이다.

96 ①

〈그 밖의 인적공제〉

공제내용	공제대상	공제액
자녀공제	피상속인의 자녀	1인당 5천만원
연로자공제	상속인(배우자 제외) 및 동거가족 중 65세 이상인 자	1인당 5천만원
장애인공제	배우자를 포함한 상속인 및 동거가족 중 장애인	1천만원×기대여명 연수
미성년자공제	상속인(배우자 제외) 및 동거가족 중 미성년자	1천만원×19세 도달 연수

• 원칙적으로 상속인 또는 동거가족별로 그 밖의 인적공제는 중복 적용받을 수 없으나 자녀공제는 미성년자공제와 중복 적용 가능하며, 장애인공제는 다른 인적공제와 중복 적용받을 수 있다.

97 ②

〈금융재산상속공제〉

• 상속재산 중 예금, 보험금, 채권, 주식, 수익증권 등의 금융재산이 포함되어 있는 경우 그 금융재산 합계액에서 피상속인의 금융채무를 차감한 순금융재산에 대해 다음과 같이 공제

순금융재산 가액	금융재산상속공제 금액
2천만원 이하	전액
2천만원 초과~1억원 이하	2천만원
1억원 초과~10억원 이하	순금융재산가액×20%
10억원 초과	2억원(최대 한도)

• 현금은 금융재산이 아니므로 순금융재산은 5억원(5억원＋3억원－3억원)이다. 따라서 금융재산공제액은 1억원(5억원×20%)이다.

98 ②

〈증여재산공제액〉

증여자와의 관계	증여재산공제액
배우자	6억원
직계존속[수증자의 직계존속과 혼인(사실혼 제외) 중인 배우자 포함]	5천만원(미성년자녀가 증여받는 경우는 2천만원)
	혼인·출산 공제 : 1억원(수증자가 혼인·출산 해당 시 별도 공제)
직계비속(수증자와 혼인 중인 배우자의 직계비속 포함)	5천만원
기타 친족(6촌 이내의 혈족, 4촌 이내의 인척)	1천만원

• 수증자를 기준으로 그 증여를 받기 전 10년 이내에 공제받은 금액과 해당 증여가액에서 공제받을 금액을 합친 금액이 상기 표의 금액을 초과하는 경우에는 그 초과하는 부분은 공제하지 아니한다. 즉, 증여재산공제는 상기 표의 증여자 그룹별로 10년 단위로 적용받을 수 있다(단, 혼인·출산공제에 대해서는 기간 제한 없이 수증자별로 1억원 한도 공제).
• 할아버지와 아버지는 직계존속이므로 합산하여 5천만원 공제
• 큰아버지와 이모는 6촌 이내의 혈족, 4촌 이내의 인척이므로 합산하여 1천만원 공제

99 ③

① 증여자 : 가업주식의 증여일 현재 중소기업등인 가업을 10년 이상 계속하여 경영한 60세 이상인 수증자의 부모[증여 당시 부모가 사망한 경우에는 (외)조부모 포함]
② 증여세 과세 시 가업주식등의 가액 중 가업자산상당액에 대한 증여세 과세가액(600억원 한도)에서 10억원을 공제한 후 10%(과세표준이 120억원을 초과하는 경우 그 초과금액에 대해서는 20%) 세율을 적용하여 증여세를 계산한다.
④ 가업주식의 증여세 과세특례가 적용된 증여재산가액은 증여 기한에 관계없이 증여 당시의 가액으로 상속세 과세가액에 가산하여 상속세로 정산하여 납부해야 한다. 이는 일반재산이 10년 이내 증여분만 상속세 과세가액에 합산되는 점과는 차이가 있는 것이다.

100 ②

생명보험 또는 손해보험에 있어서 보험금 수령인과 실제 보험료 납부자가 다른 경우에는 보험금 상당액을 보험금 수령인의 상속재산가액(계약자 및 피보험자가 사망한 경우) 또는 증여재산가액으로 한다.

1회 AFPK® MODULE 2 정답 및 해설

01	02	03	04	05	06	07	08	09	10
③	④	④	②	③	②	③	④	④	②
11	12	13	14	15	16	17	18	19	20
③	④	④	③	①	③	④	④	③	③
21	22	23	24	25	26	27	28	29	30
④	④	④	③	①	③	③	③	③	①
31	32	33	34	35	36	37	38	39	40
④	②	①	③	②	③	②	③	①	②
41	42	43	44	45	46	47	48	49	50
③	④	③	③	④	①	③	①	①	①
51	52	53	54	55	56	57	58	59	60
②	④	④	④	④	④	③	②	④	③
61	62	63	64	65	66	67	68	69	70
①	④	④	①	①	②	①	①	①	①
71	72	73	74	75	76	77	78	79	80
③	②	②	②	②	④	③	④	③	②
81	82	83	84	85	86	87	88	89	90
①	④	③	③	①	③	③	②	④	③

위험관리와 보험설계

01 ③

(위태) 스프링클러 장치가 없는 고시원에 (손인) 화재가 발생하여 (손실) 건물이 전소하였다.

02 ④

④ 기본위험은 위험의 원천과 결과가 사회 전반에 걸쳐 영향을 미치는 위험이다. 다수의 개인이나 집단이 영향을 동시에 받기 때문에 관측치가 증가하더라도 변동성이 감소하지 않는 특성을 갖는다. 예를 들면 실업위험은 경기불황 시 여러 업종에서 동시다발적으로 발생할 수 있기 때문에 개인별로 다르거나 독립적이지 않다. 그 영향도 개인에 국한되는 것이 아니라 사회 전반으로 확대될 수 있어 개인 차원에서 통제하기 어려운 위험이다. 급격한 인플레이션, 전쟁, 지진이나 홍수로 인한 위험도 기본위험에 속한다.

03 ④

• 기대손실 = 0.9 × 0원 + 0.1 × 2억원 = 20,000천원

04 ②

가. 1단계 : 위험인식
나. 2단계 : 위험측정 및 평가
다. 4단계 : 선택한 위험관리방법 실행
라. 3단계 : 위험관리방법 선택

05 ③

③ 위험회피가 아니라 외주계약에 의한 위험전가에 해당한다.

06 ②

가. 대수의 원칙
나. 급부 – 반대급부 균등의 원칙(개별 수지상등의 원칙, 보험료 공평의 원칙)

07 ③

③ 사람을 대상으로 하는 생명보험에서는 자연인만 보험가입 대상(피보험자)으로 설정할 수 있다.

08 ④

① 초과보험은 보험가입금액이 보험가액을 초과하는 계약이다. 보험가입 후 보험목적의 가격하락 등이 있을 경우 초과보험으로 바뀔 수 있다.
② 손해보험은 보험가입금액과 상관없이 실손보상원칙(이득금지원칙)에 의거하여 보험가액을 초과하는 보험금은 지급하지 않는다. 단순한 초과보험의 경우 보험자와 보험계약자는 보험료와 보험가입금액을 감액시켜 해결하지만, 사기적 초과보험은 그 계약 전부가 무효로 되며, 보험자는 그 사실을 안 때까지의 보험료를 청구할 수 있다.
③ 중복보험은 동일한 보험목적에 대해 피보험이익이 동일한 다수의 보험계약이 병존하는 것으로 2개 이상 보험가입금액의 합계가 보험가액을 초과한 경우를 말한다. 사기에 의한 중복보험은 보험계약자가 재산적 이익을 목적으로 중복보험을 체결한 것으로 수 개의 보험계약 모두 무효가 된다.

09 ④

가. 보험사고가 발생한 때와 장소의 가액으로 결정하는 것은 미평가보험이다. 미평가보험은 사전약정 없이 보험사고 발생 시 가액으로 산정하는 방식으로 화재보험, 자동차보험 등에서 활용된다. 운송보험, 도난보험, 적하보험 등에서 활용되는 것은 보험가액을 사전에 당사자 간 합의하는 기평가보험 방식이다. 기평가보험은 당사자 간에 미리 피보험이익의 가액에 관해 합의한 계약으로 그 가액을 사고 발생 시의 가액으로 추정한다.

10 ②

② 1층에 손해가 발생했을 때 2층에 거주하는 임차인에게 어떤 경제적 피해가 있는 것은 아니므로 피보험이익을 갖고 있지 않다.

11 ③

① 약관에서 정하고 있는 사항에 관해 보험회사와 고객이 약관의 내용과 다르게 합의한 사항이 있을 때에는 그 합의 사항이 약관보다 우선한다.
② 약관은 신의성실의 원칙에 따라 공정하게 해석되어야 하며 고객에 따라 다르게 해석되어서는 안 되며, 약관의 뜻이 명백하지 아니한 경우에는 고객에게 유리하게 해석되어야 한다.
④ 약관법에서는 약관의 전부 또는 일부 조항이 무효인 경우 계약은 나머지 부분만으로 유효하게 존속한다고 규정한다. 다만, 유효한 부분만으로는 계약의 목적 달성이 불가능하거나 그 유효한 부분이 한쪽 당사자에게 부당하게 불리한 경우에는 그 계약은 무효로 한다.

12 ④

손해방지의무란 손해보험에서 보험계약자에게 보험사고 발생 후 손해의 방지와 경감을 위해 노력하도록 요구하는 것이다. 이 의무는 보험계약이 최대신의성실계약이라는 측면에서 인정된 것이다.

13 ④

보험회사는 고지의무 위반, 보험료 납입연체, 위험변경 · 증가 통지의무, 위험유지의무 등 보험계약자가 의무를 위반한 경우 계약을 해지할 수 있다.

14 ③

〈보험상품 유통채널 비교〉

구분	보험설계사	보험대리점	보험중개사	금융기관대리점
법적 권한	제1회 보험료수령권	계약체결대리권 고지의무수령권 보험료수령권	없음	계약체결대리권 고지의무수령권 보험료수령권

15 ①

① 사회보험은 국가가 보험의 원리와 방식을 도입하여 만든 사회정책을 수행하기 위한 제도로서 사회구성원 본인은 물론 부양가족에게 발생한 질병, 장애, 노령, 실업, 사망 등 사회적 위험이 경제생활을 불안하게 하므로 이를 보험방식에 의하여 대처함으로써 국민의 건강과 소득을 보장하는 제도이다.

16 ③

③ 재가 및 시설 급여비용 중 수급자의 본인부담금(장기요양기관에 직접 납부)은 다음과 같다.

> - 재가급여 : 당해 장기요양급여비용의 15/100
> - 시설급여 : 당해 장기요양급여비용의 20/100
> ※ 국민기초생활보장법에 따른 의료급여 수급자는 본인부담금 전액 면제
> ※ 일정 기준에 해당하면 본인부담금의 40% 또는 60%를 감경

17 ④

① 근로자의 고의, 자해행위나 범죄행위 또는 그것이 원인이 되어 발생한 부상, 질병, 장해 또는 사망을 업무상의 재해로 보지 않는다. 다만, 그 부상, 장해 또는 사망이 정상적인 인식능력 등이 뚜렷하게 저하된 상태에서 한 행위로 발생한 경우로서 대통령령으로 정하는 사유가 있으면 업무상의 재해로 본다.

② 산업재해보험료는 사업주가 전액 부담하고, 특수형태근로종사자는 사업자와 근로자가 보험료를 각각 50%씩 부담한다.

③ 간병급여는 요양을 종결한 산재근로자가 치유 후 의학적으로 상시 또는 수시로 간병이 필요하여 실제로 간병을 받는 자에게 보험급여를 지급하는 제도이다.

18 ④

〈저축성보험 보험차익 비과세 요건〉

구분	저축성보험(일시납)	저축성보험(월 적립식)	연금보험계약(종신형)
조건	• 납입할 보험료 합계액 : 1억원 이하 • 계약기간 : 10년 이상	• 계약기간 : 10년 이상 • 납입기간 : 5년 이상 • 기본보험료 균등(선납기간 6개월 이내) • 월 보험료 150만원 이하	• 55세 이후부터 수령 • 연금 형태로만 보험금 지급 • 사망 시 연금재원 소멸 • 사망일 전 중도해지 불가

19 ③

① 정기보험은 보험료 변동 여부에 따라 자연보험료와 평준보험료, 보험금 변동에 따라 평준정기보험, 체감정기보험, 체증정기보험으로 구분되고, 갱신조건에 따라 갱신정기보험, 재가입정기보험과 전환정기보험으로 구분된다.

② 체증정기보험에 대한 설명이다. 체감정기보험은 주로 주택대출자금을 상환할 수 있도록 판매되어 왔다. 주택자금을 차입한 후 주기적으로 원금과 이자를 상환하면, 기간이 지날수록 미상환 주택자금이 감소하게 되므로 정기보험 가입금액을 미상환 잔액으로 설정하면 대출자가 사망할 경우 사망보험금으로 잔여 대출금을 상환할 수 있다.

④ 재가입정기보험은 갱신정기보험처럼 계약연도 말에 적격성 심사 없이 계약을 갱신할 수 있는 상품이다. 갱신정기보험과 다른 점은 피보험자가 보험기간 종료 시점에 적격 피보험체 여부를 증명하여 보험회사 언더라이팅 기준을 통과하면, 예정된 보험료보다 더 낮은 보험료로 계약을 갱신할 수 있다는 점이다.

20 ③

③ 일반종신보험과 상품의 형태는 동일하나 사망보험금이 투자실적에 따라 변동된다는 점과 중도해지 시 투자실적에 따라 해약환급금이 변동된다는 것 등이 일반종신보험과 다르다.

21 ④

〈장애인전용 보장성보험과 일반 보장성보험 세액공제 비교〉

구분	일반 보장성보험	장애인전용 보장성보험
세액공제 대상 보험료	기본공제대상자를 피보험자로 하는 일반보장성 보험료	기본공제대상자 중 장애인을 피보험자 또는 보험수익자로 하는 장애인전용 보장성보험료
한도금액	연 100만원 한도	연 100만원 한도 (단, 일반 보장성보험과 별개)
세액공제 비율	13.2%(지방소득세 포함)	16.5%(지방소득세 포함)

22 ④

〈단체보장성보험의 세제혜택〉

세제혜택	회사부담 연 70만원 이하	회사부담 연 70만원 초과
회사	전액 손금(비용) 인정 (종업원의 복리후생비에 해당)	전액 손금(비용) 인정 (70만원 초과분 종업원의 급여에 해당)
종업원	근로소득으로 과세되지 않음	70만원 초과분 근로소득으로 과세

23 ④

〈보험계약 유지를 위한 제도 비교〉

구분	보험료	보험금(보장내용)	보험(보장)기간	비고
보험계약대출	동일	동일	동일	대출원리금 상환 부담
중도인출	동일	동일	동일	해약환급금 감소
보험료 납입 일시중지	일시중지	동일	동일	해약환급금 감소
보험료 자동대출납입	미납	동일	동일	대출원리금 상환
감액	감액	감액	동일	감액부분은 해지처리
감액완납	미납	감액	동일	해약환급금 미지급
연장정기보험	미납	동일	단축	해약환급금 미지급

24 ③

③ 위험단체의 위험을 평준화하기 위해 대상 집단에 대한 평균 위험도를 예측할 수 있어야 한다. 그리하여 평균 수준에 해당하는 위험은 선택하고, 평균을 상회하는 높은 위험은 거절하게 된다.

25 ①

다. 보험금청구권, 보험료 반환청구권, 해약환급금청구권, 계약자적립액 반환청구권 및 배당금 청구권은 3년간 행사하지 않으면 소멸시효가 완성된다.

라. 약관의 뜻이 명확하지 아니한 경우에는 작성자 불이익의 원칙에 따라 보험계약자에게 유리하게 해석한다.

마. 설명서, 약관, 계약자 보관용 청약서 및 보험증권의 제공 사실에 관하여 보험계약자와 보험회사 간에 다툼이 있는 경우에는 보험회사가 이를 증명하여야 한다.

26 ③

③ 대기기간을 길게 설정할수록 보험료는 낮아지고 대기기간 경과 후 급여를 수령하게 되면 피보험자는 더 이상 보험료를 납부하지 않고, 일단 급여를 개시하면 보험회사는 대기기간 동안 수령 한 보험료를 계약자에게 환급해 준다.

27 ③

- 순보험료 $= \dfrac{\text{발생손해액}}{\text{피보험차량대수}} = \dfrac{100억원}{10만대} = 10만원$

- 위험노출단위당 비용 $= \dfrac{20억원}{10만대} = 2만원$

- 보험료율 $= \dfrac{(\text{순보험료} + \text{비용})}{(1 - \text{이윤})} = \dfrac{(10만원 + 2만원)}{(1 - 0.05)} = 126,315원$

28 ③

나. 보험가액, 중복보험, 초과보험의 개념이 없다. 일반적으로 보험가액의 개념이 존재하지 않으며, 책임 측면에서 피보험자가 부담할 배상책임 한도액(보상한도액)을 약정함으로써 보험금을 지급한다(단, 재물보험적 성격을 갖는 임차자배상책임보험 등은 예외).

다. 피보험자의 과실로 인한 법률상 배상책임을 담보한다. 법률상 배상책임을 부담하기 위해서는 피보험자의 고의, 과실이 있어야 하나, 고의로 인한 사고는 보험원칙상 담보하지 않으므로 피보험자의 과실, 즉 부주의를 담보한다.

29 ③

〈장기손해보험과 일반손해보험 비교〉

구분	장기손해보험	일반손해보험
보험기간	3~15년	3년 이하(통상 1년 이하)
보험료구성	순보험료 + 부가보험료	위험보험료 + 부가보험료
보험료 할인제도	없음. 다양한 납입특약 가능	2년, 3년 계약갱신 시 할인제도 있음
요율구득	각 담보별 요율적용(표준)	별도 요율 구득하여 적용 가능
자동복원제도	지급보험금이 보험가입액의 80% 미만일 경우 잔여기간의 보험가입금액이 감액되지 않음	보험금 지급 후 잔여보험기간의 보험가입금액은 지급보험금만큼 차감함
환급금	중도환급금, 만기환급금 존재	없음

30 ①

② 자기신체사고담보를 통해 운전자 본인의 인적피해에 대한 보상을 받을 수 있으며, 자기차량손해 시 전손사고로 인해 차량수리가 불가능하거나 또는 보상금액이 보험가입금액의 전액 이상인 경우에는 보험계약이 사고 발생 시점에서 종료된다.

③ 각종 특약 등을 통해서 운전자 범위 등을 지정할 수 있는 데 위반 시에는 보상되지 않는다.

④ 무보험자동차에 의한 상해담보를 가입하면 자동으로 다른 자동차운전담보특약이 적용되는데, 이는 다른 자동차 운전 중 생긴 대인배상Ⅱ, 대물배상, 자기신체사고에 대하여 보상한다.

투자설계

31 ④

④ 투자기간이 짧은 개인은 투자위험이 낮은 자산에 투자하여야 수익을 달성할 수 있지만, 투자기간이 긴 개인은 투자위험이 높은 자산에 투자해도 수익을 달성할 가능성이 크다. 다시 말하면, 투자위험이 높은 자산에 투자할 때 투자기간을 장기로 설정하는 것이 원금손실이 발생할 위험을 최소화하면서 자산가격이 급등할 경우 높은 수익률을 달성할 수 있다.

32 ②

가. 채무증권   나. 증권예탁증권

33 ①

② 명목 GDP는 물가가 변동하면 변동하지만, 실질 GDP는 기준연도의 가격으로 산정하므로 물가가 변동하더라도 일정하다. 따라서 한 국가의 경제 활동 수준이나 소득 수준을 측정할 때는 실질 GDP를 사용한다.

③ 실제 GDP에서 잠재 GDP를 차감한 값을 GDP 갭이라고 한다. 잠재 GDP가 실제 GDP보다 커서 GDP 갭이 음수이면, 경제가 보유하고 있는 생산요소 중 일부가 생산활동에 활용되지 않는 유휴상태라는 것을 의미한다. 반대로 GDP 갭이 양수이면, 실제 GDP가 잠재 GDP보다 높다는 것을 의미하므로 경기가 과열상태라고 할 수 있다.

④ 경제성장률은 명목 GDP가 아닌 실질 GDP의 증가율로 측정된다.

34 ③

가. 정부가 세금을 거둬들이면 민간의 통화 공급이 줄어든다. 반대로 정부가 공무원에게 급여를 주거나 물자를 조달한 후 대금을 지급하면 민간에 통화를 공급하는 셈이 된다.

35 ②

① 자금의 수요는 가계 및 기업의 투자와 관련이 있다.

③ 자금의 공급은 경제주체가 여유자금을 저축하는 것과 관련이 있다.

④ 자금차입이 증가한다는 것은 자금수요곡선이 우측으로 이동한다는 것을 의미하고 현 시장금리 수준에서는 자금의 초과수요가 발생하여 시장금리는 상승한다.

36 ③

경상수지가 흑자가 되어 미 달러화가 국내외환시장에 유입되면 미 달러화 공급이 증가하고, 다른 조건이 동일하다면 미 달러화 가격인 원달러환율이 하락한다. 반면, 국내외환시장에서 미 달러화 수요가 증가하면 원달러환율은 상승한다.

37 ②

- A주식의 기대수익률 $= 0.3 \times 50\% + 0.5 \times 10\% + 0.2 \times (-10\%) = 0.18 = 18\%$

38 ③

투자대상	기초투자금액	투자비중	기말평가금액	연간수익률	가중수익률[주]
A펀드	1,000,000	0.1667	900,000	−10%	−1.6667%
B펀드	2,000,000	0.3333	2,100,000	5%	1.6667%
C펀드	3,000,000	0.5	3,090,000	3%	1.5%
합계	6,000,000	1.0	6,090,000		1.5%

주) 가중수익률 = 투자비중 × 연간 수익률

39 ①

① 상관계수에 대한 설명이다.

40 ②

지배원리는 동일한 기대수익률에서는 상대적으로 낮은 위험의 자산을, 동일한 위험에서는 상대적으로 높은 기대수익률의 자산을 선택하는 원리이다. B펀드는 A펀드를 지배하고, D펀드는 C펀드를 지배하며, 다시 B펀드는 C펀드를 지배하므로 최종적으로 가장 우수한 펀드는 B펀드이다.

41 ③

- 명목무위험수익률 = 실질무위험수익률 1% + 물가상승률 1.5% = 2.5%
- A기업 주식의 위험보상률 = 0.8×5% = 4%
- A기업 주식의 요구수익률 = 2.5% + 4% = 6.5%

42 ④

A. 배당성향
B. 배당수익률
C. 배당락일
D. 배당기준일

43 ③

- $V^0 = \dfrac{D_0(1+g)}{k-g} = \dfrac{D_1}{k-g} = \dfrac{1,000 \times (1+0.05)}{(0.08-0.05)} = \dfrac{1,050}{0.03} = 35,000원$

44 ③

- 주당순이익(EPS) : 10억원 ÷ 100만주 = 1천원
- PER = $\dfrac{주가}{주당순이익(EPS)} = \dfrac{10,000원}{1,000원} = 10배$

45 ④

① ㈜토마토전자 주식의 PER : $\dfrac{주가}{주당순이익(EPS)} = \dfrac{10,000원}{1,000원} = 10배$

② 동일 산업의 평균 PER로 산출한 적정주가 : 1,000 × 8배 = 8,000원
　　• 현재 거래되는 시장가격이 10,000이면 동일 산업의 평균 PER로 산출한 적정주가 8,000원보다 2,000원 과대평가되어 있다.

③ ㈜토마토전자 주식의 PBR : $\dfrac{주가}{주당장부가치(BPS)} = \dfrac{10,000원}{5,000원} = 2배$

46 ①

① 대표적인 가격가중방법의 지수로는 미국의 Dow Jones Industrial Average 지수, 일본의 Nikkei 225 등이 있다.

47 ③

가. 채권가격과 채권수익률(매매수익률)은 서로 반대방향으로 움직인다. 채권가격은 미래의 현금흐름을 채권수익률로 할인하여 구하기 때문이다.
다. 채권수익률은 원점에 대해서 볼록한 모습을 보이는데 이는 채권수익률 하락에 따른 가격상승과 채권수익률 상승에 따르는 가격 하락이 비대칭적이라는 것을 의미한다.

48 ①

나. 매매수익률은 시장이자율에 따라서 변동되므로 채권을 만기까지 보유하지 않는 경우에는 언제든 채권가격이 변할 수 있는 위험이 있는데, 이를 채권의 가격변동위험이라고 한다. 채권보유자의 입장에서 채권의 가격변동위험은 채권을 중도에 매매하지 않고 만기까지 보유할 경우 회피할 수 있다.

라. 유동성은 매수와 매도 호가차이인 스프레드로 평가하는데 스프레드가 작을수록 유동성이 풍부하고 유동성위험이 낮다고 판단하고 스프레드가 클수록 유동성위험이 높다고 평가한다.

49 ①

가. 변동금리채권(FRN)
나. 전환사채(CB)

50 ①

① 성장기에 대한 설명이다. 태동기는 신제품이 보급되고 시장 수요와 경쟁이 낮은 상태이다.

51 ②

⟨기술적 분석의 구분⟩

구분	내용	기법 예시
패턴 분석	• 패턴분석은 사전에 여러 가지 주가 변동 모형을 미리 정형화한 후 실제 주가를 모형에 맞추어 주가를 예측하는 방법 • 추세분석은 주가의 동적인 움직임을 관찰하여 추세의 방향을 예측하지만, 패턴분석은 정적으로 패턴을 지정해 놓고 전환시점을 파악	• 반전형 − 헤드 앤 숄더 − 이중천정/바닥형 • 지속형 − 삼각형, 깃발형 − 쐐기형, 직사각형
지표 분석	• 지표분석은 현재의 수급상태가 과열상태인지, 침체상태인지를 파악하기 위하여 지표를 활용 • 주로 매수/매도 시점의 보조지표로 이용	• 추세추종형 지표 − MACD − MAO • 추세반전형 지표 − 스토캐스틱, RSI • 거래량 지표 − OBV, VR

52 ④

④ 기술적 분석의 한계에 해당한다.

53 ④

④ ETF 괴리율이란 ETF의 시장가격과 기준가격(NAV)의 차이를 비율로 표시한 위험지표이다. 괴리율이 양수이면 거래소에서 결정되는 시장가격이 ETF 순자산가치인 기준가격보다 더 높다는 것을 의미하고, 반대로 음수이면 시장가격이 기준가격보다 더 낮게 거래된다는 것을 의미한다.

54 ④

• 듀레이션전략은 금리가 상승할 것으로 예상되면 듀레이션을 축소하여 손실을 통제하고 금리가 하락할 것으로 예상되면 듀레이션을 확대하여 수익률을 높일 수 있다.
• 크레딧전략에서 채권을 발행한 기업의 신용도가 향상되어 신용등급이 높아지면 채권의 신용스프레드가 감소한다. 신용스프레드가 감소하면 해당 채권의 금리가 하락하여 채권가격이 상승한다.

55 ④

① 옵션에 대한 설명이다. 선물매도자는 선물 만기일에 계약 체결 시 확정된 가격으로 계약상품을 인도해야 하고, 선물매수자는 대금을 지불하고 현물을 매입해야 하는 의무를 진다.

② 선물증거금은 선물거래를 위해서 중개회사에 예치하여야 하는 금액으로서 선물계약의 매수자뿐만 아니라 매도자도 예치하여야 한다.

③ 선물에 대한 설명이다. 옵션매수자는 자신이 유리한 경우에 그 권리를 행사하여 이익을 누리는 반면, 옵션매도자는 옵션매수자의 권리행사에 응해야 하는 의무를 지닌다.

56 ④

내가격(ITM)옵션은 권리행사를 하면 매수자에게 이익이 발생하는 옵션을 말한다. 콜옵션에서는 기초자산가격보다 낮은 권리행사가격의 옵션을 말하고, 풋옵션에서는 대상자산가격보다 높은 권리행사가격의 옵션을 말한다.

57 ③

• 콜옵션 매수자의 손익분기점은 기초자산 가격이 '행사가격＋옵션프리미엄'과 동일한 점에서 발생한다. → 250＋2＝252pt

• 콜옵션 만기일의 최대손실은 옵션 프리미엄으로 제한된다. → 2pt×250천원＝500천원

58 ②

• 지수선물 명목평가액＝매도가격×선물거래승수×선물계약수

• 선물계약수＝$\dfrac{1,000,000천원}{(350 \times 250천원)}$＝11.42계약

59 ④

[적합성원칙 준수를 위해 파악해야 하는 투자자 정보]

• 해당 금융상품 취득 또는 처분 목적
• 재산상황
• 취득 또는 처분 경험
• 연령
• 금융상품에 대한 이해도
• 기대이익 및 기대손실 등을 고려한 위험에 대한 태도

60 ③

① 핵심 – 위성전략이란 대부분의 자산을 핵심포트폴리오에 투자하고 나머지는 초과수익을 달성할 수 있는 위성포트폴리오에 투자하는 전략을 말한다.

② 핵심포트폴리오는 장기보유전략을 유지하고 위성포트폴리오는 적극적으로 운용하므로 투자전략의 조정은 위성포트폴리오를 통하여 이루어진다.

④ 핵심포트폴리오에 포함되는 주식, 채권 등 전통적 자산군에 투자하더라도 패시브 전략이 아닌 액티브 전략을 실행하여 초과수익률을 달성하고자 한다.

세금설계

61 ①

〈세금체계의 구성〉

구분			세금의 분류
국세	내국세	직접세	소득세, 법인세, 상속세, 증여세, 종합부동산세
		간접세	부가가치세, 개별소비세, 주세, 교통 · 에너지 · 환경세, 인지세, 증권거래세
	관세		–
	부가세		교육세, 농어촌특별세
지방세	보통세		취득세, 등록면허세, 재산세, 자동차세, 주민세, 지방소득세, 지방소비세, 담배소비세, 레저세
	목적세		지역자원시설세, 지방교육세

62 ④

④ 신고납세제도에 의하여 확정되는 조세에는 소득세, 법인세, 부가가치세, 증권거래세, 취득세 등이 있다.

63 ④

④ 기한후신고란 법정신고기한까지 과세표준신고서를 제출하지 않은 자가 관할 세무서장이 세법에 따라 해당 국세의 과세표준과 세액을 결정하여 통지하기 전까지 기한후과세표준신고서를 제출할 수 있는 제도를 의미한다. 기한후신고를 하는 경우에는 납세자 입장에서 가산세를 감면받을 수 있는데 실익이 있다.

64 ①

① 우리나라 소득세는 원칙적으로 개인을 단위로 하여 소득세를 과세한다. 따라서 부부나 가족의 소득을 합산하여 과세하지 않는다.

65 ①

라. 종합소득금액이 이자, 배당, 사업, 근로, 연금, 기타소득금액을 합산하여 계산한 것이므로 근로소득자인 경우에만 달라지는 것은 아니다.

66 ②

① 사업소득금액은 해당 과세기간의 총수입금액에서 이에 소요된 필요경비를 공제한 금액이다.
③ 사업소득금액에 인적공제, 연금보험료공제, 소기업 · 소상공인 공제부금 소득공제 등 각종 종합소득공제를 적용한 종합소득 과세표준에 세율을 적용하여 종합소득 산출세액을 계산하게 된다.
④ 소득세, 가산세, 벌금, 과태료, 업무무관경비, 가사 관련 경비, 접대비(2024.1.1. 이후 기업업무추진비) 한도초과액 등은 필요경비에 산입하지 않는다. 또한, 법인사업자의 대표이사 급여는 법인의 손금으로 인정되지만, 개인사업자의 경우 본인에 대한 급여는 필요경비로 인정받지 못한다.

67 ①

② 소득세, 가산세, 벌금, 과태료, 업무무관경비, 가사 관련 경비, 접대비(2024.1.1. 이후 기업업무추진비) 한도초과액 등은 필요경비에 산입하지 않는다. 또한 법인사업자의 대표이사 급여는 법인의 손금으로 인정되지만, 개인사업자의 경우 본인에 대한 급여는 필요경비로 인정받지 못한다.
③ 일정 수입금액 이하의 영세사업자가 아닌 자가 장부작성에 의한 방법에 의하지 않고 추계에 의한 방법으로 사업소득금액을 계산해 종합소득세를 신고하는 경우에는 가산세 등 세법상 불이익이 따른다.
④ 사업자가 추계에 의한 방법으로 소득세를 신고하면 해당 과세기간 소득금액 계산 시 결손금 및 이월결손금 공제를 적용받을 수 없다.

68 ①

라. 종업원이 계약자이거나 종업원 또는 그 배우자, 기타의 가족을 수익자로 하는 보험의 보험료는 소득세법 시행령을 통하여 근로소득으로 열거하여 규정하고 있다. 다만, 종업원의 사망·상해 또는 질병을 보험금의 지급사유로 하고 종업원을 피보험자와 수익자로 하는 보험으로서 만기에 납입보험료를 환급하지 아니하는 보험(단체순수보장성보험)과 만기에 납입보험료를 초과하지 아니하는 범위 안에서 환급하는 보험(단체환급부보장성보험)의 보험료 중 연 70만원 이하의 금액은 복리후생비로 보아 근로소득 과세 제외. 즉, 단체순수보장성보험 및 단체환급부보장성보험 중 연 70만원 이하의 보험료는 비과세 근로소득에 해당한다.

69 ①

② 일용근로자의 근로소득은 원천징수로 과세를 종결한다. 원천징수세액은 1일 급여에서 근로소득공제를 15만원 제하고 6%의 세율을 적용한다.
③ 연말정산은 근로소득만 있다고 가정할 때 소득세 결정세액을 계산하여 이미 원천징수한 세액을 정산하는 과정이다.
④ 연말정산은 근로소득자가 근로소득만 있는 경우를 가정하여 소득세를 산출하는 것으로 부동산임대소득 등 종합소득에 해당하는 다른 소득이 있는 경우에는 다음 연도 5월에 모두 합산하여 종합소득세 신고를 하여야 한다.

70 ①

거주자 본인명의로 가입한 연금보험으로 국민연금보험료 등을 납부한 경우 연간 연금보험료 등 납부금액의 전액을 종합소득금액에서 공제한다. 근로소득이 있는 자와 성실사업자에 해당하는 경우 본인 및 기본공제대상자가 지출한 보장성보험료(성실사업자 제외), 의료비 및 교육비로 지출한 금액에 대하여 일정 비율을 산출세액에서 한도를 두어 공제한다. 즉, 특별세액공제 항목이다.

71 ③

① 근로소득 및 퇴직소득만 있는 자는 종합소득에 대한 과세표준 확정신고 의무가 없는 자이다.
② 거주자는 해당 연도의 종합소득세 자진납부세액을 과세표준 확정신고기한까지 자진해서 납부하여야 한다.
④ 개인지방소득세는 종합소득 및 퇴직소득 과세표준 확정신고기한까지 신고납부하여야 한다. 단, 양도소득 과세표준을 예정신고 및 확정신고하는 경우 해당 신고기한에 2개월을 더한 날까지 신고납부하여야 한다.

72 ②

① 사업연도란 법인의 소득을 계산하는 1회계기간을 의미한다. 다만, 사업연도는 원칙적으로 1년을 초과하지 못한다.
③ 원칙은 법령이나 정관에서 규정 → 법령이나 정관에서 규정하지 않은 경우 사업연도 신고를 한 경우에는 신고한 내용으로 한다. → 사업연도를 신고하지 않은 경우에는 1월 1일부터 12월 31일까지로 한다.
④ 개인사업자에 대하여는 예정신고의무를 면제하며, 납세지 관할 세무서장이 각 예정신고기간마다 직전 과세기간에 대한 납부세액에 50%를 곱한 금액을 결정하여 고지 징수한다. 즉, 법인사업자는 예정신고 및 납부를 하여야 한다.

73 ②

수출하는 재화와 국외에서 제공하는 용역 등에는 영세율을 적용하며 재화의 수입에 대해서는 내국물품과 동일하게 과세한다.

74 ②

〈부가가치세 과세기간〉

구분		과세기간		신고납부기한
원칙	일반과세자	제1기 : 1.1.~6.30.	예정 : 1.1.~3.31.	4월 25일
			확정 : 4.1.~6.30.	7월 25일
		제2기 : 7.1.~12.31.	예정 : 7.1.~9.30.	10월 25일
			확정 : 10.1.~12.31.	익년 1월 25일
	간이과세자	세금계산서 발행한 간이과세자	예정 : 1.1.~6.30.	7월 25일
			확정 : 7.1.~12.31.	익년 1월 25일
		일반 간이과세자	1.1.~12.31.	익년 1월 25일

75 ②

- 제1기 과세기간에 대한 부가가치세 확정신고 기한은 7월 25일이다.
- 간이과세자는 직전 연도 공급대가의 합계액이 1억 4백만원에 미달하는 개인사업자를 말한다. 다만, 과세유흥장소를 경영하는 사업자 및 부동산임대사업자는 직전 연도 공급대가의 합계액이 4,800만원에 미달하는 개인사업자 이어야 한다. 또한 간이과세자 규정을 적용받기 위해서는 일정한 요건(업종 등)을 갖추어야 한다.
- 간이과세사업자가 해당 과세기간에 대한 공급대가의 합계액이 4,800만원 미만이면 그 과세기간의 납부세액의 납부의무를 면제한다.

76 ④

① 직장공제회초과반환금 : 기본세율
② 비영업대금의 이익 : 25%
③ 비실명배당소득 : 45%('금융실명거래 및 비밀보장에 관한 법률' 적용대상은 90%)

77 ③

- 자동차사고 보험금은 과세대상이 아님
- Gross-up 금액을 가산하기 전의 금융소득이 2,000만원을 초과하므로 전액 종합과세대상 금융소득이며 Gross-up 금액을 가산하여 종합과세대상 금융소득금액을 산정해야 함

구분	금융소득	종합과세기준금액	초과금액	G-up 대상 여부
국내은행 정기예금이자	1,000만원	① 1,000만원	-	×
국내일반법인 현금배당액	3,000만원	② 1,000만원	2,000만원	○
계	4,000만원	2,000만원	2,000만원	

- Gross-up 금액 = 2,000만원 × 10% = 200만원
- 배당소득금액 : 3,000만원 + 200만원 = 3,200만원
- 종합과세대상 금융소득금액 = 이자소득금액 1,000만원 + 배당소득금액 3,200만원 = 4,200만원

78 ④

〈주식 양도소득세 신고기한〉

구분	신고기한
국내주식	양도일이 속하는 반기의 말일부터 2개월
국외주식	확정신고(예정신고 제외)

양도소득세 과세대상이 되는 주식 등을 양도할 때, 양도일이 속하는 반기의 말일부터 2개월 이내에 양도소득세를 예정신고하고 세액을 납부하여야 한다.

79 ③

- 채권에 투자하여 얻는 이익은 이자와 할인액, 중도매매에 따른 매매차익으로 구분할 수 있다. 소득세법에서 채권 매매차익은 과세대상 소득으로 열거되어 있지 않으므로 과세하지 않는다. 즉, 채권의 이자와 할인액에 대해서는 이자소득세, 채권의 매매차익에 대해서는 과세하지 않는다.
- 채권의 양도차손은 1,000천원이나 다른 종합소득금액에서 공제되지도 않을 뿐만 아니라 오히려 보유기간이자 1,000천원이 이자소득으로 과세된다.

80 ②

② 계약자 1명당 납입할 보험료 합계액이 1억원 이하이고, 최초로 보험료를 납입한 날부터 만기일 또는 중도일까지의 기간이 10년 이상인 것. 단, 최초 납입일부터 만기일 또는 중도해지일까지의 기간은 10년 이상이지만 10년이 경과하기 전에 납입보험료를 확정된 기간 동안 연금형태로 분할 지급받는 경우 제외

81 ①

- 소득세 : 거주자의 경우 주소지를 원칙적인 납세지로 하며 주소지가 없는 경우에는 거소지로 한다. 비거주자의 경우 주된 국내사업장 소재지를 납세지로 하며 국내사업장이 없는 경우에는 국내원천소득이 발생하는 장소로 한다.
- 취득세 : 일정한 자산의 취득에 대하여 그 취득자에게 부과하는 지방세로, 취득세 과세대상 물건을 취득한 경우 취득 물건 소재지에서 그 취득자에게 부과한다.

82 ④

취득이란 매매, 교환, 상속, 증여, 기부, 법인에 대한 현물출자, 건축, 개수, 공유수면의 매립, 간척에 의한 토지의 조성 등과 그 밖에 이와 유사한 취득으로서 원시취득, 승계취득 또는 유상·무상의 모든 취득을 말하며, 취득세란 일정한 자산의 취득에 대하여 그 취득자에게 부과하는 지방세를 말한다.

83 ③

- 재산세 과세기준일(매년 6월 1일) 현재 재산을 사실상 소유하고 있는 자는 재산세를 납부할 의무가 있다.
- 주택의 재산세 납기 : 해당 연도에 부과·징수할 세액의 1/2을 매년 7월 16일부터 7월 31일, 매년 9월 16일부터 9월 30일까지(다만, 해당 연도에 부과할 세액이 20만원 이하인 경우에는 납부기한을 7월 16일부터 7월 31일까지로 하여 한 번에 부과·징수)
- 재산세에 관련 부가세로는 재산세 도시지역분(주택 재산세 과세표준의 0.14%)과 지방교육세(재산세 납부세액의 20%), 지역자원시설세(주택 건축물 시가표준액의 60%의 0.04~0.12%)가 있다.

84 ③

③ 주택에 대한 종합부동산세 과세표준은 납세의무자별로 주택의 공시가격을 합산한 금액에서 9억원(1세대 1주택자는 12억원)을 공제한 금액에 공정시장가액비율(60%)을 곱한 금액으로 한다.

85 ①

- 다. 양도담보 제공 : 채무자가 채무의 변제를 담보하기 위하여 자산을 양도하는 계약을 체결한 경우에 일정한 요건을 갖춘 계약서의 사본을 과세표준확정신고서에 첨부하여 신고하는 때에는 이를 양도로 보지 아니한다.
- 라. 매매원인의 무효로 인한 소유권의 이전 또는 환원 : 매매원인 무효의 소에 의하여 그 매매사실이 원인무효로 판시되어 환원되는 경우에는 양도로 보지 아니한다.

86 ③

③ 취득가액 중 사업소득 또는 부동산임대소득의 계산에 있어서 필요경비(감가상각비, 현재가치할인차금 상각액)에 산입된 금액은 취득가액에서 제외한다. 이는 필요경비가 중복하여 공제되는 것을 제한하기 위함이다.

87 ③

- 환산취득가액 : $2,000,000천원 \times \dfrac{500,000천원}{1,000,000천원} = 1,000,000천원$
- 기타 필요경비 : 취득시 실지거래가액을 확인할 수 없으므로 개산공제액 적용 500,000천원(취득시 기준시가)×3% = 15,000천원
- 양도차익 = 양도가액 2,000,000천원 − 취득가액 1,000,000천원 − 기타 필요경비 15,000천원 = 985,000천원

88 ②

장기보유특별공제의 일반적인 적용요건은 다음과 같다.

- 국내에 소재하는 토지·건물일 것(양도소득세 중과대상 주택 제외)
- 자산의 보유기간이 3년 이상일 것
- 등기자산일 것

89 ④

④ 연평균 과세표준에 기본세율(6~45%)을 곱하여 연평균 산출세액을 계산한다.

90 ③

〈연금계좌에서 연금수령 시 원천징수세율〉

구분			세율	
그 외 소득 (운용수익 및 공제받은 자기부담금을 원천으로 연금수령 시)	① 연령	70세 미만	5%	①, ②의 요건 동시 충족 시 낮은 세율 적용
		70세 이상~80세 미만	4%	
		80세 이상	3%	
	② 종신연금계약(사망일까지 연금수령하면서 중도해지할 수 없는 계약)		4%	
이연퇴직소득을 원천으로 연금수령 시	연금수령당시 이연퇴직소득세 × $\dfrac{\text{연금 외 수령한 이연퇴직소득}}{\text{연금 외 수령 당시 이연퇴직소득}}$ × 70%(60%) ※ 2020.1.1. 이후 연금수령분부터 실제수령연차가 10년을 초과하는 경우 60% 적용			

2회 AFPK® MODULE 1 정답 및 해설

01	02	03	04	05	06	07	08	09	10
②	③	③	③	②	①	④	①	④	④
11	12	13	14	15	16	17	18	19	20
②	④	②	①	③	③	③	①	③	①
21	22	23	24	25	26	27	28	29	30
①	③	②	②	①	①	②	②	③	③
31	32	33	34	35	36	37	38	39	40
④	④	②	③	③	④	②	③	②	①
41	42	43	44	45	46	47	48	49	50
④	②	①	②	③	③	①	②	③	①
51	52	53	54	55	56	57	58	59	60
③	①	③	①	②	②	③	①	①	④
61	62	63	64	65	66	67	68	69	70
③	①	②	①	①	④	②	②	④	①
71	72	73	74	75	76	77	78	79	80
③	①	②	①	①	②	②	②	②	④
81	82	83	84	85	86	87	88	89	90
③	②	③	③	④	④	④	④	③	②
91	92	93	94	95	96	97	98	99	100
③	④	④	①	①	②	②	②	④	②

재무설계 개론

01 ②

② 재무설계사는 금융상품을 판매하고 관리하는 세일즈맨이 아니라, 고객의 인생전반을 아우르는 플랜을 세우고 실행방안을 종합적으로 모색하여 고객의 실행을 통해 재무목표를 달성할 수 있도록 돕는 재무전문가이다.

02 ③

③ 고객의 재무목표기간에 따라 투자자산에 운용되어지던 자금들이 운용자산 항목으로 이동할 수도 있고, 운용자산에 있던 자금들이 투자자산 항목으로 이동할 수도 있다. 예를 들어 부동산 취득자금 마련을 위해 그동안 진행해오던 주식, 펀드 등 투자자금과 예적금 등을 만기에 맞춰 CMA등 수시입출금이 가능한 통장으로 모을 필요가 있다. 또는 보너스 등 일시적 수입(기타유입)이 발생할 경우 이를 재무목표 기간에 따라 투자나 예금 항목에 불입할 수도 있다.

03 ③

③ 국민연금이나 공무원연금, 군인연금, 사학연금 등과 같은 공적연금은 재무상태표에는 포함하지 않는다. 물론 공적연금은 은퇴재무목표 달성을 위해 매우 중요한 자산이지만 그 특성상 스스로 형성한 자금을 기반으로 연금액이 결정되는 다른 연금자산과는 달리 소득재분배기능 등 여러 변수가 함께 고려되는 자산이므로 재무상태표에 포함하지 않으며, 재무건전성 파악을 위한 재무상태 분석에도 반영하지 않는다. 다만, 노후필요자금을 산출하거나 노후준비를 위한 추가저축액을 계산하는 등의 은퇴설계 과정에서는 공적연금에 대한 정보가 필요하므로 별도의 항목으로 수집하여 주석으로 반영한다.

04 ③

③ 모든 부채는 작성일을 기준으로 앞으로 상환해야 하는 잔액을 기록한다.

05 ②

• 월 순수입 : 근로소득 6,000 + 기타소득 1,000 = 7,000천원
• 월 총지출 : 변동지출 + 고정지출 = 2,000 + 2,000 = 4,000천원
• 가계수지상태지표 : $\dfrac{월\ 총지출}{월\ 순수입} = \dfrac{4,000}{7,000} = 0.5714 = 57.14\%$

06 ①

〈비상예비자금지표〉

평가지표	재무비율
비상예비자금지표	$\dfrac{현금성자산}{월\ 총지출}$

• 월 총지출 : 고정지출 + 변동지출 = 3,000 + 2,000 = 5,000천원
• 비상예비자금지표 : $\dfrac{현금성자산}{월\ 총지출} = \dfrac{7,000}{5,000} = 1.4배$

07 ④

현재가치는 미래에 발생할 일정금액을 현재시점의 화폐가치로 환산한 것으로, 미래가치를 기간에 따른 할인율로 할인하여 구한다.

$$PV = \frac{FV}{(1+i)^n}$$

08 ①

다. 2단계 고객 관련 정보의 수집 단계에서 수행해야 할 핵심 업무에 해당한다.
라. 2단계 고객 관련 정보의 수집 단계에서 수행해야 할 핵심 업무에 해당한다.

09 ④

① 고객 관련 정보수집은 '면담 또는 화상미팅을 통해서 파악'하는 것이 가장 좋다. 이 방법은 정량적 정보뿐만 아니라 정성적 정보를 파악하기에 용이하고 고객과의 신뢰관계 형성에도 가장 적합한 방법이다. 면담이 불가능할 경우에는 설문서나 전화 또는 이메일 등을 통해서도 가능하다. 하지만 이와 같은 방법은 불명확한 정보를 수집할 수도 있고, 정성적 정보를 파악하기에는 한계가 있다.
② 재무설계를 위한 고객의 목표는 현실적이고 명확해야 한다. 재무설계사는 고객으로 하여금 고객이 막연하게 생각하고 있는 인생목표를 구체적으로 생각해 보게 하고 그것을 표현할 수 있도록 돕는다. 목표설정을 어려워하거나, 목표의 우선순위 설정에 혼란을 겪거나, 비현실적인 목표를 생각하는 고객이 있다면 재무설계사가 도움을 주어야 한다.
③ 재무목표는 구체적이고 측정 가능해야 한다. 즉, 기간이 명시되어 있어야 하며, 금액으로 수치화가 가능해야 한다. '조만간 내 집 마련'과 같은 목표가 아니라 '5년 후에 특정 지역에 약 10억원 정도의 아파트 마련' 등과 같이 구체적이며 측정 가능한 목표여야 한다.

10 ④

가. 신용을 이용하여 현재의 구매력을 증가시킬 수 있다. 지출이 소득보다 많은 시기에는 신용의 사용을 통해 미래의 소득을 미리 당겨서 사용함으로써 현재의 구매력을 증가시켜 필요한 지출이 가능하도록 도와준다. 그러나, 신용은 미래의 구매력을 감소시킨다. 신용의 사용은 미래의 소득을 미리 당겨서 사용하는 것이므로 현재의 구매력은 증가되는 반면 미래의 구매력은 감소하게 되어 미래의 경제적 생활수준에 부정적인 영향을 미칠 수 있다.

11 ②

② 개인신용평점이란 신용평가회사가 개인의 과거와 현재의 신용정보를 수집한 후 이를 통계적으로 분석하여 향후 1년 내 90일 이상 장기연체 등 신용위험이 발생할 가능성을 통계적 방법에 의하여 1~1,000점으로 점수화하여 제공하는 지표이다.

12 ④

모두 적절한 설명이다.

13 ②

가. 만기일시상환은 대출기간 동안은 이자만 내다가 만기일에 원금을 모두 상환하는 방식을 말한다. 만기일까지는 이자만 납부하면 되므로 대출금을 잘 활용할 수 있는 장점이 있다.
나. 원금균등분할상환은 대출원금을 대출기간으로 균등하게 나누어 상환하는 방식을 말하는데, 대출기간 동안 원금을 분할한 금액과 그에 따른 이자를 매달 갚아나가는 방식으로 대출금액을 갚아나갈수록 원금이 줄어들어 매달 부담하는 이자도 줄어든다. 원리금균등분할상환과 비교하여 대출기간 전체의 총 이자 납부액이 더 적다.
다. 원리금균등분할상환은 만기까지의 대출원금과 이자를 미리 계산하여서 매월 일정한 금액을 상환하는 방식을 말하는데, 매월 상환액이 일정하므로 자금수급 계획을 수립하기가 용이하다. 다만, 이자가 남아있는 원금에 대해 부과되어 원금균등분할상환에 비해 이자를 더 많이 내게 된다.

14 ①

가. 자기과신
나. 소유효과

15 ③

③ Yes, No를 요구하는 폐쇄형 대화방식이 아니라 고객의 생각이나 의견을 묻는 개방형 대화방식으로 대화를 이끌어 나간다. 고객의 가치관, 돈에 대한 태도 등 비재무적(정성적) 정보는 개방형 대화를 통해서만 얻을 수 있는 정보이다.

16 ③

① 충실의무에 대한 설명이다.
② 충실의무에 대한 설명이다.
④ 능력개발의 원칙에 대한 설명이다.

17 ③

① 고객우선의 원칙에 대한 설명이다.
② 성실성의 원칙에 대한 설명이다.
④ 공정성의 원칙에 대한 설명이다.

18 ①

① 파산자로서 복권되지 아니한 자 또는 파산신청 후 5년이 지나지 아니한 자

19 ③

가. 업무수행내용 2-1 : 고객의 개인적인 재무목표, 니즈 및 우선순위의 파악
나. 업무수행내용 1-1 : 재무설계 및 자격인증자의 역량에 대한 정보제공
다. 업무수행내용 4-1 : 재무설계 대안의 파악 및 평가
라. 업무수행내용 3-1 : 고객 관련 정보의 분석

20 ①

가. 항상 대문자(큰 대문자와 작은 대문자 혼용 가능)로 사용하여야 한다.
다. 자격상표를 이메일 주소의 일부로 사용하여서는 아니 된다.
라. 자격상표를 도메인 이름의 일부로 사용하여서는 아니 된다.

은퇴설계

21 ①

① 은퇴설계 전문가로서 재무설계사의 역할은 고객의 목표와 니즈를 파악하여 합리적인 은퇴설계안을 개발하고 실행하도록 함으로써 고객이 은퇴 후 원하는 삶을 살 수 있도록 돕는 것이다. 고객이 가입하였거나 가입할 수 있는 공적연금의 차이를 기초로, 직업에 따른 퇴직연금과 개별적으로 보유하고 있는 개인연금 등의 은퇴자산을 평가하는 것도 고객의 성별, 나이, 결혼상태, 자녀 유무와 자녀 수 등의 인구통계학적 특성이 반영되어 맞춤화되어야 한다. 뿐만 아니라 고객의 건강상태, 성격, 위험수용성향 등 건강과 심리적인 상황 등 매우 다양한 개인적 또는 환경적 특성에 따라 달라져야 한다. 따라서 고객의 은퇴설계를 담당하는 재무설계사는 그 무엇보다 고객과의 관계형성이 매우 중요하며, 개개인이 갖고 있는 문제를 해결하기 위해 획일화된 일정한 모듈이나 틀에 맞추어 은퇴설계안을 제시해 주는 것을 지양하여야 한다. 고객 각각의 상황과 특성에 대한 깊은 이해와 통찰을 바탕으로 은퇴설계에 대한 조언을 해줄 수 있어야 한다.

22 ③

가. 개인연금에 대한 설명이다.
나. 국민연금에 대한 설명이다.
다. 퇴직연금에 대한 설명이다.

23 ②

A. 은퇴소득원 점검
B. 비상예비자금 점검
C. 저축여력 점검

24 ②

② 주택연금 가입대상 주택은 가입자 또는 배우자가 실제로 거주지로 이용하고 있어야 한다. 신탁방식의 주택연금은 저당권 방식의 주택연금과 달리 일부 임대한 경우 임대보증금을 공사가 지정하는 은행에 예치하는 조건으로 신청이 가능하다.

25 ①

다. 5단계 : 연간 은퇴저축액 계산에 대한 설명이다. 4단계는 추가로 필요한 은퇴일시금을 계산하는 단계이다.
라. 6단계 : 은퇴저축(투자) 계획 수립에 대한 설명이다.

26 ①

- 추가로 필요한 은퇴일시금은 총은퇴일시금에서 은퇴자산 평가금액을 차감하는 방식으로 계산한다.
- 은퇴자산 평가금액 : 303,000 + 243,000 + 700,000 = 1,246,000천원
- 추가로 필요한 은퇴일시금 : 1,500,000 − 1,246,000 = 254,000천원

27 ②

① 기초연금, 국민연금 및 직역연금은 공적연금으로 분류하고 관련 정보를 수집한다. 기타자산으로 분류할 수 있는 은퇴자산으로는 골동품, 서화, 예상하는 상속재산 등이 있다.

③ 역사적 수익률이 장래에도 동일하게 실현되는 것은 아니므로 은퇴자산 세후수익률은 가능한 보수적으로 결정하는 것이 바람직하다. 보수적으로 정한다는 것은 은퇴기간은 고객이 원하는 기간보다 길게, 은퇴자산 세후투자수익률은 시장수익률과 같거나 낮은 수준으로, 물가상승률은 역사적 평균보다 약간 높은 수준으로 정하는 것을 말한다. 제반 가정조건을 보수적 입장에서 결정함으로써 은퇴자산을 더 높은 수준에서 축적하게 되고, 은퇴기에 준비된 은퇴자산이 조기에 소진되지 않는다.

④ 소득세율은 다양한 사회적, 경제적, 정치적 요인 등 복잡한 환경적 변화에 따라 정책적으로 결정되는 것이므로 이를 추정하거나 예측하기는 어렵다. 따라서 은퇴설계 시 소득세율은 설계 당시의 세율을 적용한다. 은퇴자산 축적기간 또는 은퇴소득 인출기간 동안 소득세율이 개정되어 예측한 현금흐름에 크게 영향을 미치게 되는 경우 기존의 은퇴설계안을 수정해 나간다.

28 ②

② 장수위험에 대비하여 통계청에서 발표하는 은퇴연령에 따른 기대수명에 일정 기간(예를 들면 5~10년)을 더하여 보수적으로 결정할 수도 있다.

29 ③

① 전략적 자산배분에 대한 설명이다.

② 전략적 자산배분에 대한 설명이다.

④ 전술적 자산배분은 본질적으로 저평가된 자산을 매수하고, 고평가된 자산을 매도함으로써 투자수익률을 높이는 역투자전략이다.

30 ③

① 기초연금을 받을 수 있는 사람은 만 65세 이상이고 대한민국 국적을 가지고 있으며 국내에 거주하는 노인 중 가구의 소득인정액이 선정기준액 이하인 사람이다.

② 소득인정액이란 월 소득평가액과 재산의 월 소득환산액을 합산한 금액을 말한다. 여기서 소득평가액은 근로소득에서 기본공제액인 110만원(2025년 기준)을 공제한 금액에서 30%를 추가로 공제한 금액에 기타소득을 더하여 산정한다.

④ 산정된 기초연금액은 가구 유형, 소득인정액 수준에 따라 감액될 수 있다. 부부가 모두 기초연금 수급자인 경우 각각에 대하여 산정된 기초연금액의 20%를 감액하여 지급한다. 한편, 최저연금액 보장제도를 두고 있는데 단독가구, 부부 1인 수급 가구는 기준연금액의 10%, 부부 2인 수급 가구는 기준연금액의 20%를 최저연금액으로 지급한다.

31 ④

① 국민이라 함은 국적법에 의하여 대한민국 국적을 취득한 자를 말하며, 재외국민, 북한이탈주민을 포함한다.

② 국민연금법에 의하여 국민연금에 의무적으로 가입해야 되는 사업장을 당연적용사업장(1인 이상의 근로자를 사용하는 사업장 또는 주한외국기관으로서 1인 이상의 대한민국 국민인 근로자를 사용하는 사업장)이라 한다. 당연적용사업장의 18세 이상 60세 미만의 사용자 및 근로자는 당연히 사업장가입자가 된다.

③ 국민연금에 가입된 사업장에 종사하는 18세 미만 근로자도 사업장가입자가 되는 것으로 본다. 다만, 18세 미만 근로자가 국민연금 가입을 희망하지 않는다면 '국민연금 사업장가입자 적용제외 신청서'를 국민연금공단에 제출함으로써 국민연금에 가입하지 않을 수도 있다.

32 ④

① 납부한 국민연금 보험료가 있는 가입자 또는 가입자였던 자로서 60세에 달한 자가 가입기간을 연장하여 더 많은 연금을 받기를 원할 경우는 65세에 달할 때까지 신청에 의하여 임의계속가입자가 될 수 있다.

② 지역가입자, 임의가입자 및 임의계속가입자의 연금보험료는 본인이 전액 부담하며 그 금액은 기준소득월액의 9%에 해당하는 금액이다.

③ 국민연금 보험료는 월납이 원칙이다. 연금보험료의 납부기한은 해당 월의 다음 달 10일이다.

33 ②

다. 반환일시금 반납방법에는 일시납부와 분할납부가 있다. 분할납부 횟수는 반납기간에 따라 최대 24회까지 허용한다. 일시납부 및 분할납부 금액을 계산하는데 적용하는 이자율은 해당 기간 중에 적용되었던 1년 만기 정기예금이자율이다.

34 ③

③ 가입자 개인의 평균소득(B값)이 가입자 전체 평균소득(A값)과 동일하고 가입기간이 40년인 자의 연금급여수준을 소득대체율이라 하고, 이는 기본연금액 산정식의 비례상수에 따라 결정된다.

35 ③

③ 노령연금 수급권자로서 연금지급의 연기를 희망하는 경우 노령연금 수급개시연령부터 5년의 기간 이내에 그 연금의 전부 또는 일부의 지급을 연기할 수 있다. 이를 노령연금 연기제도라고 한다. 연기비율은 50%, 60%, 70%, 80%, 90%, 100% 중에서 수급권자가 선택할 수 있고 해당 기간 중 신청횟수의 제한은 없다.

36 ④

〈장애연금 급여수준〉

장애등급	급여수준
1급	기본연금액의 100% + 부양가족연금액
2급	기본연금액의 80% + 부양가족연금액
3급	기본연금액의 60% + 부양가족연금액
4급	기본연금액의 225%(일시보상금)

37 ②

연계기간이 10년 이상인 자 중 국민연금 또는 직역연금의 가입(재직)기간이 1년 미만인 경우에는 연금이 아닌 일시금으로 지급한다. 임의계속가입 기간 동안 납부한 보험료의 경우 연계대상기간에는 포함하지 않으나 연계노령(유족)연금액 산정 시에는 연금액으로 산정한다.

38 ③

공무원이 10년 이상 재직하고 퇴직한 경우 본인의 희망에 따라 퇴직연금, 퇴직연금공제일시금, 퇴직연금일시금을 선택할 수 있다.

가. 퇴직연금공제일시금

나. 퇴직연금

다. 퇴직일시금

39 ②

② 새로 성립된 사업의 경우 사용자는 근로자대표의 의견을 들어 사업성립 후 1년 이내에 DB형 또는 DC형 퇴직연금제도를 설정해야 한다.

40 ①

가. 무주택자인 가입자가 본인의 명의로 주택을 구입하는 경우

나. 무주택자인 가입자가 주거를 목적으로 전세금 또는 보증금을 부담하는 경우(가입자가 하나의 사업 또는 사업장에 근로하는 동안 1회로 한정됨)

다. 가입자, 가입자의 배우자 및 부양가족이 질병 또는 부상으로 6개월 이상 요양을 하는 경우(요양비가 급여총액의 12.5% 이상인 경우에 한함)

41 ④

④ DC형 퇴직연금의 수수료는 기본적으로 사용자가 부담해야 하지만, 근로자가 납입하는 추가부담금에 대한 수수료는 노사합의가 없는 한 근로자가 부담한다.

42 ②

① IRP의 계약내용이나 운용방법은 DC형 퇴직연금과 동일하다.

③ IRP계좌에서 연금수령은 55세 이후부터 가능하며, 원칙적으로 적립금의 일부를 중도에 인출할 수 없으므로(법에서 정한 사유에 해당하는 경우에만 허용) 자금이 필요한 경우 IRP를 전부 해지하여야 한다.

④ 10인 미만 사업장에서 사용자가 근로자 전원의 동의를 얻어 근로자 전원이 IRP를 설정하거나 개별 근로자가 사용자의 동의를 얻어 IRP를 설정하고 사용자가 사용자부담금을 납부하면 퇴직급여제도를 설정한 것으로 본다.

43 ①

① 퇴직 시 퇴직일시금을 IRP가 아닌 일반 계좌로 지급받은 사람은 퇴직일시금을 지급받은 날로부터 60일 이내에 이미 수령한 퇴직급여를 IRP에 입금하여 원천징수된 퇴직소득세를 환급받을 수 있다.

44 ②

⟨IRP계좌 인출 시 소득원천별 과세내용⟩

인출 형태	소득원천	과세세목	비고
연금수령	퇴직급여 납입액	연금소득세	이연퇴직소득세×70% 또는 60%[주2]
	가입자 납입액[주1]		연금소득세(5%, 4%, 3%)[주3]
	IRP 운용수익		
일시금 수령	퇴직급여 납입액	퇴직소득세	퇴직 시 산출된 퇴직소득세 100%
	가입자 납입액[주1]	기타소득세	적용세율 : 15%
	IRP 운용수익	기타소득세	

주1) 연금계좌세액공제를 받지 않은 납입액은 과세대상이 아님

주2) 연금실제수령연차 10년 차까지는 70%, 11년 차 이후에는 60% 적용

주3) 연금수령 나이에 따라 차등과세(지방소득세 제외)

45 ③

구분		연금저축계좌
시행기간		'13.3월~현재
가입대상		제한 없음
납입한도		연간 1,800만원[주]
연금수령 요건	납입기간	5년 이상
	연금개시	55세 이후
	연금수령	연금수령한도 내 수령

주) 연간 납입한도 이외에 일정한 한도 내에서 ISA 전환금 및 고령자 주택 축소 차액 자금을 추가로 납입 가능

46 ③

⟨금융권별 연금저축상품의 특성⟩

구분	연금저축펀드	연금저축보험	연금저축신탁
판매회사	은행, 보험, 증권사		은행
납입방식	자유적립	정액/정기납입	자유적립
적용금리	실적배당	공시이율	실적배당
적립금 운용	수익성	안전성	안전성, 수익성
중도인출(부분 해지)	가능	불가능^{주)}	가능
연금수령방식	확정금액형 확정기간형	확정기간형 종신연금형(생보)	확정기간형
원금보장	비보장	보장	보장
예금자보호	비보호	보호	보호

주) 의료비 계좌로 지정하면 연금개시 후 소득세법에서 정한 의료비 지출에 따른 인출은 허용됨

47 ①

소득세법에서는 세액공제 받지 않은 납입액, 이연퇴직소득, 세액공제 받은 납입액 및 운용수익의 순으로 인출되는 것으로 본다. 연금저축계좌 납입액 중 세액공제를 받지 않은 금액은 중도해지 및 연금수령 시 과세대상에서 제외된다.

48 ②

⟨연금저축 납입단계 세액공제⟩

소득기준	세액공제 적용 납입액 한도	세액공제율(지방소득세 별도)
종합소득금액 4,500만원 이하 (근로소득만 있는 경우 총급여액 5,500만원 이하)	연간 600만원	15%
종합소득금액 4,500만원 초과 (근로소득만 있는 경우 총급여액 5,500만원 초과)		12%

49 ③

가. 연금계좌 가입자가 사망한 경우 배우자에 한해서 연금계좌를 승계할 수 있어 유족배우자의 생활보장을 위한 연금으로 활용될 수 있다.

다. 배우자가 연금계좌를 승계한 경우 승계한 날에 배우자가 새로이 가입한 것으로 간주한다. 따라서 배우자 나이가 55세에 달하지 않았다면 55세부터 연금개시를 하여야 한다.

50 ①

① 상속연금은 피보험자 생존 시 연금을 지급하고, 사망 시 그 유족에게 잔여 연금적립금을 지급한다.

부동산설계

51 ③

가. 다가구주택
나. 연립주택

52 ①

② 영속성
③ 부증성
④ 개별성

53 ③

③ 수요는 부동성으로 인해 시장이 국지화되어 수요의 이동이 자유롭지 못하고 개별성으로 인해 차별화된 수요 유형을 가진다.

54 ①

① 공급곡선이 일정한 가운데 가구 수의 증가나 소득의 증가로 부동산의 수요곡선이 우측으로 이동할 경우 균형가격이 상승하고 거래량이 증가한다.

55 ②

② 대체재의 가격 상승 및 수익률 악화는 부동산 수요가 증가하는 주요 요인이다. 공급곡선이 일정한 가운데 부동산 수요의 증가로 부동산의 수요곡선이 우측으로 이동할 경우 균형가격이 상승하고 거래량이 증가한다.

56 ②

가. 호황기
나. 경기회복기

57 ③

용익물권에는 지상권, 지역권, 전세권이 있으며 담보물권으로는 저당권, 유치권, 질권이 있다.

58 ①

민법이 규정하는 것으로 취득시효, 소멸시효, 혼동, 무주물 선점, 유실물 습득, 매장물 발견, 첨부(부합, 혼화, 가공), 상속 등이 있으며 민법 이외의 법률이 규정하는 것으로는 공용징수(토지보상법), 몰수(형법), 경매(민사소송법) 등이 있다.

59 ①

② 부동산은 매매와 같은 법률행위를 하고 이를 등기함으로써 물권변동이 일어나는 성립요건주의이며 동산과 달리 목적물의 인도는 부동산 물권변동의 요건이 아니다.
③ 부동산의 공시방법은 부동산등기를 이용하며, 동산은 점유 내지 인도이다.
④ 현행법상 동산의 물권변동에서는 공신의 원칙이 인정되어 거래상대방의 신뢰를 보호하는 선의취득이 인정되지만, 부동산 물권변동에서는 공신의 원칙이 인정되지 않는다. 이렇게 등기에 공신력이 인정되지 않는 이유는 우리나라의 등기절차가 실질적 심사가 아닌 형식적 심사로 이뤄지고 있기 때문이다.

60 ④

가. 가등기는 부동산물권 및 이에 준하는 권리의 설정·이전·변경·소멸의 청구권을 보전하기 위해 미리 예비로 하는 등기로, 등기의 순위에 있어 가등기를 한 후 가등기에 의한 본등기가 있는 경우에는 본등기의 순위는 가등기의 순위에 따른다.

나. 환매는 부동산 매도인이 매매계약과 동시에 매수인에게 금전을 차용하면서 매도인 소유의 부동산을 이전한 후 그 영수한 대금 및 매수인이 부담한 매매비용을 반환하고 그 목적물을 다시 매도인에게 이전하는 것을 말한다. 따라서 환매는 매도인이 차입하는 경우에 많이 사용되며 환매대금은 특별한 약정이 있으면 그 약정에 따른다. 부동산의 환매기간은 최대 5년이며, 환매기간을 정한 때에는 이를 다시 연장하지 못한다. 또한 환매기간을 정하지 아니한 때에는 5년으로 한다. 부동산 매매 시 매매등기와 동시에 환매권의 보류를 등기한 때에는 제3자에게 효력이 있다.

61 ③

③ 압류등기, 환매등기는 갑구에 기재된다.

62 ①

가. 영구적 건축물 중 주거·사무실·점포와 박물관·극장·미술관 등 문화시설과 이에 접속된 정원 및 부속시설물의 부지, 택지조성공사가 준공된 토지 등을 '대(垈)'라고 하므로 주거용 건축물의 부지로 사용할 수 있다.

나. 주택으로 쓰이는 층수가 5개 층 이상인 주택은 건축법상 '아파트'에 해당한다.

63 ②

② 공매는 온라인으로 입찰을 한다는 점에서 경매에 비해 매우 편리하나, 국유재산과 압류재산의 경우 명도책임이 매수인에게 있다는 점이 경매와 다르다. 즉, 경매는 인도명령 제도가 있기 때문에 강제집행이 가능하나, 국유재산과 압류재산의 경우에는 명도 과정에서 점유자와 합의가 되지 않는 경우 명도소송을 통해 매수인이 명도책임을 부담해야 한다.

64 ①

② 해제를 하게 되면 계약으로 생긴 법률 효과는 모두 소급적으로 소멸한다. 다만, 계약 이후부터 해제 전까지 제3자가 권리를 취득했다면 그 권리는 인정된다.

③ 계약이 해제된 경우 중도금 지급 등 이미 이행한 급부가 있는 경우에는 해제의 상대방은 물론이고 해제권자도 원상회복의무를 부담한다.

④ 계약의 해제는 손해배상청구에 영향을 미치지 않는다.

65 ①

다. 대리인이 매도인이나 매수인으로부터 대리권을 받지 아니하고 법률행위를 하는 경우 그 법률행위는 무권대리로서 원칙적으로 무효이다.

라. 구두로 매매계약을 체결할 수도 있으나 분쟁의 소지가 있을 수 있으므로 가능한 문서로 계약사항을 명확히 기재하는 것이 좋다.

66 ④

④ 임대인의 동의 없이 부착시킨 물건에 대해서는 부속물매수청구권은 인정되지 않는다.

67 ②

임대차는 그 등기가 없는 경우에도 임차인이 주택의 인도와 주민등록을 마친 때에는 그 다음 날부터 제3자에 대하여 효력이 생긴다. 이 경우 전입신고를 한 때에 주민등록이 된 것으로 본다. 임대차가 끝난 후 보증금이 반환되지 아니한 경우 임차인은 임차주택의 소재지를 관할하는 지방법원, 지방법원지원 또는 시·군법원에 임차권등기명령을 신청할 수 있다. 임차권등기명령의 집행에 따른 임차권등기가 끝난 주택을 그 이후에 임차한 임차인은 우선변제를 받을 권리가 없다.

68 ②

• 차임 등의 증감청구권 : 증액의 경우에는 청구 당시의 차임 또는 보증금의 100분의 5의 금액을 초과하지 못하며, 증액 청구는 임대차계약 또는 약정한 차임 등의 증액이 있은 후 1년 이내에는 하지 못한다.
• 월차임 전환 시 산정률의 제한 : 보증금의 전부 또는 일부를 월 단위의 차임으로 전환하는 경우에는 그 전환되는 금액에 연 12%와 한국은행에서 공시한 기준금리에 4.5배수를 곱한 비율 중 낮은 비율을 초과하지 못하도록 규정하고 있다.

69 ④

① 일정기간 이상 가입해야 청약 1순위 자격을 획득할 수 있다.
② 기존의 청약저축에 청약예금, 청약부금 기능을 한데 묶어 놓은 입주자저축(청약통장)으로 국민주택과 민영주택 모두에 청약할 수 있다.
③ 여기서 '지역'은 청약통장 가입자의 거주지 기준이다.

70 ①

1순위 제한 자 : 세대주가 아닌 자, 과거 5년 이내에 다른 주택에 당첨된 세대에 속한 자, 2주택 이상 소유한 세대에 속한 자

71 ③

③ 개업공인중개사는 중개 업무에 관하여 중개 의뢰인으로부터 소정의 보수를 받는다. 다만, 개업공인중개사의 고의 또는 과실로 인하여 중개 의뢰인 간의 거래행위가 무효, 취소 또는 해제된 경우에는 그러하지 아니한다.

72 ①

• 건폐율 $= \dfrac{건축면적}{대지면적} \times 100 = \dfrac{360}{900} \times 100 = 40\%$

• 용적률 $= \dfrac{건축물의 연면적}{대지면적} \times 100 = \dfrac{1,440}{900} \times 100 = 160\%$

73 ②

다. 사용승인을 얻은 건축물의 용도를 변경하고자 하는 자는 특별자치시장·특별자치도지사 또는 시장·군수·구청장의 허가를 받거나 신고를 하여야 한다.

74 ①

• 감정평가액 : 대지 + 건물 = 60,000천원 + 10,000천원 = 70,000천원
• 권리가액 : 감정평가액×비례율 = 70,000천원×110% = 77,000천원
• 조합원 분담금 = 조합원 분양가 - 권리가액 = 250,000천원 - 77,000천원 = 173,000천원

75 ①

① 대항력과 계약갱신요구의 권리, 임차인의 권리금 보호 규정에는 보증금의 규모와 상관없이 적용된다.

상속설계

76 ②

가정법원의 실종선고가 확정되면 실종선고를 받은 자, 즉 실종자는 실종기간이 만료한 때 사망한 것으로 본다. 따라서 민법상 상속개시 시기는 실종기간이 만료한 때가 된다. 특별실종의 실종기간은 부재자가 전쟁, 침몰한 선박, 추락하는 항공기, 기타 사망의 원인이 될 위난을 당하고 그 위난이 종료한 때로부터 1년이다.

77 ②

② 고의로 직계존속, 피상속인, 그 배우자 또는 상속의 선순위나 동순위에 있는 자를 살해하거나 살해하려고 한 경우, 고의로 직계존속, 피상속인과 그 배우자에게 상해를 가하여 사망에 이르게 한 경우는 상속결격 사유에 해당하나, 고의로 상속의 선순위에 있는 자에게 상해를 가하여 사망에 이르게 한 경우는 상속결격 사유에 해당하지 않는다.

78 ②

② 적모 · 서자 및 계모자 사이에는 인척관계만 인정될 뿐이므로 계모자 또는 계부자 사이에 혈족관계가 인정되기 위하여는 입양절차를 거쳐야 한다. 계모자 사이와 적모 · 서자 사이에서는 상속권이 없다.

79 ②

- 선순위 또는 동순위의 상속인이 될 태아의 낙태도 결격사유에 해당하는지 문제가 되지만 대법원 판례는 낙태가 결격사유에 해당한다고 보고 있다. 따라서 태아를 살해하려는 고의로 낙태를 하면 그 낙태로 인하여 상속에 유리할 것이라는 인식 여부와 무관하게 상속결격자가 될 수 있다. 따라서 태아의 모인 김미순씨는 상속결격자가 된다.
- 양자와 관련하여 일반양자는 양부모와 친부모 양쪽 모두에 대한 직계비속으로 1순위 상속인이 되지만, 친양자의 경우 입양 시 양부의 성과 본으로 변경되고 친부모와의 법적인 관계가 모두 종료되므로 친양자는 양부모에 대하여 직계비속으로 상속권이 있지만 친부모에 대하여 상속권이 소멸한다. 따라서 자녀 A는 상속권이 없다.
- 제1순위인 피상속인의 직계비속과 배우자가 모두 상속순위에서 제외되므로 제2순위인 피상속인의 직계존속이 공동상속인이 된다.

80 ④

가. 배우자란 법률상의 배우자만을 의미하며 사실혼 배우자의 경우 상속권이 인정되지 않고, 상속인이 없는 경우로서 법에서 정한 일정 요건을 충족하는 경우 특별연고자로서 상속재산을 전부 또는 일부 분여받을 수 있을 뿐이다.

나. 민법에서는 법적안정성이라는 공익을 도모하기 위하여 포괄 · 당연승계주의를 채택하는 반면, 상속의 포기와 한정승인제도를 두어 상속인으로 하여금 그의 의사에 따라 상속의 효과를 귀속시키거나 거절할 수 있는 자유를 주고 있다.

81 ③

가. 공동상속의 경우에 상속인은 각자의 상속분에 따라 피상속인의 권리 · 의무를 승계한다. 이러한 승계는 피상속인의 사망으로 발생하는데, 공동상속인들 간 상속재산에 대한 분할이 완료될 때까지 공동상속인들은 상속재산을 공유하게 된다.

82 ②

② 상속재산에 속하는 개개의 물건 또는 권리는 공동상속인 전원의 동의 없이 단독으로 처분할 수 없지만 각 공동상속인은 개개의 상속재산에 대하여 각자의 상속분을 단독으로 처분할 수 있다.

83 ③

③ 상속재산은 상속 당시 피상속인의 재산을 의미하므로 상속 이후 상속재산으로부터 발생하는 과실은 상속개시 당시 존재하지 않았던 것이어서 이를 상속재산에 해당한다 할 수 없다. 따라서 상속개시 후 발생한 상속주식의 배당금, 상속부동산의 차임, 예금이자 등 상속재산의 과실은 상속 재산이 아니라 상속인들이 상속분에 따라 취득하는 그들의 공유재산이다. 따라서 상속재산의 과실들은 원칙적으로 상속재산분할의 대상이 아니고 공동상속인들은 별도의 공유물분할 또는 부당이득반환 등 민사상 청구로써 자신의 상속분에 상응하는 부분을 지급받아야 한다.

84 ③

• 사망 또는 결격된 상속인(피대습자)의 순위를 갈음하여 상속인이 된 대습상속인의 상속분은 피대습자의 상속분에 따르고, 대습자가 수인이라면 그들 사이의 관계는 법정상속분에 따른다.
• 최태준씨의 상속재산에 대한 법적상속분은 배우자 안예은이 3/7, 아들 최민수가 2/7, 딸 최민정이 2/7이므로 피대습자인 딸 최민정의 상속분 120,000천원을 다시 그 배우자인 이재경씨가 3/5, 자녀인 이규혁이 2/5만큼 대습상속하게 된다.
• 이재경씨의 대습상속분 : 420,000천원×6/35(＝2/7×3/5)＝72,000천원
• 이규혁의 대습상속분 : 420,000천원×4/35(＝2/7×2/5)＝48,000천원

85 ④

상속재산은 550,000천원에서 100,000천원을 뺀 450,000천원을 상속재산으로 본다. 여기에 법정상속분을 계산하면 최민정씨가 3/9, 세 자녀가 각각 2/9이므로 최민정씨가 150,000천원, 세 자녀가 각각 100,000천원씩 상속받게 되고 그 중 기여상속인인 배우자 최민정씨에게 기여분 100,000천원을 추가로 지급하면 최민정씨의 구체적 상속분은 250,000천원이 된다.

86 ④

④ 상속재산인 부동산의 분할 귀속을 내용으로 하는 상속재산분할심판이 확정되면 민법 제187조에 의하여 상속재산분할심판에 따른 등기 없이도 해당 부동산에 관한 물권변동의 효력이 발생한다.

87 ④

상속회복청구권은 재판상으로만 행사 가능하며 그 침해를 안 날로부터 3년, 상속권의 침해행위가 있은 날부터 10년이 경과하면 소멸된다.

88 ④

④ 자필증서에 의한 유언에서는 다른 유언과 달리 증인의 참여나 검인 등은 요건이 아니다.

89 ③

〈유언방식별 장단점〉

유언방식	내용	장점	단점(위험성)
자필증서	유언자가 유언 내용 등을 자서/날인 후 가정법원 검인 절차	별도의 증인이 필요 없음	유언자 사후 진정 성립 여부에 관하여 분쟁 가능성
녹음	유언자가 유언 내용을 구술하고, 증인(1명 이상)이 확인	핸드폰이나 카메라 등으로 간단하게 작성할 수 있음	녹음이 2개 이상 존재 시 무엇이 진실한 유언인지 분쟁 가능성
공정증서	유언자가 증인 2인과 공증인에게 유언취지 구술 후 공정 증서 작성	신빙성을 인정받기 쉬움	유언자가 유언 구술이 가능한 건강한 상태일 것
비밀증서	유언자가 비밀증서 작성 후 증인 2인 앞에서 자신의 유언서 임을 표시하여 확인받음	유언 내용의 비밀 유지에 유리함	객관적인 제3자가 개입되어 있지 않아 신빙성 여부가 문제될 수 있음
구수증서	유언자가 증인 1에게 구수한 후 증인 2인으로부터 유언을 확인받음	유언자가 위급한 경우에 사용 가능	질병 등 급박한 사유가 있는 경우에만 인정

90 ②

② 유언이 재산에 관한 것인 때에는 지정 또는 선임에 의한 유언집행자는 지체 없이 그 재산목록을 작성하여 상속인에게 교부하여야 한다. 그리고 상속인의 청구가 있는 때에는 재산목록 작성에 상속인을 참여하게 하여야 한다.

91 ③

- 유류분 산정 기초재산 : 상속개시 시의 상속재산 100,000천원 + 증여재산 500,000천원 − 채무전액 60,000천원 = 540,000천원
- 유류분의 범위 : 피상속인의 직계비속과 배우자는 법정상속분의 1/2, 피상속인의 직계존속과 형제자매는 법정상속분의 1/3
- 법정상속분 : 아내 서예지 3/5, 어머니 도지원 2/5
- 유류분 : 아내 서예지 162,000천원(3/5×1/2 = 3/10), 어머니 도지원 72,000천원(2/5×1/3 = 2/15)

92 ④

④ 기여분은 상속재산분할의 전제 문제로서의 성격을 가지는 것으로서 상속인들의 상속분을 일정 부분 보장하기 위하여 피상속인의 재산처분의 자유를 제한하는 유류분과는 서로 관계가 없다. 따라서 공동상속인 중에 상당한 기간 동거 간호 그 밖의 방법으로 피상속인을 특별히 부양하거나 피상속인의 재산의 유지 또는 증가에 특별히 기여한 사람이 있을지라도 공동상속인의 협의 또는 가정법원의 심판으로 기여분이 결정되지 않은 이상 유류분반환청구소송에서 기여분을 주장할 수 없다. 또한 기여분이 결정되었다고 하더라도 유류분을 산정함에 있어 기여분을 공제할 수 없고 기여분으로 유류분에 부족이 생겼다고 하여 기여분에 대하여 반환을 청구할 수도 없다. 다른 한편 기여분은 유류분에 의한 반환청구의 대상이 아니므로, 공동상속인 중의 1인에게 다액의 기여분이 주어짐으로써 다른 상속인의 취득액이 유류분에 미달하더라도 기여분은 유류분반환청구의 대상이 되지 않는다. 이 점에서는 기여분은 유류분에 우선한다.

93 ④

〈상속세와 증여세의 차이점〉

구분	상속세	증여세
법률행위	상속개시를 원인으로 포괄적 권리의무의 승계	당사자 쌍방 계약에 의한 재산의 무상이전
포기/반환행위	포기(단독행위)	반환(계약)
과세방식	유산세 방식(피상속인 재산 전체를 기준으로 과세)	유산취득세 방식(재산을 받은 자 별로 받은 재산에 대해 과세)
관할 세무서	피상속인의 주소지	수증자의 주소지
공제제도	상대적으로 종류가 다양	상대적으로 종류가 적음
신고납부기한	상속개시일이 속하는 달의 말일로부터 6개월 (비거주자의 경우 상속개시일이 속하는 달의 말일로부터 9개월)	증여일이 속하는 달의 말일로부터 3개월

94 ①

〈그 밖의 인적공제〉

공제내용	공제대상	공제액
자녀공제	피상속인의 자녀	1인당 5천만원
연로자공제	상속인(배우자 제외) 및 동거가족 중 65세 이상인 자	1인당 5천만원
장애인공제	배우자를 포함한 상속인 및 동거가족 중 장애인	1천만원×기대여명 연수
미성년자공제	상속인(배우자 제외) 및 동거가족 중 미성년자	1천만원×19세 도달 연수

※ 연수 계산 시 1년 미만의 기간은 1년으로 봄

95 ①

① 증여란 그 행위 또는 거래의 명칭 · 형식 · 목적 등과 관계없이 직접 또는 간접적인 방법으로 타인에게 무상으로 유형 · 무형의 재산 또는 이익을 이전(현저히 낮은 대가를 받고 이전하는 경우를 포함)하거나 타인의 재산가치를 증가시키는 것을 말한다. 다만, 여기서 유증, 사인증여, 유언대용신탁 및 수익자연속신탁은 제외한다.

96 ②

나. 수증자가 증여세를 납부할 능력이 없다고 인정되는 경우로서 강제징수를 하여도 증여세에 대한 조세채권을 확보하기 곤란한 경우

97 ②

수증자가 부담하기로 한 당해 증여재산에 담보된 채무액은 증여재산가액에서 차감하여 증여세를 계산하는 한편, 수증자가 부담하기로 한 채무액은 유상양도로 보아 증여자가 양도소득세를 부담하게 된다.

98 ②

〈증여재산공제액〉

증여자와의 관계	증여재산공제액
배우자	6억원
직계존속[수증자의 직계존속과 혼인(사실혼 제외) 중인 배우자 포함]	5천만원(미성년자녀가 증여받는 경우는 2천만원)
	혼인 · 출산 공제 : 1억원(수증자가 혼인 · 출산 해당 시 별도 공제)
직계비속(수증자와 혼인 중인 배우자의 직계비속 포함)	5천만원
기타 친족(6촌 이내의 혈족, 4촌 이내의 인척)	1천만원

수증자를 기준으로 그 증여를 받기 전 10년 이내에 공제받은 금액과 해당 증여가액에서 공제받을 금액을 합친 금액이 상기 표의 금액을 초과하는 경우에는 그 초과하는 부분은 공제하지 아니한다. 즉, 증여재산공제는 상기 표의 증여자 그룹별로 10년 단위로 적용받을 수 있다.

99 ④

〈특수관계인 간 저가 · 고가 거래 증여이익〉

구분	수증자	과세기준	증여재산가액
저가양수	양수자	(시가 − 대가) 차액이 시가의 30% 이상 또는 3억원 이상	(시가 − 대가) − Min(시가의 30%, 3억원)
고가양도	양도자	(대가 − 시가) 차액이 시가의 30% 이상 또는 3억원 이상	(대가 − 시가) − Min(시가의 30%, 3억원)

100 ②

② 증여자 : 60세 이상의 부모[증여 당시 부모가 사망한 경우에는 (외)조부모 포함]로부터 증여받아야 함

2회 AFPK® MODULE 2 정답 및 해설

01	02	03	04	05	06	07	08	09	10
①	②	③	③	③	①	④	④	③	③
11	12	13	14	15	16	17	18	19	20
①	②	②	③	①	③	①	②	④	①
21	22	23	24	25	26	27	28	29	30
④	①	③	①	④	③	②	③	④	③
31	32	33	34	35	36	37	38	39	40
④	④	③	③	④	④	①	①	③	③
41	42	43	44	45	46	47	48	49	50
④	③	④	①	④	③	③	③	①	③
51	52	53	54	55	56	57	58	59	60
②	①	②	②	③	④	③	③	①	③
61	62	63	64	65	66	67	68	69	70
①	④	③	④	③	④	②	④	④	①
71	72	73	74	75	76	77	78	79	80
③	②	③	③	③	④	②	②	①	④
81	82	83	84	85	86	87	88	89	90
③	④	②	④	④	②	④	②	①	③

위험관리와 보험설계

01 ①

위험은 이익 발생 가능 여부에 따라 순수위험과 투기적 위험, 측정가능 여부에 따라 객관적 위험과 주관적 위험, 손실 원인과 영향 범위에 따라 특정위험과 기본위험으로 구분되며, 민간보험은 기본적으로 순수위험, 객관적 위험, 특정위험을 대상으로 한다.

02 ②

기대손실E(L) = 0.75 × 0 + 0.25 × 8억원 = 2억원

03 ③

③ 3단계 : 위험관리방법 선택

04 ③

[손실 발생빈도와 규모에 따른 위험관리방법]

구분		손실빈도	
		높음	낮음
손실심도	높음	위험회피, 손실감소	위험전가(보험)
	낮음	위험보유, 손실감소	위험보유

05 ③

가. 우연성
나. 측정 가능성
다. 보험회사가 감당 가능한 손실

06 ①

① 중복보험에 대한 설명이다. 초과보험은 보험가입금액이 보험가액을 초과하는 계약이다.

07 ④

④ 보험계약기간은 보험계약이 유효하게 존속하는 기간을 말한다. 보험기간과 보험계약기간이 일치하는 것이 일반적이지만 소급보험과 같은 예외적인 경우에는 양자가 일치하지 않을 수 있다.

08 ④

④ 보험계약자의 취소의사 표시 전까지는 계약이 유효하게 성립하나 취소의사 표시를 하고 나면 처음부터 소급하여 무효가 되는 취소 요건에 해당된다.

09 ③

① 약관에서 정하고 있는 사항에 관해 보험회사와 고객이 약관의 내용과 다르게 합의한 사항이 있을 때에는 그 합의 사항이 약관보다 우선한다.
② 약관은 신의성실의 원칙에 따라 공정하게 해석되어야 하며 고객에 따라 다르게 해석되어서는 안 되며, 약관의 뜻이 명백하지 아니한 경우에는 고객에게 유리하게 해석되어야 한다.
④ 약관법에서는 약관의 전부 또는 일부 조항이 무효인 경우 계약은 나머지 부분만으로 유효하게 존속한다고 규정한다. 다만, 유효한 부분만으로는 계약의 목적 달성이 불가능하거나 그 유효한 부분이 한쪽 당사자에게 부당하게 불리한 경우에는 그 계약은 무효로 한다.

10 ③

다. 예정위험률과 예정이자율이 동일한 상태에서 예정사업비율이 높아지면 보험금 지급 외 비용이 많아지므로 보험료도 높아지게 된다.

11 ①

〈보험상품 유통채널 비교〉

구분	보험설계사	보험대리점	보험중개사	금융기관대리점
법적 권한	제1회 보험료수령권	계약체결대리권 고지의무수령권 보험료수령권	없음	계약체결대리권 고지의무수령권 보험료수령권

12 ②

① 보수월액보험료는 가입자와 사용자 각 반씩 부담하고, 보수 외 소득월액보험료는 가입자가 전부 부담한다.
③ 본인일부부담금은 요양기관의 청구에 따라 요양급여를 받는 사람이 요양기관에 납부하는데, 외래진료의 경우 요양기관 종별 및 소재지에 따라 차이가 있다.
④ 〈본인부담상한액〉

구분	연평균 보험료 분위 (저소득 → 고소득)						
	1분위	2~3분위	4~5분위	6~7분위	8분위	9분위	10분위
요양병원 120일 초과 입원	141만원	178만원	240만원	396만원	569만원	684만원	1,074만원
그 밖의 경우	89만원	110만원	170만원	320만원	437만원	525만원	826만원

13 ②

〈저축성보험 보험차익 비과세 요건〉

구분	저축성보험(일시납)	저축성보험(월 적립식)	연금보험계약(종신형)
조건	• 납입할 보험료 합계액 : 1억원 이하 • 계약기간 : 10년 이상	• 계약기간 : 10년 이상 • 납입기간 : 5년 이상 • 기본보험료 균등(선납기간 6개월 이내) • 월 보험료 150만원 이하	• 55세 이후부터 수령 • 연금 형태로만 보험금 지급 • 사망 시 연금재원 소멸 • 사망일 전 중도해지 불가

② 보험료 납입 계약기간 만료 후 55세 이후부터 사망 시까지 보험금·수익 등을 연금으로 지급받는 계약일 것

14 ③

③ 재가입정기보험에 대한 설명이다.

15 ①

가. 전기납 종신보험에 대한 설명이다.
나. 단기납 종신보험에 대한 설명이다.
다. 수정종신보험에 대한 설명이다.

16 ③

가. 유니버셜종신보험에 대한 설명이다.
나. 변액종신보험에 대한 설명이다.

17 ①

〈단체보장성보험의 세제혜택〉

세제혜택	회사부담 연 70만원 이하	회사부담 연 70만원 초과
회사	전액 손금(비용) 인정 (종업원의 복리후생비에 해당)	전액 손금(비용) 인정 (70만원 초과분 종업원의 급여에 해당)
종업원	근로소득으로 과세되지 않음	70만원 초과분 근로소득으로 과세

18 ②

가. 가족특약 : 주보험 계약에 가입한 보험계약자 가족 중 1인 혹은 다수에게 보장을 제공하는 특약이다. 특약은 성격에 따라 배우자, 자녀 혹은 배우자 및 자녀 모두에게 보장을 제공한다. 이에 따라 명칭도 배우자특약, 자녀특약, 혹은 가족특약 등으로 사용되고 있다. 가족특약에서는 일반적으로 정기보험이 제공된다. 보장기간과 가입금액은 상황에 따라 달라질 수 있지만, 자녀는 일정한 기간 동안만 보장이 제공되고 보장금액도 소액인 편이다.
나. 연금전환특약 : 주계약 보험기간 중 보험계약자의 별도신청으로 부가하여 보장 대신 주계약과 보험계약자가 선택한 특약의 해약환급금으로 연금을 수령할 수 있는 특약이다. 연금전환을 신청하게 될 경우 주계약 일부 또는 전부와 선택한 특약은 해지 처리된다.

19 ④

가. 보험료 자동대출납입이란 보험계약자의 사정으로 보험료 납입최고일까지 보험료가 납입되지 않았을 경우, 보험계약대출 가능금액 범위 내에서 1회분 보험료를 자동으로 대출 납입함으로써 효력이 상실되는 것을 방지하여 계약이 유지되는 제도이다. 대출받은 금액에 대해서는 보험회사에서 정한 이자를 부담해야 한다. 보험계약대출과 마찬가지로 순수보장성(소멸성) 상품 등 일부상품에 대해서는 이 제도를 이용할 수 없다.
나. 감액완납이란 보험계약자의 경제사정으로 보험료 납입이 불가능할 경우 보험금 감액을 통한 완납 형태의 보험계약으로 전환하여 보험을 계속 유지하도록 하는 제도이다. 최초에 가입한 보험계약의 보험기간 및 보험금 지급조건 등은 바꾸지 않으면서 보장금액을 낮추어 보험료 납입을 완료시키는 특징을 가지고 있다.

20 ①

보험회사는 보험계약자 또는 피보험자가 고의 또는 중대한 과실로 중요한 사항에 대하여 사실과 다르게 알린 경우에는 계약해지나 보장제한을 할 수 있다. 다만, 보험계약자가 계약 전 알릴 의무를 위반하였더라도 다음과 같은 경우는 보험계약을 해지하거나 보장을 제한할 수 없다.

- 보험회사가 계약 당시에 그 사실을 알았거나 과실로 인하여 알지 못하였을 때
- 보험회사가 계약 전 알릴 의무 위반사실을 안 날로부터 1개월 이상 지났거나 또는 보장개시일부터 보험금 지급사유가 발생하지 않고 2년(진단계약의 경우 질병에 대하여는 1년)이 지났을 때
- 계약을 체결한 날부터 3년이 지났을 때
- 보험회사가 계약을 청약할 때 피보험자의 건강상태를 판단할 수 있는 기초자료(건강진단서 사본 등)에 따라 승낙한 경우에 건강진단서 사본 등에 명시되어 있는 사항으로 보험금 지급사유가 발생하였을 때(다만, 보험계약자 또는 피보험자가 보험회사에 제출한 기초자료의 내용 중 중요사항을 고의로 사실과 다르게 작성한 때에는 계약을 해지하거나 보장을 제한할 수 있음)
- 보험설계사 등이 보험계약자 또는 피보험자에게 고지할 기회를 주지 않았거나 보험계약자 또는 피보험자가 사실대로 고지하는 것을 방해한 경우, 보험계약자 또는 피보험자에게 사실대로 고지하지 않게 하였거나 부실한 고지를 권유했을 때(다만, 보험설계사 등의 행위가 없었다 하더라도 보험계약자 또는 피보험자가 사실대로 고지하지 않거나 부실한 고지를 했다고 인정되는 경우에는 계약을 해지하거나 보장을 제한할 수 있음)

21 ④

① 청약철회는 보험증권을 받은 날로부터 15일(청약일로부터 30일) 이내에 가능하다.
② 청약철회는 단체요율이 적용되지 않는 개인계약에 대해서만 허용되며, 보험회사가 건강상태 진단을 지원하는 계약, 보험기간이 90일 이내인 계약 또는 전문금융소비자가 체결한 계약은 제외된다.
③ 청약철회는 형성권으로 보험계약자의 의사표시만으로 효과가 발생한다.

22 ①

① 해당 보험계약이 금소법상 판매규제에 위반되는 경우 금융소비자는 위법 사실을 안 날로부터 1년, 계약일로부터 5년 이내에 계약해지요구서에 증빙서류를 첨부하여 계약 해지를 요구할 수 있다.

23 ③

- 3월 11일 외래
  - 급여 보장대상 의료비 240천원 − Max(240천원×20% = 48천원, 10천원) = 240천원 − 48천원 = 192천원
  - 비급여 보장대상 의료비 60천원 − Max(60천원×30% = 18천원, 30천원) = 60천원 − 30천원 = 30천원
- 5월 4일 외래
  - 급여 보장대상 의료비 250천원 − Max(250천원×20% = 50천원, 20천원) = 250천원 − 50천원 = 200천원
  - 비급여 보장대상 의료비 70천원 − Max(70천원×30% = 21천원, 30천원) = 70천원 − 30천원 = 40천원
- 지급보험금 : 질병의 치료로 발생한 통원의료비 보험금은 기본형 392천원과 특별약관 70천원을 합산한 462천원을 지급한다.
  - 급여 : 192천원 + 200천원 = 392천원
  - 비급여 : 30천원 + 40천원 = 70천원

24 ①

- 요율조정 $= \dfrac{\text{실제손해율} - \text{예정손해율}}{\text{예정손해율}} = \dfrac{0.7 - 0.6}{0.6} = 0.167(16.7\%)$

25 ④

① 화재보험 보통약관에서 보상하는 재산손해는 직접손해(화재로 인한 직접적인 손해), 소방손해(화재진압과정에서 발생하는 손해), 피난손해(피난지에서 5일 이내에 생긴 직접손해 및 소방손해)가 있다.
② 화재, 폭발 또는 파열이 발생했을 때 도난 또는 분실로 생긴 손해는 화재보험 보통약관에서 보상하지 않는 손해이다.
③ 통화, 유가증권, 인지, 우표, 귀금속, 귀중품, 보석, 서화, 골동품, 조각물, 원고, 설계서, 도안, 물건의 원본, 모형, 증서, 장부, 금형(쇠틀), 목형(나무틀), 소프트웨어, 실외 및 옥외에 쌓아 둔 동산은 보험가입증서(보험증권)에 기재하여야 보험의 목적이 되는 명기물건에 해당된다. 자동담보물건

은 다른 약정이 없어도 보험의 목적에 포함되는 것으로 건물의 경우 피보험자 소유인 칸막이, 대문, 담, 곳간 등 건물의 부속물과 피보험자 소유인 간판, 네온사인, 안테나, 선전탑 등 건물의 부착물이 있다.

26 ③

① 전부보험이므로 80,000천원 손해액만큼 지급보험금 80,000천원 보상

② 일부보험이므로 비례보상 : $100,000천원 \times \dfrac{50,000천원}{100,000천원} = 50,000천원$

③ 일부보험이므로 비례보상 : $50,000천원 \times \dfrac{50,000천원}{100,000천원} = 25,000천원$

④ 보험가입금액이 120,000천원(초과보험)이더라도 손해액인 100,000천원 보상

27 ②

② 피보험자의 과실로 인한 법률상 배상책임을 담보한다. 법률상 배상책임을 부담하기 위해서는 피보험자의 고의, 과실이 있어야 하나, 고의로 인한 사고는 보험원칙상 담보하지 않으므로 피보험자의 과실, 즉 부주의를 담보한다.

28 ③

〈장기손해보험과 일반손해보험 비교〉

구분	장기손해보험	일반손해보험
보험기간	3~15년	3년 이하(통상 1년 이하)
보험료구성	순보험료 + 부가보험료	위험보험료 + 부가보험료
보험료 할인제도	없음. 다양한 납입특약 가능	2년, 3년 계약갱신 시 할인제도 있음
요율구득	각 담보별 요율적용(표준)	별도 요율 구득하여 적용 가능
자동복원제도	지급보험금이 보험가입금액의 80% 미만일 경우 잔여기간의 보험가입금액이 감액되지 않음	보험금 지급 후 잔여보험기간의 보험가입금액은 지급보험금 만큼 차감함
환급금	중도환급금, 만기환급금 존재	없음

29 ④

〈자동차 사고 시 법적책임에 따른 내용〉

자동차 사고 시 법적책임	관련 법률	보험상품	보장내용
민사상 책임	민법, 자동차손해배상보장법	자동차보험	대인 Ⅰ, Ⅱ, 대물, 무보험차
형사상 책임	형법, 교통사고처리특례법	운전자보험	교통사고처리지원금 변호사선임비용 벌금(대인, 대물)
행정상 책임	도로교통법		면허정지(취소)위로금

30 ③

③ 피보험자가 영업목적으로 운전하던 중 사고를 일으킨 때(영업용 운전자보험 가입 시 가능), 이는 다른 자동차 운전 중 생긴 대인배상Ⅱ, 대물배상, 자기신체사고에 대하여 보상한다.

투자설계

31 ④

④ 실제 GDP에서 잠재 GDP를 차감한 값을 GDP 갭(gap)이라고 한다. 잠재 GDP가 실제 GDP보다 커서 GDP 갭이 음수이면, 경제가 보유하고 있는 생산요소 중 일부가 생산활동에 활용되지 않는 유휴상태라는 것을 의미한다. 반대로 GDP 갭이 양수이면, 실제 GDP가 잠재 GDP보다 높다는 것을 의미하므로 경기가 과열상태라고 할 수 있다.

32 ④

가. 마찰적 실업
나. 구조적 실업
다. 경기적 실업

33 ③

가. 정부가 세금을 거둬들이면 민간의 통화 공급이 줄어든다. 반대로 정부가 공무원에게 급여를 주거나 물자를 조달한 후 대금을 지급하면 민간에 통화를 공급하는 셈이 된다.

34 ③

① 물가가 상승하면 돈의 가치가 하락하여 이자의 실질가치도 하락하므로 돈을 빌려주는 사람은 실질적으로 손해를 보고 돈을 빌리는 사람은 이익을 본다.
② 물가가 상승할 것으로 예상되면 자금의 공급은 감소하여 자금공급곡선이 좌측으로 이동하는 반면, 자금의 수요는 증가하여 수요곡선은 우측으로 이동하여 시장금리는 상승할 것이다.
④ 이 경우 명목금리는 상승하지만 실질금리는 변동하지 않는다.

35 ④

원엔환율(JPY/KRW) : 100¥ $= \dfrac{992.1}{115.6} \times 100 =$ ₩858.22

36 ④

• 요구수익률 = 실질무위험수익률 + 물가상승률 + 위험보상률 = 명목무위험수익률 + 위험보상률
① 요구수익률 3.5% + 기대수익률 3.5%
② 요구수익률 5.5% > 기대수익률 4%
③ 요구수익률 7.5% > 기대수익률 7%
④ 요구수익률 8.5% < 기대수익률 10%

37 ①

경제환경	확률	A		B		C	
		수익률	표준편차	수익률	표준편차	수익률	표준편차
긍정적	25%	+30%		0%		+5%	
현재수준	50%	0%		+3%		0%	
부정적	25%	-10%		+6%		-5%	
합계	100%	+5%	15%	+3%	2.12%	0%	3.54%

- A 표준편차 : $\sqrt{(30-5)^2 \times 0.25 + (0-5)^2 \times 0.5 + (-10-5)^2 \times 0.25} = 15\%$
- B 표준편차 : $\sqrt{(0-3)^2 \times 0.25 + (3-3)^2 \times 0.5 + (6-3)^2 \times 0.25} = 2.12\%$
- C 표준편차 : $\sqrt{(5-0)^2 \times 0.25 + (0-0)^2 \times 0.5 + (-5-0)^2 \times 0.25} = 3.54\%$

38 ①

① 수익과 위험은 같은 방향으로 움직이므로, 높은 수익을 기대하기 위해서는 더 많은 위험을 감수해야 한다. 따라서 표준편차가 '0'이 되도록 하는 것이 가장 좋다고는 볼 수 없다.

39 ③

지배원리는 동일한 기대수익률에서는 상대적으로 낮은 위험의 자산을, 동일한 위험에서는 상대적으로 높은 기대수익률의 자산을 선택하는 원리이다. A펀드는 B펀드를 지배하고, C펀드는 D펀드를 지배하며, 다시 C펀드는 A펀드를 지배하므로 최종적으로 가장 우수한 펀드는 C펀드이다.

40 ③

① 주식배당에 대한 설명이다. 주식분할은 주식배당처럼 현금배당 대신에 지급되는 것은 아니며 우리나라의 경우 주식의 액면가가 있어 주식을 분할하게 되면 액면가가 달라지게 된다. 따라서 주식의 분할을 액면분할이라고 한다.
② 주식분할은 주식분할 전과 비교하여 더 많은 주식을 소유한다는 면에서는 주식배당과 유사하다.
④ 주식병합에 대한 설명이다. 주식분할은 보다 많은 투자자들에게 그 기업의 주식을 매수할 수 있게 하기 위해 주식의 시장가격을 낮추고자 할 때 발생한다.

41 ④

① $k = R_f + \beta \times (R_m - R_f) = 3\% + 1.2 \times (8\% - 3\%) = 3\% + 1.2 \times 5\% = 9\%$
② 기대수익률 11% > 요구수익률 9% → 저평가상태
③ $V_0 = \dfrac{D_0(1+g)}{k-g} = \dfrac{D_1}{k-g} = \dfrac{1{,}000 \times (1+0.05)}{(0.09-0.05)} = \dfrac{1{,}050}{0.04} = 26{,}250$원
④ $V_0 = \dfrac{D_0(1+g)}{k-g} = \dfrac{D_1}{k-g} = \dfrac{1{,}000 \times (1+0.05)}{(0.1-0.05)} = \dfrac{1{,}050}{0.05} = 21{,}000$원

42 ③

- 1년 후 추정 EPS : $5{,}000 \times 1.1 = 5{,}500$
- PER을 이용한 1년 후 미래 주가 추정
  - 동일산업 평균 : $5{,}500 \times 4 = 22{,}000$
  - 시장 전체의 평균 : $5{,}500 \times 6 = 33{,}000$
  - 과거 10년간의 평균 : $5{,}500 \times 5 = 27{,}500$
- 1년 후 추정되는 평균 주가는 27,500원

43 ④

- 시가총액 변화율 $= \dfrac{249{,}000{,}000}{199{,}000{,}000} - 1 = 25.13\%$
- 기준시점의 주가지수를 100으로 한다면 비교시점의 주가지수는 125.13이다.

44 ①

- 할인채의 채권가격 $= \dfrac{10,000}{(1+0.02)^2} = 9,611$원(원 미만 절사)

45 ④

④ 유동성은 매수와 매도 호가차이인 스프레드로 평가하는데 스프레드가 작을수록 유동성이 풍부하고 유동성위험이 낮다고 판단하고 스프레드가 클수록 유동성위험이 높다고 평가한다.

46 ③

③ 전환권을 행사하면 채권이 소멸한다.

47 ③

옵션부채권의 관점으로 보았을 때, 채권 발행자는 발행 이후 금리가 하락할 것이라고 예상되면 수의상환채권을 발행하는 것이 유리하고(발행 시점보다 낮은 금리로 채권을 재발행할 수 있기 때문에), 채권 투자자는 투자 시점에 향후 금리가 오를 것이라고 예상되면 수의상환청구채권에 투자하는 것이 유리하다(발행 시점보다 높은 금리로 재투자할 수 있기 때문에).

48 ③

가. 활동성 비율에 해당한다.
나. 레버리지 비율에 해당한다.

49 ①

- 반전형 : 헤드 앤 숄더, 이중천정/바닥형
- 지속형 : 삼각형, 깃발형, 쐐기형, 직사각형

50 ③

가. 수수료는 펀드에 가입하거나 환매할 때 1회성으로 부과되는 수수료로서 은행, 증권사 등 펀드 판매회사가 부과하는 비용이다.
나. 보수는 펀드 순자산에 비례하여 발생하는 비용으로서 매일 계산하여 순자산에서 차감한 후 기준가격이 계산된다.

51 ②

금리민감도(듀레이션)가 장기인 채권에 투자할수록, 신용도가 낮은 채권에 투자할수록 위험이 커지므로 기대수익률이 높아진다.

52 ①

가. 디지털 유형에 대한 설명이다.
나. 유러피안 유형에 대한 설명이다.
다. 조기상환 유형에 대한 설명이다.

53 ②

가. 가치주에 대한 설명이다.
나. 방어주(비순환주)에 대한 설명이다.

54 ②

가. 듀레이션전략에 대한 설명이다.

나. 만기보유전략에 대한 설명이다.

다. 현금흐름일치전략에 대한 설명이다.

55 ③

선물매수자의 손익 = (선물 만기일의 코스피200지수 – 코스피200지수 선물매수가격) × 거래승수 × 선물 계약수 = (350 – 325) × 250천원 × 5계약
= +31,250천원

56 ④

내가격(ITM)옵션은 권리행사를 하면 매수자에게 이익이 발생하는 옵션을 말한다. 콜옵션에서는 기초자산가격보다 낮은 권리행사가격의 옵션을 말하고, 풋옵션에서는 대상자산가격보다 높은 권리행사가격의 옵션을 말한다.

57 ③

① 증거금은 선물거래를 위해서 중개회사에 예치하여야 하는 금액으로서 선물계약의 매수자뿐만 아니라 매도자도 예치하여야 한다. 옵션 증거금은 매도자만 필요하다.

② 선물 매도자와 매수자의 이익과 손실은 무한정이다.

④ 옵션매수자의 최대수익은 무제한이지만 최대손실은 옵션프리미엄으로 제한되며, 옵션매도자의 최대수익은 프리미엄으로 제한되지만, 최대손실은 무제한이다.

58 ③

- 최대수익 : 옵션프리미엄 2pt × 250천원 = 500천원
- 만기 시점의 손익분기점 : 행사가격 – 옵션프리미엄 = 350 – 2pt = 348pt

59 ①

나. 장기투자전략인 전략적 자산배분전략 대비 자산별 비중을 조정한다는 점에서 액티브 투자전략의 일종이다.

라. 전술적 자산배분전략을 수립하여 실행하는 경우 전략적 자산배분전략에 의한 자산별 비중보다 과도한 차이가 발생하지 않도록 전술적 자산배분전략의 자산별 비중확대 또는 비중축소 크기에 대한 제한을 두는 것이 일반적이다.

60 ③

〈헤지펀드의 방향성전략과 비방향성전략〉

구분	주요 전략
방향성전략	주식롱숏전략, 글로벌매크로전략, 이머징마켓헤지전략 등
비방향성전략	차익거래전략, 이벤트드리븐전략 등

세금설계

61 ①

① 세금이란 국가나 지방자치단체가 경비 충당을 위한 재정수입확보를 목적으로 법률에 규정된 과세요건을 충족하는 모든 자에게 개별적인 반대급부 없이 부과·징수하는 금전 급부를 말한다.

62 ④

- 국세부과의 원칙은 실질과세의 원칙, 신의성실의 원칙, 근거과세의 원칙 및 조세감면의 사후관리 규정을 두고 있다.
- 세법적용의 원칙에는 재산권의 부당 침해금지, 소급과세의 금지, 세무공무원의 재량의 한계 및 기업회계의 존중에 대한 규정을 두고 있다.

63 ③

③ 국세를 조사·결정함에 있어서 장부의 기록 내용이 사실과 다르거나 장부의 기록에 누락된 것이 있을 때는 그 부분에 대해서만 정부가 조사한 사실에 따라 결정할 수 있다. 이 경우 조사한 사실과 결정의 근거를 결정서에 적어야 한다.

64 ④

④ 추가 자진납부하지 않은 경우에도 적용한다.

65 ③

- 이의신청을 한 경우에는 감사원 심사청구는 제기할 수 없으며, 국세청에 심사청구를 하거나 조세심판원에 심판청구를 제기할 수 있다.
- 불복청구인은 이의신청절차를 거치지 않고 국세청에 심사청구를 제기하거나, 조세심판원의 심판청구 또는 감사원에 심사청구를 제기할 수 있다. 세 가지 절차 중 하나를 선택하여 청구할 수 있으며 중복하여 청구할 수는 없다.

66 ④

- 종합소득은 당해 연도에 발생하는 이자소득, 배당소득, 사업소득(부동산임대소득 포함), 근로소득, 연금소득과 기타소득을 합산한 소득을 의미하고, 종합소득에 대한 소득세를 종합소득세라고 한다.
- 퇴직소득과 양도소득에 대해서는 다른 소득과 합산하지 않고 각각의 소득별로 분류하여 과세하고 있다.

67 ②

② 인적공제제도와 누진과세 구조

68 ④

④ 주택임대소득은 월세의 연간 합계액을 총수입금액으로 하여 소득세를 과세하고 전세금 또는 보증금에 대해서는 과세하지 않는다. 따라서 고가주택이나 2개 이상의 주택을 소유하면서 주택을 임대할 경우에는 월세보다는 전세로 임대하는 것이 유리하다. 다만, 3주택 이상 보유자 중 전세금 또는 보증금 합계가 3억원을 초과하는 경우 초과하는 금액의 60%에 대하여 정기예금이자 상당액만큼 총수입금액에 포함하여 소득을 계산한다.

69 ④

모두 소득세법상 근로소득으로 열거하여 규정하고 있다.

70 ①

- 종업원이 받는 공로금 · 위로금 · 개업축하금 · 학자금 · 장학금(종업원의 수학 중인 자녀가 사용자로부터 받는 학자금 · 장학금 포함) 기타 이와 유사한 성질의 급여는 소득세법 시행령을 통하여 근로소득으로 열거하여 규정하고 있다.
- 업무와 관련된 교육 또는 훈련을 위하여 회사의 지급기준에 따라 지급된 학자금(다만, 교육 또는 훈련기간이 6개월 이상인 경우 해당 교육기관을 초과하여 근무하지 않는 때에는 반납하는 조건으로 지급받을 것)은 비과세 근로소득으로 소득세를 부과하지 않는다.

71 ③

③ 결정세액이 이미 원천징수한 세액보다 크면 그 차액을 퇴직월의 급여에서 원천징수하고, 반대의 경우에는 그 차액을 퇴직월 급여 지급 시 환급하게 된다.

72 ②

- 고용관계 없이 일시적으로 용역을 제공하고 받는 대가(강연료 등)의 필요경비 : 해당 기타소득 수입금액의 60% → 5,000천원×60%=3,000천원
- 기타소득금액 = 기타소득 총수입금액 − 필요경비 = 5,000천원 − 3,000천원 = 2,000천원

73 ③

종합소득이 있는 거주자의 기본공제대상자에 해당하는 8세 이상의 자녀 및 손자녀(입양자 및 위탁아동 포함)에 대해서 첫째 25만원, 둘째 30만원, 셋째 이상 40만원(2명 초과 1인당 40만원)을 종합소득 산출세액에서 공제한다. 예를 들어 자녀가 1명인 경우 25만원, 2명인 경우 55만원(첫째 25만원, 둘째 30만원), 3명인 경우 95만원(첫째 25만원, 둘째 30만원, 셋째 40만원)으로 계산된다.

74 ③

③ 보통징수에 대한 설명이다. 특별징수는 지방세를 징수할 때 편의상 징수할 여건이 좋은 자로 하여금 징수하여 납부하게 하는 것으로 지방소득세가 그 예에 해당된다.

75 ③

〈세무조정〉

결산서	세무조정	법인세법
수익	(+) 익금산입(가산) (−) 익금불산입(차감)	익금총액
(−) 비용	(+) 손금산입(차감) (−) 손금불산입(가산)	(−) 손금총액
(=) 당기순이익	(+) 가산조정(익금산입 및 손금불산입) (−) 차감조정(익금불산입 및 손금산입)	(=) 각사업연도 소득금액

- 익금산입 : 결산서상 수익으로 계상하지 않았으나 세법상 익금에 해당하는 금액(가산조정)
- 익금불산입 : 결산서상 수익으로 계상하였으나 세법상 익금에 해당하지 않는 금액(차감조정)
- 손금산입 : 결산서상 비용으로 계상하지 않았으나 세법상 손금에 해당하는 금액(차감조정)
- 손금불산입 : 결산서상 비용으로 계상하였으나 세법상 손금에 해당하지 않는 금액(가산조정)

76 ④

- 나머지는 모두 소득세법에서 규정하고 있는 과세대상 이자소득이다.

77 ②

- 직장공제회 초과반환금은 분리과세이자소득으로 비과세소득과 함께 분리과세소득은 금융소득 종합과세대상에서 제외한다.
- 출자공동사업자의 배당소득은 종합과세기준금액 판단 시 제외하며 무조건 종합과세한다. 또한 Gross－up을 하는 배당소득이 있는 경우에는 Gross－up을 하기 전의 배당소득에 의하여 종합과세기준금액을 판단한다.

> [금융소득(이자＋배당)－비과세·분리과세 금융소득]＞2천만원 → 종합과세

78 ②

- Gross－up 금액을 가산하기 전의 금융소득이 20,000천원을 초과하므로 전액 종합과세대상 금융소득이며 Gross－up 금액을 가산하여 종합과세대상 금융소득금액을 산정해야 함
- Gross－up 금액＝40,000천원×10%＝4,000천원
- 배당소득금액 : 40,000천원＋4,000천원＝44,000천원
- 종합과세대상 금융소득금액＝이자소득금액 60,000천원＋배당소득금액 44,000천원＝104,000천원

79 ①

① 법인과 달리 개인의 주식양도차익은 비상장주식의 양도와 상장주식 중 대주주의 보유주식 양도 등에 제한되어 과세한다. 즉 소액주주의 장내 상장주식 양도차익에 대해서는 과세하지 않지만, 대주주의 장내 상장주식 양도차익은 과세대상이며, 상장주식의 장외거래에 대하여는 소액주주 및 대주주 모두 과세한다.

80 ④

① 소액주주의 장내 상장주식 양도차익에 대해서는 과세하지 않지만 대주주의 장내 상장주식 양도차익은 과세대상이며, 상장주식의 장외거래에 대하여는 소액주주 및 대주주 모두 과세한다.
② 주식양도소득금액은 양도금액에서 필요경비(취득가액＋양도비)를 차감하여 계산한다. 양도비에는 증권거래세, 공증비용, 인지대 등이 포함된다.

> 주식양도차익＝주식의 양도가액－필요경비(취득가액 및 수수료 등)

③ 주식양도소득 과세표준 계산 시 기본공제는 250만원이 적용된다.

> 주식양도소득 과세표준＝주식양도차익－기본공제(250만원)

81 ③

- 취득세 과세물건을 취득한 자는 그 취득한 날부터 60일[무상취득(상속 제외)으로 인한 경우는 취득일이 속하는 달의 말일부터 3개월, 상속으로 인한 경우는 상속개시일이 속하는 달의 말일부터, 실종으로 인한 경우는 실종선고일이 속하는 달의 말일부터 각각 6개월(납세자가 외국에 주소를 둔 경우에는 각각 9개월)]이내에 신고하고 납부하여야 한다.
- 취득세 과세표준은 취득 당시의 가액을 원칙으로 하고, 이 취득 당시의 가액은 신고가액으로 한다. 신고가액이 없거나 시가표준액보다 낮은 경우는 시가표준액을 과세표준으로 한다. 그러므로 시가표준액은 신고가액이 없는 경우에 적용되는 과세표준이며, 또한 정부 및 지방자치단체에서 취득세 과세물건에 대하여 정해 놓은 과세가격에 해당하는데 부동산의 경우 일반적으로 시장에서 거래되는 가격에 비해 낮은 수준이다.

82 ④

재산세 과세기준일(매년 6월 1일) 현재 재산을 사실상 소유하고 있는 자는 재산세를 납부할 의무가 있다.

83 ②

① 종합부동산세 과세대상은 재산세 과세대상 중 주택, 종합합산과세대상 토지, 별도합산과세대상 토지이며 분리과세대상 토지, 건축물 등은 종합부동산세 과세대상이 아니다.

③ 거주자인 경우 그 주소지를 납세지로 하고 주소지가 없는 경우에는 그 거소지를 납세지로 하며, 비거주자인 경우에는 국내사업장(사업장이 2 이상인 경우에는 주된 국내사업장) 소재지를 납세지로 하며, 국내사업장이 없는 경우에는 국내원천소득이 발생하는 장소를 납세지로 한다.

④ 종합부동산세법에 의하여 납부하여야 할 종합부동산세액의 20%가 농어촌특별세로 부과된다.

84 ④

양도소득 기본공제는 부동산, 주식, 파생상품 등에 대해 각각 별개로 연간 250만원을 공제한다.

85 ④

모두 적절한 설명이다.

86 ②

② 퇴직소득공제는 근속연수공제와 환산급여공제의 2단계 소득공제 방식으로 근속연수에 따라 달라진다.

87 ④

〈연금계좌에서 연금수령 시 세금〉

소득원천	세금의 종류	세율	종합소득 합산 여부
이연퇴직소득	연금소득세	퇴직소득세율×70%(60%) (연금실수령연차 11부터는 60%)	합산하지 않음 (무조건 분리과세)
그 외 소득 (운용수익 및 공제받은 자기부담금)		원천징수세율 3~5%	연간 사적연금 분리과세 한도 1,500만원 초과 시 합산 또는 분리과세(15%)

88 ②

〈연금계좌에서 연금수령 시 원천징수세율〉

구분				세율	
그 외 소득 (운용수익 및 공제받은 자기부담금을 원천으로 연금수령 시)	① 연령	70세 미만	5%	①, ②의 요건 동시 충족 시 낮은 세율 적용	
		70세 이상~80세 미만	4%		
		80세 이상	3%		
	② 종신연금계약(사망일까지 연금수령하면서 중도해지할 수 없는 계약)		4%		
이연퇴직소득을 원천으로 연금수령 시	연금수령당시 이연퇴직소득세×$\dfrac{\text{연금 외 수령한 이연퇴직소득}}{\text{연금 외 수령 당시 이연퇴직소득}}$×70%(60%) ※ 2020.1.1. 이후 연금수령분부터 실제수령연차가 10년을 초과하는 경우 60% 적용				

89 ①

① 일반적으로 퇴직금을 지급받을 때에는 퇴직소득세를 원천징수한 후의 금액 즉, 세후금액으로 지급받는다. 그러나 만약 세후 퇴직금을 지급받은 날로부터 60일 이내에 연금계좌로 입금하면 이미 낸 퇴직소득세를 연금계좌로 환급받게 된다.

90 ③

가. 2013년부터 연금계좌 가입자의 사망 시 배우자의 안정적 노후소득 보장을 위해 연금계좌를 배우자가 승계하는 것이 허용되었다.

나. 배우자가 연금계좌를 승계하는 경우에는 승계한 날에 상속인이 연금계좌에 가입한 것으로 본다.

3회 AFPK® MODULE 1 정답 및 해설

01	02	03	04	05	06	07	08	09	10
④	①	②	①	④	①	④	①	②	①
11	12	13	14	15	16	17	18	19	20
④	②	③	①	④	①	②	④	③	④
21	22	23	24	25	26	27	28	29	30
②	①	③	③	①	③	③	③	④	②
31	32	33	34	35	36	37	38	39	40
③	②	③	②	②	①	③	②	④	②
41	42	43	44	45	46	47	48	49	50
②	①	④	①	③	②	③	①	④	①
51	52	53	54	55	56	57	58	59	60
①	④	③	②	②	③	③	①	④	②
61	62	63	64	65	66	67	68	69	70
②	②	③	④	④	②	③	①	①	③
71	72	73	74	75	76	77	78	79	80
①	②	③	③	①	③	④	④	④	③
81	82	83	84	85	86	87	88	89	90
②	③	③	③	①	④	②	②	④	①
91	92	93	94	95	96	97	98	99	100
①	③	②	①	③	②	③	③	④	③

재무설계 개론

01 ④

모두 적절한 설명이다.

02 ①

② 투자자산에 대한 설명이다. 운용자산이라 함은 단기적으로 가계에 필요한 일시자금이나 유동자금을 의미한다. 이는 가계비상자금이나 1년 이내에 필요한 목적자금 마련을 의미한다.

③ 가계비상예비자금에 대한 설명이다. 안정자산이라 함은 가계경제의 주춧돌과 기둥역할을 하는 장기플랜을 말한다. 보장자산과 연금자산으로 구분할 수 있다. 주로 위험관리와 은퇴설계의 영역이다.

④ 고객의 재무목표기간에 따라 투자자산에 운용되어지던 자금들이 운용자산 항목으로 이동할 수도 있고, 운용자산에 있던 자금들이 투자자산 항목으로 이동할 수도 있다. 예를 들어 부동산 취득자금 마련을 위해 그동안 진행해오던 주식, 펀드 등 투자자금과 예적금 등을 만기에 맞춰 CMA 등 수시입출금이 가능한 통장으로 모을 필요가 있다. 또는 보너스 등 일시적 수입(기타유입)이 발생할 경우 이를 재무목표 기간에 따라 투자나 예금항목에 불입할 수도 있다.

03 ②

① 보통예금이나 단기금융상품인 CMA, MMF, MMDA 등은 전형적인 현금등가물이므로, 재무상태표상 현금성자산 금액은 보통예금 2,250 + CMA 3,620 = 5,870천원이다.

② 주식이나 채권, 펀드, 신탁, 변액보험 등은 투자자산으로 분류하므로, 재무상태표상 투자자산 금액은 8,000천원이다.

③ 총자산 = 현금성자산 5,870 + 투자자산 8,000 + 사용자산 500,000 = 513,870천원

④ 순자산 = 총자산 513,870 − 부채 163,847 = 350,023천원

04 ①

가. PC구입 + 200 + 예금인출 − 100 = + 100만원

나. 예금인출 − 100만원

다. 자산 변화 없음

라. 음향기기 + 200만원 + CMA − 100만원 + 적금만기금 − 100만원 = 0원

05 ④

④ 대출상환원금, 정기적금, 적립식펀드, 연금, 저축성보험 등은 일반적으로 저축·투자액에 포함된다. 고정지출은 일반적으로 보장성보험료, 대출이자, 월세 등을 포함한다.

06 ①

〈비상예비자금지표〉

평가지표	재무비율
비상예비자금지표	$\dfrac{현금성자산}{월\ 총지출}$

• 월 총지출 : 고정지출 + 변동지출 = 2,900 + 2,100 = 5,000천원

• 비상예비자금지표 : $\dfrac{현금성자산}{월\ 총지출} = \dfrac{7,000}{5,000} = 1.4배$

07 ④

④ 총자산 대비 총부채 비율, 총자산 대비 거주주택마련을 위한 부채 비중 등 총자산에서 부채가 차지하는 비율은 재무상태표상 나타난 자산과 부채의 관계로 재무건전성을 평가할 수 있다.

08 ①

나. 1,000만원 ÷ 1.1 = 909만원

다. 적립식 정액투자의 경우 기간 초에 입금하는 것이 기간 말에 입금하는 것보다 한 기간의 이자가 더 가산되기 때문에 미래가치가 더 크다. 따라서 미래가치 1억원을 마련하기 위해 매년 정액으로 투자해야 하는 금액은 기간 말에 투자하는 것이 기간 초에 투자하는 것보다 커야 한다.

09 ②

② 재무설계를 위한 고객 목표는 현실적이고 명확해야 한다. 재무설계사는 고객으로 하여금 고객이 막연하게 생각하고 있는 인생목표를 구체적으로 생각해 보게 하고 그것을 표현할 수 있도록 돕는다. 목표설정을 어려워하거나, 목표의 우선순위 설정에 혼란을 겪거나, 비현실적인 목표를 생각하는 고객이 있다면 재무설계사가 도움을 주어야 한다.

10 ①

① 2단계 고객 관련 정보의 수집 단계에서 이루어지는 내용이다. 경제가정치는 재무설계사 일방의 생각이 아닌 고객과의 상호 협의에 따라 가정치를 결정한다. 이는 고객으로 하여금 도출된 결과를 더욱 신뢰하게 만드는 효과가 있다.

11 ④

④ 금융리스에 대한 설명이다. 운용리스는 금융리스와 달리 계약기간 만료 이전이라도 리스이용자의 희망에 따라 언제라도 중도해지할 수 있으며 사무용기계나 의료기기, 자동차나 컴퓨터, 정수기 등의 내구소비재 등의 이용을 위해 주로 사용된다.

12 ②

원금균등분할상환은 대출원금을 대출기간으로 균등하게 나누어 상환하는 방식을 말하는데, 대출기간 동안 원금을 분할한 금액과 그에 따른 이자를 매달 갚아나가는 방식으로 대출금액을 갚아나갈수록 원금이 줄어들어 매달 부담하는 이자도 줄어든다. 원리금균등분할상환과 비교하여 대출기간 전체의 총이자 납부액이 더 적으며, 신용카드대출 등에서 많이 적용되고 있다.

13 ③

① 신용회복위원회에 개인채무조정을 신청하기 위해서는 총 채무액이 15억원 이하로써 담보채무의 경우 10억원 이하, 무담보 채무의 경우 5억원 이하이면서 최저생계비 이상의 수입이 있거나 채무상환이 가능하다고 인정되어야 한다.
② 채무조정(개인워크아웃)에 대한 설명이다. 이자율 채무조정(프리워크아웃)이 확정되면 연체이자를 감면받고 최장 10년 범위 내에서 상환기간을 연장할 수 있다.
④ 개인파산은 개인파산에 처한 채무자나 해당 채권자가 신청할 수 있다.

14 ①

① (가)와 같은 질문은 개방형 대화방식이다. Yes, No를 요구하는 폐쇄형 대화방식이 아니라 고객의 생각이나 의견을 묻는 개방형 대화방식으로 대화를 이끌어 나간다.

15 ④

금소법은 판매행위 규제를 위반한 위법한 계약에 대해 금융소비자에게 일정 기간 내에 해당 계약을 해지할 수 있는 권리를 부여하였다. 금융소비자는 계약체결에 대한 위법사항을 안 날로부터 1년 이내의 기간(계약체결일로부터 5년 이내의 범위)에 해당 계약의 해지를 요구할 수 있다. 이에 따라 금융소비자는 계약해지에 따른 재산상 불이익(계약해지에 따른 수수료 또는 위약금)을 입지 않고 위법한 계약으로부터 탈퇴할 수 있는 기회를 제공받음으로써 위법계약 해지 후 더 아는 조건의 새로운 금융상품을 구매할 수 있게 되었다. 다만, 위법계약 해지권은 계약 자체가 처음부터 체결되지 않은 것으로 소급하여 무효로 하지 아니하고 해지 시점부터 해당 계약이 무효로 된다.

16 ①

가. 충실의무 : 전문직업인이 고객을 위하여 서비스를 제공한다는 것은 선량한 관리자로서의 주의의무와 함께 고객이 합법적으로 최대의 이익을 도모할 수 있도록 전문가로서 최선을 다하여 충성하여야 한다는 것을 의미하므로 재무설계사는 언제나 자신의 이익보다는 고객의 합법적 이익을 최우선순위에 두어야 한다. 따라서 고객에게 투자설계에 따른 투자방안을 제안하는 경우 및 위험관리를 위한 보험설계에 따른 보험가입을 제안하는 경우에는 재무설계사 자신에 대한 수입보다도 고객에 대한 서비스를 우선하여야 하며, 자산운용을 위한 투자방안 제시와 관련하여 자신과 고객 간에 이해상충의 가능성이 있는 사항은 모두 고객에게 사전에 통보하여야 한다는 것이다. 이와 같은 충실관계의 요점은 재무설계사가 고객에게 사심 없는 공명정대한 조언을 하여야 한다는 것이다.
나. 고지의무 : 재무설계 업무 분야에서 가장 중요한 고지사항 중의 하나는 제안되는 투자방안에 내포된 위험을 고객에게 알려주는 것이다. 우리나라의 경우 자본시장과 금융투자업에 관한 법률규정에 따라 투자에 내포된 위험을 포함하여 주요사항을 고객에게 미리 통보하여야 하는 의무를 강조하고 있다.

17 ②

가. 공정성은 고객이 당연하게 기대하는 것을 고객에게 합리적으로 제공하는 것을 뜻한다. 이해관계의 균형을 유지하기 위하여 개인적 감정과 편견 및 욕구를 초월하여야 하며, 고객에게 중대한 이해상충의 사실을 정직하게 알려야 한다.

나. 자격인증자는 충분한 전문지식과 기법을 습득하고 유지하여야 하며, 또한 고객을 위하여 이를 효율적으로 적용할 수 있는 개인적인 능력을 개발 하고 보존하여야 한다.

18 ④

재무설계 서비스를 제공하는 경우에는 서면으로 계약을 체결하여야 하며, 계약서에는 ① 계약 당사자 ② 계약일 및 계약기간 ③ 계약종료 방법 및 조건 ④ 제공되는 서비스의 사항을 명시하여야 한다.

19 ③

업무수행내용 3 - 1 : 고객 관련 정보의 분석

20 ④

가. 항상 대문자로 사용하여야 한다.

은퇴설계

21 ②

- 물가상승률을 연 2%로 가정할 경우 은퇴 후 생활비 : 305만원
- 물가상승률을 연 4%로 가정할 경우 은퇴 후 생활비 : 370만원
- 물가상승률 변화에 따른 은퇴시점 필요한 생활비의 차이 : 370만원 - 305만원 = 65만원

22 ①

② DB형 퇴직연금을 가입한 근로자는 사용자부담금에 추가하여 기여할 수 없다.

③ 퇴직연금을 가입한 근로자, 직역연금 가입자 및 자영업자 등 소득이 있는 사람이 은퇴소득을 추가적으로 확보하기 위해 개인형 퇴직연금을 설정할 수 있다. 즉, 퇴직연금 가입 여부와 관계없이 소득이 있는 근로자 및 자영업자 등 추가적으로 은퇴소득을 확보하기 위해 IRP를 설정할 수 있다.

④ 연금계좌 이체 시 소득세법상 인출로 보지 않는 경우에 해당하면 과세이연이 되어 세제상 불이익은 없으며, 인출로 보는 사유에 해당하면 소득원천에 따라 소득세가 과세될 수 있다. 연금계좌에 있는 금액을 연금수령이 개시되기 전의 다른 연금계좌로 이체하는 경우 인출로 보지 않는 경우에 해당하여 과세이연이 된다.

23 ③

③ 연금계좌 세액공제는 근로소득자가 아니어도 종합소득이 있는 경우 적용받을 수 있다.

24 ③

① 주택연금은 근저당 설정일 기준 주택소유자 또는 그 배우자 중 1명이 55세 이상이고, 부부기준 공시가격 등이 12억원 이하의 주택을 보유한 경우 이용할 수 있다.

② 다주택자라도 합산 공시가격 등이 12억원 이하이면 가입이 가능하고, 12억원 초과 2주택자는 3년 이내 1주택을 처분하는 조건으로 가입이 가능하다.

④ 연금액은 주택가격 상승률, 생명표에 따른 기대여명의 변화, 이자율 추이 등 미래위험을 예측하여 산출하는데 주택가격 상승률이 높아질수록, 기대여명이 낮아질수록, 이자율이 낮아질수록 월지급액은 증가한다.

25 ①

다. 퇴직급여 : 근로자를 대상으로 하는 은퇴설계의 경우 적용되고 있는 퇴직급여제도, 현재 임금수준, 임금인상률, 호봉 및 승진에 다른 급여체계, 근속예상 기간 등을 파악한다. 퇴직급여 중 은퇴소득으로 활용할 비율이나 금액, 지급되는 퇴직급여를 은퇴소득으로 사용한다면 개인형 퇴직연금을 활용할 것인지 아니면 직접 운용할 것인지를 파악한다.

라. 세제적격연금 : 납입금에 대한 세액공제, 운용수익에 대한 과세이연 및 인출 시 과세가 되는 연금저축펀드, 연금저축보험, 연금저축신탁이 있다. 퇴직연금 가입자가 추가로 은퇴소득 확보를 위해 설정하고 납입하는 개인형 퇴직연금도 세제적격연금으로 분류한다.

26 ③

마. 1단계. 총은퇴일시금에서 은퇴자산 평가액을 차감하여 부족한 은퇴일시금 계산

가. 2단계. 은퇴자산의 세후투자수익률을 고려하여 추가저축의 세후투자수익률 결정

바. 3단계. 저축가능기간 동안 연간 또는 월간 얼마를 저축해야 하는지 계산

나. 4단계. 계산된 추가저축액과 추가저축여력을 비교 검토

다. 5단계. 만약 추가저축액이 추가저축여력을 초과하는 경우 은퇴설계 가정치 수정

라. 6단계. 추가저축액 결정을 위한 절차를 다시 진행

27 ③

① 전략적 자산배분에 대한 설명이다.

② 전략적 자산배분에 대한 설명이다.

④ 전술적 자산배분은 본질적으로 저평가된 자산을 매수하고, 고평가된 자산을 매도함으로써 투자수익률을 높이는 역투자전략이다.

28 ③

① 기초연금을 받을 수 있는 사람은 만 65세 이상이고 대한민국 국적을 가지고 있으며 국내에 거주하는 노인 중 가구의 소득인정액이 선정기준액 이하인 사람이다.

② 공무원연금, 사립학교교직원연금, 군인연금, 별정우체국직원연금 등 직역연금 수급권자 및 그 배우자는 원칙적으로 기초연금 수급대상에서 제외된다.

④ 부부가 모두 기초연금 수급자인 경우 각각에 대하여 산정된 기초연금액의 20%를 감액하여 지급한다.

29 ④

〈유족연금 급여수준〉

가입기간	연금액
10년 미만	기본연금액 40% + 부양가족연금액
10년 이상 20년 미만	기본연금액 50% + 부양가족연금액
20년 이상	기본연금액 60% + 부양가족연금액

30 ②

가. 사업장가입자

나. 임의계속가입자

다. 임의가입자

31 ③

③ 실업크레딧은 국민연금 보험료 납부가 어려운 실업기간에 대하여 구직급여 수급자가 희망하는 경우, 보험료의 일부를 지원하고 그 기간을 가입기간으로 추가 산입하여 국민연금 수급기회를 확대하고 노후소득보장을 강화하기 위하여 도입되었다. 실업크레딧은 구직급여 수급기간 중 1인당 생애 최대 12개월을 한도로 적용된다.

32 ②

① A값은 가입자 전체의 연금수급개시 직전 3년간 평균소득월액의 평균액을 말한다.

③ 가입자 개인의 평균소득(B값)이 가입자 전체 평균소득(A값)과 동일하고 가입기간이 40년인 자의 연금급여수준을 소득대체율이라 하고, 이는 기본연금액 산정식의 비례상수에 따라 결정된다.

④ 소득대체율은 1988년부터 1998년까지는 가입자 평균소득월액의 70% 수준으로 적용된 후, 1999년부터는 60% 수준이 되도록 개정되었고, 2008년에는 50%, 2009년부터 매년 0.5%p씩 급여 수준을 낮추어 2028년 이후 소득대체율이 40%가 되도록 개정되었다.

33 ③

③ 노령연금 수급권자로서 연금지급의 연기를 희망하는 경우 노령연금 수급개시연령부터 5년의 기간 이내에 그 연금의 전부 또는 일부의 지급을 연기할 수 있다. 이를 노령연금 연기제도라고 한다. 연기비율은 50%, 60%, 70%, 80%, 90%, 100% 중에서 수급권자가 선택할 수 있고 해당 기간 중 신청횟수의 제한은 없다.

34 ②

국민연금법상 유족이란 사망자에 의하여 생계를 유지하고 있던 가족으로 일정 요건을 충족하는 배우자(사실혼 배우자 포함), 자녀, 부모, 손자녀, 조부모 순위 중 최우선 순위자에게 유족연금을 지급한다.

35 ②

① 연금액은 기본연금액과 부양가족연금액으로 구성되는데, 기본연금액에 연금종별 지급률을 곱한 후 부양가족연금액을 더하여 산정한다. 다만, 소득활동에 따른 노령연금, 분할연금, 장애일시보상금에는 부양가족연금액을 지급하지 아니한다.

③ 65세 수급개시 기준으로 보면, 60세부터 5년 일찍 받으면 70%, 61세 76%, 62세 82%, 63세 88%, 64세부터 1년 일찍 받으면 94%를 지급한다.

④ 노령연금 수급권자가 유족연금 수급권이 발생한 경우 노령연금을 선택하면 유족연금의 30%를 가산하여 지급하지만, 유족연금을 선택하면 노령연금을 지급하지 않는다.

36 ①

가. 반환일시금은 가입기간 10년 미만인 자가 60세가 된 경우(단, 특례노령연금 수급권자는 해당되지 않음), 가입자 또는 가입자였던 자가 사망하였으나 유족연금에 해당되지 않는 경우, 국적을 상실하거나 국외로 이주한 경우에 지급된다.

다. 각각의 기간을 연계하여 10년(군인연금과 연계는 20년) 이상이 되면 연계연금이 지급된다. 연계연금은 연계연금 수급요건을 충족하면 연계된 각각의 연금제도에서 연금을 지급받는다.

37 ③

① 공무원이 10년 이상 재직하고 퇴직한 경우 본인의 희망에 따라 퇴직연금, 퇴직연금공제일시금, 퇴직연금일시금을 선택할 수 있다. 퇴직연금은 10년 이상 재직하고 연금지급 조건이 되어 퇴직한 때 또는 퇴직 후 연금지급 조건에 도달한 때부터 사망 시까지 매월 지급하는 연금이다.

② 2016.1.1. 이후 이혼한 사람으로 아래의 지급요건을 모두 갖추면 그때부터 그가 생존하는 동안 배우자였던 사람의 퇴직연금 또는 조기퇴직연금 및 연계퇴직연금을 분할한 일정한 금액의 분할연금을 지급한다.

- 공무원 재직기간 내 혼인기간이 5년 이상일 것
- 공무원이었던 사람이 퇴직연금 또는 조기퇴직연금, 연계퇴직연금 수급자일 것
- 이혼배우자 연령이 65세가 되었을 것(단, 2033년 이전까지 가능연령 경과조치 적용)

④ 공무원이 1년 이상 재직하고 퇴직 또는 사망한 때에는 재직연수에 따라 기준소득월액의 6.5~39%에 상당하는 금액을 퇴직급여 또는 유족급여와는 별도로 퇴직수당으로 지급한다.

38 ②

퇴직급여는 근로자의 퇴직일로부터 14일 이내에 지급하도록 근퇴법에 규정하고 있다. 퇴직급여를 지연하여 지급하는 경우 지연일수에 해당하는 연 20%의 지연이자를 더하여 지급한다.

39 ④

① 무주택자인 가입자가 본인의 명의로 주택을 구입하는 경우
② 가입자, 가입자의 배우자 및 부양가족이 질병 또는 부상으로 6개월 이상 요양을 하는 경우(요양비가 급여총액의 12.5% 이상인 경우에 한함)
③ 담보제공일 또는 인출을 신청한 날부터 역산하여 5년 이내에 가입자가 파산선고 또는 개인회생절차개시 결정을 받은 경우

40 ②

가. 근퇴법에서는 근로자들의 노후소득보장을 위해 퇴직연금 적립금을 55세 이전에는 원칙적으로 담보로 제공하거나 인출을 할 수 없도록 제한하고
　　있으나, 일정한 사유에 해당하는 경우에는 퇴직연금 적립금을 인출(DB형은 중도인출 금지)하거나 담보제공을 할 수 있다.
라. 적립금 총액의 70%를 한도로 주식형펀드 등 위험자산에 투자할 수 있다.

41 ②

나. 근퇴법상 퇴직연금(DB형, DC형 및 기업형IRP)의 연금수령조건은 가입기간이 10년 이상이어야 하며, 55세 이후 5년 이상의 연금수령기간을
　　정하여야 한다. 퇴직연금을 가입한 근로자가 퇴직급여를 IRP로 이전한 경우는 가입기간과 관계없이 55세 이후부터 연금을 수령할 수 있다.
다. 퇴직연금 적립금은 원리금보장상품, 적격TDF, 채권(혼합)형펀드, 채권ETF 등 투자위험을 낮춘 자산에 100%까지 투자 가능하다. 또한 주식(혼
　　합)형펀드, ETF(인버스·레버리지·파생상품 ETF 등은 제외), 상장Reits, 상장인프라펀드 등 위험자산에 대한 투자한도는 70%까지 허용된다.
　　DC형 퇴직연금의 위험자산 투자는 펀드나 ETF 등 집합투자의 방법으로만 허용되며, 상장·비상장 주식에 직접투자를 할 수 없다.

42 ①

② 퇴직 시 퇴직일시금을 IRP가 아닌 일반계좌로 지급받은 사람은 퇴직일시금을 지급받는 날로부터 60일 이내에 이미 수령한 퇴직급여를 IRP에
　　입금하여 원천징수된 퇴직소득세를 환급받을 수 있다.
③, ④ IRP계좌 인출 시 소득원천별 과세내용

인출 형태	소득원천	과세세목	비고
연금수령	퇴직급여 납입액	연금소득세	이연퇴직소득세×70% 또는 60%[주2]
	가입자 납입액[주1]		연금소득세(5%, 4%, 3%)[주3]
	IRP 운용수익		
일시금 수령	퇴직급여 납입액	퇴직소득세	퇴직 시 산출된 퇴직소득세 100%
	가입자 납입액[주1]	기타소득세	적용세율 : 15%
	IRP 운용수익	기타소득세	

주1) 연금계좌세액공제를 받지 않은 납입액은 과세대상이 아님
주2) 연금실제수령연차 10년차까지는 70%, 11년차 이후에는 60% 적용
주3) 연금수령 나이에 따라 차등과세(지방소득세 제외)

43 ④

① 연금수령 시 과세는 분리과세 또는 종합과세 선택이 가능하다.
② IRP는 다수의 계좌를 개설할 수 있지만 1개의 금융회사에 1개의 IRP계좌만을 개설할 수 있다. 금융회사별로 제공하는 펀드 종류와 수수료도
　　상이하고 원리금보장상품의 금리도 차이가 있을 수 있다. 가입자가 원하는 상품이 제공되고 있는 금융회사인지 확인한 후에 IRP계좌를 개설한다.
③ 은퇴시기가 가까워져 오는 50대에는 주식형자산 등 위험자산의 비중을 낮추고 채권형자산이나 인컴자산의 비중을 높이는 자산배분 재조정을
　　고려한다.

44 ①

〈금융권별 연금저축상품의 특성〉

구분	연금저축펀드	연금저축보험	연금저축신탁
판매회사	은행, 보험, 증권사		은행
납입방식	자유적립	정액/정기납입	자유적립
적용금리	실적배당	공시이율	실적배당
적립금 운용	수익성	안전성	안전성, 수익성
중도인출(부분 해지)	가능	불가능^{주)}	가능
연금수령방식	확정금액형 확정기간형	확정기간형 종신연금형(생보)	확정기간형
원금보장	비보장	보장	보장
예금자보호	비보호	보호	보호

주) 의료비 계좌로 지정하면 연금개시 후 소득세법에서 정한 의료비 지출에 따른 인출은 허용됨

45 ③

연간 연금저축 납입액은 연금계좌(DC형 퇴직연금, IRP, 연금저축) 연간 납입한도인 1,800만원 내에서 가능하다(연간 납입한도 이외의 일정 한도 내에서 ISA 전환금 및 고령자 주택 축소 차액 자금 납입 가능).

46 ②

연금저축계좌에서 중도인출(부분 해지)하는 경우 과세제외금액, 이연퇴직소득, 세액공제받은 납입액 및 운용수익의 순서로 인출되는 것으로 보아 소득원천에 따라 과세한다.

47 ③

- 연금수령 한도 = $\dfrac{\text{연금계좌 평가액}}{(11 - \text{연금수령연차})} \times 120\%$

48 ①

② 연금계좌를 승계하고자 하는 배우자는 가입자가 사망한 날이 속하는 달의 말일부터 6개월 이내에 승계신청을 하여야 한다.
③ 배우자가 연금계좌를 승계한 경우 승계한 날에 배우자가 새로이 가입한 것으로 간주한다. 따라서 배우자 나이가 55세에 달하지 않았다면 55세부터 연금개시를 하여야 한다.
④ 연금수령을 개시할 때 최소납입요건 판정을 위한 가입일과 연금수령연차 산정을 위한 기산연도는 피상속인 기준을 적용한다.

49 ④

④ 보험료 납입액에 소득공제나 세액공제 등 세제혜택은 없지만 소득세법상 요건을 충족하면 보험차익에 대해 이자소득세를 과세하지 않는다.

50 ①

〈연금계좌 납입단계 세액공제〉

소득기준	세액공제 적용 납입액 한도	세액공제율(지방소득세 별도)
종합소득금액 4,500만원 이하 (근로소득만 있는 경우 총급여액 5,500만원 이하)	연금저축 연간 600만원 (퇴직연금 포함 통합 900만원)	15%
종합소득금액 4,500만원 초과 (근로소득만 있는 경우 총급여액 5,500만원 초과)		12%

부동산설계

51 ①

② '대'로 분류된다. '잡종지'는 갈대밭, 실외에 물건을 쌓아두는 곳, 돌을 캐내는 곳, 흙을 파내는 곳, 야외시장 및 공동우물, 변전소, 송신소, 수신소 및 송유시설 등의 부지, 여객자동차터미널, 자동차운전학원 및 폐차장 등 자동차와 관련된 독립적인 시설물을 갖춘 부지, 공항시설 및 항만시설 부지, 도축장, 쓰레기처리장 및 오물처리장 등의 부지, 그 밖에 다른 지목에 속하지 않는 토지(다만, 원상회복을 조건으로 돌을 캐내는 곳 또는 흙을 파내는 곳으로 허가된 토지는 제외한다) 등이다.

③ 연립주택으로 분류된다. 다세대주택은 주택으로 쓰는 1개 동의 바닥면적 합계가 660m² 이하이고, 층수가 4개 층 이하인 주택이다.

④ 필지에 대한 설명이다. 획지는 이용을 상정하여 구획되는 경제적·부동산학적인 단위 개념이며, 인위적·자연적·행정적 조건에 의해 다른 토지와 구별되나 가격 수준이 비슷한 단위 토지이다.

52 ④

가. 개별성의 특징이다.
나. 부증성의 특징이다.
다. 부동성의 특징이다.
라. 영속성의 특징이다.

53 ③

① 다른 조건이 동일한 경우 부동산의 가격(임대료)이 상승하면 수요량은 줄고, 반대로 가격(임대료)이 하락하면 수요량이 증가한다.

② 수요량의 변화에 대한 설명이다. 가격 이외의 다른 요인이 변화함에 따른 수요곡선 자체의 이동으로 말미암아 전과 동일한 가격 수준에서 수요량이 변화하는 경우에 이를 수요의 변화라고 한다.

④ 경제적 공급을 통해 중장기적으로 공급이 확대되면서 공급곡선이 일반 경제재의 공급곡선처럼 생산비가 반영되어 완만하게 우상향으로 기울어지게 되며 이러한 가격과 공급량의 비례관계를 공급의 법칙이라고 한다.

54 ②

• 수요곡선이 일정한 가운데 건축 자재비 등 생산요소 가격의 상승, 금리인상 등 금융비용의 증가로 인해 공급이 감소할 경우 공급곡선이 좌측으로 이동하게 되며 균형가격은 상승하고 균형거래량은 감소한다.

55 ②

② 경기후퇴기에 대한 설명이다.

56 ③

① 합유에 대한 설명이다. 공유는 하나의 소유권이 수인에게 양적으로 분할되어 있는 형태이다.

② 합유에 대한 설명이다. 공유의 경우 지분의 처분이 자유롭다. 다만, 목적물의 변경·처분은 공유자 전원의 동의가 있어야 한다.

④ 공유에 대한 설명이다. 총유의 경우에는 공동소유자에 대해 지분이 인정되지 않으며 사원총회의 결의를 통해서만 목적물을 처분할 수 있다.

57 ③

① 일반적으로 소유자는 물건을 점유하고 있으므로 점유권과 본권은 병존하며, 민법은 점유자가 점유물에 대하여 행사하는 권리는 적법하게 보유하는 것으로 추정하고 있다.

② 토지 사용의 대가인 지료의 지급은 지상권의 성립요소는 아니므로 무상의 지상권이 있을 수 있다.

④ 설정행위로 이를 금지한 경우를 제외하고 전세권자는 타인에게 양도 또는 담보로 제공할 수 있으며, 전전세도 가능하다.

58 ①

- 부동산은 매매와 같은 법률행위를 하고 이를 등기함으로써 물권변동이 일어나는 성립요건주의이며 동산과 달리 목적물의 인도는 부동산 물권변동의 요건이 아니다.
- 민법이 규정하는 것으로 취득시효, 소멸시효, 혼동, 무주물 선점, 유실물 습득, 매장물 발견, 첨부(부합, 혼화, 가공), 상속 등이 있으며 민법 이외의 법률이 규정하는 것으로는 공용징수(토지보상법), 몰수(형법), 경매(민사소송법) 등이 있다.

59 ④

가. 가등기는 부동산물권 및 이에 준하는 권리의 설정·이전·변경·소멸의 청구권을 보전하기 위해 미리 예비로 하는 등기로, 등기의 순위에 있어 가등기를 한 후 가등기에 의한 본등기가 있는 경우에는 본등기의 순위는 가등기의 순위에 따른다.

나. 환매는 부동산 매도인이 매매계약과 동시에 매수인에게 금전을 차용하면서 매도인 소유의 부동산을 이전한 후 그 영수한 대금 및 매수인이 부담한 매매비용을 반환하고 그 목적물을 다시 매도인에게 이전하는 것을 말한다. 따라서 환매는 매도인이 차입하는 경우에 많이 사용되며 환매대금은 특별한 약정이 있으면 그 약정에 따른다. 부동산의 환매기간은 최대 5년이며, 환매기간을 정한 때에는 이를 다시 연장하지 못한다. 또한 환매기간을 정하지 아니한 때에는 5년으로 한다. 부동산 매매 시 매매등기와 동시에 환매권의 보류를 등기한 때에는 제3자에게 효력이 있다.

60 ②

② 가등기는 부동산물권 및 이에 준하는 권리의 설정·이전·변경·소멸의 청구권을 보전하기 위해 미리 예비로 하는 등기로, 등기의 순위에 있어 가등기를 한 후 가등기에 의한 본등기가 있는 경우에는 본등기의 순위는 가등기의 순위에 따른다.

61 ②

① 첫 경매개시결정기입등기 후에 가압류한 채권자는 배당요구종기까지 반드시 배당요구를 하여야 할 채권자이다.

③ 입찰보증금은 입찰가격의 1/10이 아니라 최저매각가격의 1/10 이상을 제출한다.

④ 매수인은 대금지급기한까지 매각대금을 법원에서 발급하는 납부명령서와 함께 은행에 납부하면 된다. 납부할 금액은 매각대금에서 입찰보증금을 제외한 금액이다.

62 ②

A. 수탁재산에 대한 설명이다.

B. 국유재산에 대한 설명이다.

C. 유입자산에 대한 설명이다.

D. 압류재산에 대한 설명이다.

63 ③

① 해제권은 당사자의 약정이 있는 경우 약정해제권이 발생하며, 거래당사자 간의 이행지체나 불완전이행, 이행불능 등과 같은 사유로 법정해제권도 발생한다.

② 해제에 대한 설명이다. 해지권을 행사하면 계약의 효과는 장래에 향하여 소멸하므로, 해지 이전의 계약관계에는 영향을 미치지 않는다. 그러나 임대차에서 연체된 차임채무 등 해지 이전에 발생한 미이행채무는 해지 이후에도 그대로 존속한다. 해지권은 소급효과가 없으므로 당사자는 청산의무가 있는데, 이는 임대차계약 종료 시 임차목적물을 임대인에게 반환하는 의무를 말한다.

④ 계약해지로 인해 손해배상청구에 영향을 미치지 않으므로 계약을 해지하고 손해배상청구도 함께 할 수 있다.

64 ④

가. 농지를 취득하려면 농지법에서 정한 농지취득자격증명이 필요하나 그 증명은 매각결정기일까지만 보완하면 되므로 입찰 시에 첨부할 필요는 없다.

65 ④

① LTV로 계산된 최대 대출가능 금액 : 10억원×LTV 40%＝4억원

④ 대출은 LTV와 DTI로 계산된 각각의 최대 대출가능금액 중 작은 금액으로 가능하다고 하였으므로, DTI로만 계산된 최대 대출가능 금액이 6억원이라도 LTV로 계산된 최대 대출가능금액이 4억원이어서 결국 대출은 4억원까지만 대출이 가능하므로 고승완씨는 A주택 매수를 위해 추가자금이 필요하다.

66 ②

① 임차인은 임대인의 동의 없이 그 권리를 양도하거나 전대하지 못하는데, 만일 임차인이 위반하면 임대인은 계약을 해지할 수 있다.

③ 임차인이 임차물의 보존에 관한 필요비를 지출한 때에는 임대인에 대하여 그 상환을 청구할 수 있다. 임차인이 유익비를 지출한 경우에는 임대인은 임대차 종료 시에 그 가액의 증가가 현존한 때에 한하여 임차인이 지출한 금액이나 그 증가액을 상환하여야 한다.

④ 건물, 기타 공작물의 임차인이 그 사용의 편익을 위하여 임대인의 동의를 얻어 이에 부속한 물건이 있는 때에는 임대차의 종료 시에 임대인에 대하여 그 부속물의 매수를 청구할 수 있다.

67 ③

① 임대인이 임대차 기간이 끝나기 6개월 전부터 2개월 전까지의 기간에 임차인에게 갱신거절의 통지를 하지 아니하거나, 계약조건변경에 관한 통지를 하지 아니한 경우에는 그 기간이 끝난 때에 전 임대차와 동일한 조건으로 다시 임대차한 것으로 본다. 임차인이 임대차 기간이 끝나기 2개월 전까지 통지하지 아니한 경우에도 또한 같다.

② 임대차의 존속기간은 정함이 없는 것으로 보아 계약해지를 원하는 임차인은 언제든지 임대인에게 계약해지의 통고를 할 수 있다.

④ 임대인은 주택임대차법상 최단 기간의 적용을 받으므로 2년 내에는 해지할 수 없다. 다만, 임차인이 2기의 차임을 연체하거나 그 밖에 임차인으로서의 의무를 현저히 위반한 경우에는 임대인은 계약을 해지할 수 있다.

68 ①

② 임차인의 계약갱신요구권은 최초의 임대차 기간을 포함한 전체 임대차 기간이 10년을 초과하지 아니하는 범위에서만 행사할 수 있다.

③ 증액의 경우에는 청구 당시의 차임 또는 보증금의 100분의 5의 금액을 초과하지 못한다. 증액 청구는 임대차계약 또는 약정한 차임 등의 증액이 있은 후 1년 이내에는 하지 못한다.

④ 서울특별시의 경우 소액보증금의 범위는 6천 5백만원 이하 보증금이며, 이중 최우선변제금액은 2천 2백만원이다.

69 ①

② 농협 · 신한 · 우리 · 하나 · 기업 · 국민 · 대구 · 부산 · 경남은행에서 가입 가능하며, 국민주택과 민영주택을 공급받기 위한 청약통장이다. 기존의 청약저축에 청약예금, 청약부금 기능을 한데 묶어 놓은 입주자저축(청약통장)으로 국민주택과 민영주택 모두에 청약할 수 있다.

③ 가입대상은 국내 거주자인 개인으로 연령과 자격 제한에 관계없이 누구나 가입할 수 있다.

④ 민영주택 청약 예치기준금액

구분	주택청약종합저축/청약예금			청약부금 ($85m^2$ 이하의 주택에만 청약신청 가능)		
	서울/부산	기타 광역시	기타 시/군	서울/부산	기타 광역시	기타 시/군
$85m^2$ 이하	300만원	250만원	200만원	300만원	250만원	200만원
$102m^2$ 이하	600만원	400만원	300만원	청약부금으로 민영주택 2순위 청약 시에는 예치금에 관계없이 모든 주택 규모 청약 가능		
$135m^2$ 이하	1,000만원	700만원	400만원			
모든 면적	1,500만원	1,000만원	500만원			

70 ③

③ 개업공인중개사는 중개 업무에 관하여 중개 의뢰인으로부터 소정의 보수를 받는다. 다만, 개업공인중개사의 고의 또는 과실로 인하여 중개 의뢰인 간의 거래행위가 무효, 취소 또는 해제된 경우에는 그러하지 아니한다.

71 ①

- 건폐율 $=\dfrac{건축면적}{대지면적}\times100=\dfrac{480}{1,200}\times100=40\%$

- 용적률 $=\dfrac{건축물의\ 연면적}{대지면적}\times100=\dfrac{1,920}{1,200}\times100=160\%$

72 ②

재개발사업의 추진위원회가 조합을 설립하려면 토지 등 소유자의 3/4 이상 및 토지면적 1/2 이상의 토지소유자의 동의를 받아 정관 등의 사항을 첨부하여 시장·군수 등의 인가를 받아야 한다.

73 ③

- 종후자산평가액 = 조합원 분양 수입 + 일반분양 수입 = 273억원 + 67억원 = 340억원

- 비례율 $=\dfrac{종후자산평가액 - 총사업비}{종전자산평가액}\times100=\dfrac{340억원 - 127.5억원}{167.5억원}\times100=126.87\%$

74 ③

- 업무용 부동산 A 투자가치 $=\dfrac{순(영업)소득}{자본환원율}=\dfrac{20,000천원}{5\%}=400,000천원$

- 시장가치 300,000천원이 투자가치 400,000천원보다 낮으므로 업무용 부동산 A를 매수하는 것이 유리하다.

75 ①

가. 임대형에 대한 설명이다.
나. 대출형에 대한 설명이다.
다. 개발형에 대한 설명이다.

상속설계

76 ③

가정법원의 실종선고가 확정되면 실종선고를 받은 자, 즉 실종자는 실종기간이 만료한 때 사망한 것으로 본다. 따라서 민법상 상속개시 시기는 실종기간이 만료한 때가 된다. 보통실종의 실종기간은 부재자가 마지막으로 발견된 때(최종 소식 시)로부터 5년이다.

77 ④

모두 적절한 설명이다.

78 ④

배우자는 피상속인의 직계비속과 공동으로 1순위 상속인이 되고, 직계비속이 없으면 피상속인의 직계존속과 공동으로 1순위 상속인이 된다. 피상속인의 직계비속과 직계존속이 모두 없으면 단독으로 1순위 상속인이 된다.

79 ④

① 승계는 피상속인의 사망으로 발생하는데, 공동상속인들 간 상속재산에 대한 분할이 완료될 때까지 공동상속인들은 상속재산을 공유하게 된다.
② 상속재산에 속하는 개개의 물건 또는 권리는 공동상속인 전원의 동의 없이 단독으로 처분할 수 없지만 각 공동상속인은 개개의 상속재산에 대하여 각자의 상속분을 단독으로 처분할 수 있다.
③ 취소권, 해제권, 해지권, 상계권 등 형성권도 상속재산에 해당한다.

80 ③

• 사망 또는 결격된 상속인(피대습자)의 순위를 갈음하여 상속인이 된 대습상속인의 상속분은 피대습자의 상속분에 따르고, 대습자가 수인이라면 그들 사이의 관계는 법정상속분에 따른다.
• 최태준씨의 상속재산에 대한 법적상속분은 배우자 안예은이 3/7, 아들 최민수가 2/7, 딸 최민정이 2/7이므로 피대습자인 딸 최민정의 상속분 240,000천원을 다시 그 배우자인 이재경씨가 3/5, 자녀인 이규혁이 2/5만큼 대습상속하게 된다.
• 이재경씨의 대습상속분 : 840,000천원×6/35(=2/7×3/5)=144,000천원
• 이규혁의 대습상속분 : 840,000천원×4/35(=2/7×2/5)=96,000천원

81 ②

가. 기여분은 상속인에게만 인정된다. 따라서 상속인이 아닌 자는 피상속인의 재산의 유지 또는 증가에 특별히 기여를 하였다거나 피상속인을 특별히 부양하였더라도 기여분권자로 인정되지 않는다.
라. 기여분은 상속이 개시된 때의 피상속인 재산가액에서 유증의 가액을 공제한 액을 넘지 못한다. 즉, 유증이 기여분보다 우선한다.

82 ③

① 피상속인은 유언으로 상속개시의 날로부터 5년을 넘지 않는 기간 내에서 상속재산의 분할을 상속재산 전부 또는 일부에 대하여 금지할 수 있고, 공동상속인도 협의에 따라 5년 내 기간으로 분할금지약정을 할 수 있다. 피상속인은 유언으로 미리 상속재산의 분할방법을 정하거나 이를 정할 것을 제3자에게 위탁할 수 있다.
② 협의에 의한 상속재산의 분할은 공동상속인 전원의 동의가 있어야 유효하고 공동상속인 중 1인의 동의가 없거나 그 의사표시에 대리권의 흠결이 있다면 분할은 무효이다.
④ 상속재산인 부동산의 분할 귀속을 내용으로 하는 상속재산분할심판이 확정되면 민법 제187조에 의하여 상속재산분할심판에 따른 등기 없이도 해당 부동산에 관한 물권변동의 효력이 발생한다.

83 ③

③ 상속회복청구권은 재판상으로만 행사 가능하며 그 침해를 안 날로부터 3년, 상속권의 침해행위가 있은 날로부터 10년이 경과하면 소멸된다.

84 ③

① 제1순위 상속권자인 배우자와 직계비속이 모두 상속을 포기하면 제2순위에 있는 상속권자가 상속인이 된다.
② 상속개시 있음을 안 날이란 상속개시 원인이 되는 사실 발생을 알고 또 이로써 자기가 상속인이 되었음을 안 날을 의미한다. 판례는 피상속인의 사망으로 인하여 상속 개시되고 상속의 순위나 자격을 인식함에 별다른 어려움이 없는 통상적인 상속의 경우에는 상속인이 상속개시의 원인사실을 앎으로써 그가 상속인이 된 사실까지 알았다고 보는 것이 합리적이라고 판단하며, 후순위상속인 등 종국적으로 상속인이 누구인지를 가리는 과정에 사실상 또는 법률상의 어려운 문제가 있는 경우 상속개시 원인사실을 아는 것만으로는 상속개시 있음을 안 날을 확정함에 있어 상속개시의 원인사실뿐만 아니라 자신이 상속인이 된 사실을 안 날이 언제인지도 알아야 한다고 본다.
④ 고려기간이 경과한 이후라도 상속인이 상속채무가 상속재산을 초과하는 사실을 중대한 과실 없이 상속개시일부터 3개월의 기간 내에 알지 못하고 단순승인(법정 단순승인 포함)한 경우에 그 사실을 안 날부터 3개월 내에 상속재산의 목록을 첨부하여 가정법원에 한정승인 신고를 할 수 있다.

85 ①

① 태아도 유증을 받을 수 있다. 태아의 경우 상속에 관하여는 이미 출생한 것으로 본다.

86 ④

- 유언자가 2인 이상의 증인 중 1인에게 유언의 내용을 구수하면, 그 구수를 받은 증인이 이를 필기낭독하여 유언자와 증인이 그 정확함을 승인한 후 각자 서명 또는 기명날인하면 된다.
- 그 증인 또는 이해관계인이 급박한 사유가 종료한 날로부터 7일 이내에 법원에 그 검인을 신청하여야 한다.

87 ②

① 민법이 정하고 있는 유언사항은 친생부인, 인지, 미성년후견인의 지정, 미성년후견감독인의 지정, 유증, 재단법인의 설립을 위한 재산의 출연, 상속재산의 분할방법의 지정 또는 위탁 및 분할의 금지, 유언집행자의 지정 또는 위탁이 있다. 특별법이 정하고 있는 유언사항에는 신탁의 설정, 유족보상수급권자의 지정 등이 있다.

③ 유언에 조건이나 기한을 붙일 수 있으므로 결혼을 조건으로 은행예금을 준다는 유언은 유효하다. 유언에 정지조건이 있는 경우 그 조건이 유언자의 사망 후에 성취한 때에는 그 조건을 성취한 때부터 유언의 효력이 발생한다.

④ 유언 후의 생전행위가 유언과 저촉되는 경우에는 그 저촉된 부분은 철회한 것으로 본다.

88 ②

② 상속인도 유언집행자가 될 수 있다. 상속인 외에 별도로 유언집행자를 인정하는 이유는, 상속인으로 하여금 유언을 집행하게 한다면 유언의 집행이 상속인의 이익에 반하는 경우에는 잘 집행되지 않을 우려가 있기 때문이다. 제한능력자와 파산선고를 받은 자는 유언집행자가 되지 못한다.

89 ④

- 유류분 산정 기초재산 : 상속개시 시의 상속재산 1억원＋증여재산 5억원－채무전액 6천만원＝5.4억원
- 유류분의 범위 : 피상속인의 직계비속과 배우자는 법정상속분의 1/2, 피상속인의 직계존속과 형제자매는 법정상속분의 1/3
- 법정상속분 : 아내 서예지 3/5, 자녀 안예은 2/5
- 유류분 : 아내 서예지 162,000천원(3/5×1/2＝3/10), 자녀 안예은 108,000천원(2/5×1/2＝1/5)

90 ①

유류분을 침해하는 유증과 증여가 각각 있는 경우에는 먼저 수유자에 대하여 반환을 청구하고, 그로써도 부족한 때에 한하여 수증자에게 반환을 청구할 수 있다.

91 ①

〈상속세와 증여세의 차이점〉

구분	상속세	증여세
법률행위	상속개시를 원인으로 포괄적 권리의무의 승계	당사자 쌍방 계약에 의한 재산의 무상이전
포기/반환행위	포기(단독행위)	반환(계약)
과세방식	유산세 방식(피상속인 재산 전체를 기준으로 과세)	유산취득세 방식(재산을 받은 자 별로 받은 재산에 대해 과세)
관할 세무서	피상속인의 주소지	수증자의 주소지
공제제도	상대적으로 종류가 다양	상대적으로 종류가 적음
신고납부기한	상속개시일이 속하는 달의 말일로부터 6개월 (비거주자의 경우 상속개시일이 속하는 달의 말일로부터 9개월)	증여일이 속하는 달의 말일로부터 3개월

92 ③

- 상속개시일 전 1년 이내 2억원 이상 인출하거나, 상속개시일 전 2년 이내 5억원 이상 인출한 경우에 추정상속재산으로 본다.
- 1년 내 인출금액 1.5억원＜2억원(추정상속재산 아님)
- 2년 내 인출금액 1.5억원＋4억원＝5.5억원≥5억원
- 용도 미입증금액＝5.5억원－0.5억원＝5억원≥Min(5.5억원×20%, 2억원)＝1.1억원(추정상속재산에 해당)
- 추정상속재산으로 보는 금액＝5.5억원－0.5억원(용도 입증금액)－Min(5.5억원×20%, 2억원)＝3.9억원

93 ②

① 총상속재산가액＝본래의 상속재산가액＋간주상속재산가액＋추정상속재산가액으로 사전증여재산은 상속세 과세가액 계산 시 상속재산에 가산하는 금액이다.
③ 장례에 직접 소요된 비용(봉안시설, 자연 장지 비용 제외)은 최소 500만원(증빙이 없는 경우)~최대 1천만원(증빙으로 확인되는 경우) 공제한다. 봉안시설, 자연 장지 비용은 증빙으로 확인되는 금액을 500만원 한도로 추가 공제한다.
④ 현금은 금융재산이 아니다.

94 ①

② 상속세에는 일시에 많은 세금이 과세되는 경우가 많아 분납 외에 연부연납과 물납도 허용하고 있다. 참고로 물납은 상속세에 한해 허용되므로 증여세는 물납할 수 없다.
③ 납부할 상속세액이 1천만원을 초과하는 경우에는 그 납부할 금액의 일부를 납부기한이 지난 후 2개월 이내에 분할 납부할 수 있다.
④ 납세지 관할 세무서장은 상속세 또는 증여세 납부세액이 2천만원을 초과하는 경우에는 납세의무자의 신청을 받아 연부연납을 허가할 수 있다.

95 ③

③ 국가 또는 지방자치단체로부터 증여받는 재산 등은 비과세 증여재산이다. 상증법에서는 일정 재산에 대해 증여세를 과세하지 않도록 규정하고 있다.

96 ②

- 수증자가 부담하기로 한 당해 증여재산에 담보된 채무액은 증여재산가액에서 차감하여 증여세를 계산하는 한편, 수증자가 부담하기로 한 채무액은 유상양도로 보아 증여자가 양도소득세를 부담하게 된다.

97 ③

①, ② 금번 증여일 전 10년 이내에 동일인(직계존속의 경우 그 배우자는 동일인으로 봄)으로부터 받은 증여재산 합계액이 1천만원 이상인 경우에는 그 증여재산가액을 금번 증여재산가액에 합산하여 과세한다.
④ 세대생략가산에 해당하지 않는다. 수증자가 증여자의 자녀가 아닌 직계비속(예 손자, 증손자)인 경우에는 증여세 산출세액에 30%(미성년자가 20억원을 초과하여 받은 경우에는 40%)를 할증한 금액을 산출세액에 가산한다.

98 ③

- 납입한 보험료 중 일부를 보험금 수령인이 납부하였을 경우에는 보험금에서 납부한 총 보험료 중 보험금 수령인이 아닌 자가 납부한 보험료의 비율에 상당하는 금액만을 증여재산가액으로 한다.
- 증여재산가액＝보험금×$\frac{\text{보험금 수령인이 아닌 자가 납부한 보험료}}{\text{총 납입한 보험료}}$＝200,000천원×$\frac{20,000천원}{50,000천원}$＝80,000천원

99 ④

〈특수관계인 간 저가ㆍ고가 거래 증여이익〉

구분	수증자	과세기준	증여재산가액
저가양수	양수자	(시가 − 대가) 차액이 시가의 30% 이상 or 3억원 이상	(시가 − 대가) − Min(시가의 30%, 3억원)
고가양도	양도자	(대가 − 시가) 차액이 시가의 30% 이상 or 3억원 이상	(대가 − 시가) − Min(시가의 30%, 3억원)

100 ③

③ 평가기준일 현재 임대차계약이 체결된 부동산은 기준시가와 임대보증금 환산가액(= 임대보증금 + 연간 임대료 합계÷12) 중 큰 금액으로 평가한다.

3회 AFPK® MODULE 2 정답 및 해설

01	02	03	04	05	06	07	08	09	10
②	①	③	①	②	④	②	①	④	①
11	12	13	14	15	16	17	18	19	20
③	④	②	②	③	②	③	③	④	④
21	22	23	24	25	26	27	28	29	30
③	④	③	②	③	①	①	③	④	①
31	32	33	34	35	36	37	38	39	40
①	③	②	②	②	④	④	②	②	④
41	42	43	44	45	46	47	48	49	50
①	②	④	③	③	④	①	④	③	③
51	52	53	54	55	56	57	58	59	60
②	④	②	①	③	④	④	③	③	①
61	62	63	64	65	66	67	68	69	70
④	③	③	②	③	③	④	②	①	③
71	72	73	74	75	76	77	78	79	80
②	①	②	④	④	③	①	①	④	③
81	82	83	84	85	86	87	88	89	90
④	①	①	①	②	③	③	②	②	①

위험관리와 보험설계

01 ②

〈손실 발생빈도와 규모에 따른 위험관리방법〉

구분		손실 빈도	
		낮음	높음
손실심도	높음	위험전가(보험)	위험회피, 손실감소
	낮음	위험보유	위험보유, 손실감소

02 ①

가. 대수의 법칙에 대한 설명이다. 대수의 법칙이 성립할 경우 독립적으로 발생하는 사건에 대해 관찰횟수가 충분히 커지면 손실이 발생하는 경험확률이 실제 참값에 가까워져 신뢰할 수 있는 위험률을 산출할 수 있게 된다.

나. 수지상등의 원칙에 대한 설명이다. 대수의 법칙에 입각한 사고 발생 확률로 산출된 보험료 총액은 예상했던 보험사고 발생으로 인해 보험회사가 지급하는 보험금 총액과 일치해야 한다.

03 ③

① 보험계약자에 대한 설명이다. 보험자는 보험사업의 주체로 보험계약을 인수하는 자로서 민영보험회사, 각종 공제, 사회보험을 운영하는 공공기관(국민건강보험공단, 근로복지공단 등)이 해당된다.

② 생명보험에서는 보험사고의 객체로서 보험사고 대상이 되는 자를 의미한다. 예를 들어 사망보험에서 사망사고가 발생하는 사람이 피보험자가 된다. 사람을 대상으로 하는 생명보험에서는 자연인만 보험가입 대상(피보험자)으로 설정할 수 있다.

④ 소급보험의 경우 보험기간이 보험계약기간보다 더 길어질 수 있다.

04 ①

〈전부보험, 일부보험, 초과보험, 중복보험 비교〉

구분		보험가액과 보험가입금액	지급보험금
전부보험		보험가액 = 보험가입금액	보험가액(보험가입금액) 이내
일부보험		보험가액 > 보험가입금액	보험가입금액 이내 비례보상
초과보험	초과보험	보험가액 < 보험가입금액	보험가액 이내
	중복보험	보험가액 < 보험가입금액의 합계	보험가액 이내

손해보험은 보험가입금액과 상관없이 실손보상원칙(이득금지원칙)에 의거하여 보험가액을 초과하는 보험금은 지급하지 않는다. 일부보험의 경우 보험가액에 대한 보험가입금액의 비율에 따라 비례보상한다. 예를 들면 공장화재 보험가입금액 5억원, 보험가액 10억원, 손해 1억원일 경우 일부보험에 해당하므로 비례보상한다. 지급하는 보험금은 $1억원 \times \left(\dfrac{5억원}{10억원}\right) = 5천만원$이 된다. 초과보험과 중복보험의 경우에도 보험금은 보험가액 이내에서 지급한다.

05 ②

가. 불요식/낙성계약 : 보험계약은 보험회사와 보험계약자 간의 청약과 승낙이라는 의사의 합치만으로 성립하며 특별한 요식을 필요로 하지 않는다. 보험의 목적, 피보험자, 보험사고, 보험료, 보험가입금액 등에 대해 당사자 간 합의가 있으면 계약이 성립하는 불요식계약이다.

나. 부합계약 : 보험회사는 다수의 보험계약자를 대상으로 동일한 계약내용이 포함된 정형화된 보험약관을 작성하고 반복적으로 계약을 체결한다. 이로 인해 보험회사는 약관의 교부·명시의무, 설명의무 등을 부담하고, 약관법을 적용받게 된다.

06 ④

④ 실무상 '3대 기본 지키기' 또는 '품질보증제도'로 불리는 취소 요건에 해당된다.

07 ②

① 보험금청구권과 적립금 반환청구권은 3년간 행사하지 않으면 소멸시효의 완성으로 행사할 수 없다.

③ 보험계약 당시에 보험계약자 또는 피보험자가 고의 또는 중대한 과실로 인해 중요한 사항을 고지하지 않거나 부실 고지를 한 때에는 보험회사는 그 사실을 안 날로부터 1개월 내에, 계약을 체결한 날로부터 3년 내에 한해 계약을 해지할 수 있다. 그러나 보험회사가 계약당시에 그 사실을 알았거나 중대한 과실로 인해 알지 못한 때에는 해지권을 행사할 수 없다.

④ 보험설계사는 고지를 수령할 수 있는 권한이 없으며, 보험계약자가 청약서 질문 내용에 대한 답변을 청약서에 기재하지 않고 보험설계사에게 구두로 알렸을 경우에는 계약 전 알릴의무를 이행하였다고 볼 수 없다.

08 ①

① 사망보험계약에서는 보험계약자 또는 피보험자나 보험수익자의 중대한 과실로 인해 사고가 발생한 경우에도 보험금 지급의무를 진다.

09 ④

④ 예정이자율은 자산운용이라는 투자활동을 통해 보험금을 지급할 때까지 얻을 수 있는 보험회사의 예상수익률을 말한다. 따라서 시중금리 인상 등으로 보험회사의 자산운용수익률이 높아지면 보험료 산정 요인인 예정이자율도 상향 조정된다. 예정이자율이 높아지면 투자활동을 통한 보험금 재원 기여분이 커지기 때문에 보험료는 낮아진다.

10 ①

② 등급판정 기준

장기요양등급	심신의 기능상태
1등급	심신의 기능상태 장애로 일상생활에서 전적으로 다른 사람의 도움이 필요한 자로서 장기요양인정 점수가 95점 이상인 자
2등급	심신의 기능상태 장애로 일상생활에서 상당 부분 다른 사람의 도움이 필요한 자로서 장기요양인정 점수가 75점 이상 95점 미만인 자
3등급	심신의 기능상태 장애로 일상생활에서 일정 부분 다른 사람의 도움이 필요한 자로서 장기요양인정 점수가 60점 이상 75점 미만인 자
4등급	심신의 기능상태 장애로 일상생활에서 일정 부분 다른 사람의 도움이 필요한 자로서 장기요양인정 점수가 51점 이상 60점 미만인 자
5등급	치매환자로서(노인장기요양보험법 시행령 제2조에 따른 노인성 질병으로 한정) 장기요양인정 점수가 45점 이상 51점 미만인 자
인지지원등급	치매환자로서(노인장기요양보험법 시행령 제2조에 따른 노인성 질병으로 한정) 장기요양인정 점수가 45점 미만인 자

③ 재가 및 시설 급여비용 중 수급자의 본인부담금(장기요양기관에 직접 납부)은 다음과 같다.

- 재가급여 : 당해 장기요양급여비용의 15/100
- 시설급여 : 당해 장기요양급여비용의 20/100
- ※ 국민기초생활보장법에 따른 의료급여 수급자는 본인부담금 전액 면제
- ※ 일정 기준에 해당하면 본인부담금의 40% 또는 60%를 감경

④ 재가급여(복지용구 제외)의 월 한도액은 등급에 따라 차등 지급하고 있다.

11 ③

가. 직장가입자의 건강보험료 중 보수월액보험료는 가입자와 사용자 각 반씩 부담하고, 보수 외 소득월액보험료는 가입자가 전부 부담한다.

나. 고용보험에서 실업급여에 해당하는 보험료는 근로자와 사업주가 각각 50%씩 부담하지만, 고용안정 · 직업능력개발사업에 해당하는 보험료는 전액 사업주가 부담한다.

12 ④

가. 체감정기보험은 보험료는 동일하지만, 연령이 증가함에 따라 사망보험금이 감소하는 상품이다. 이 상품은 주로 주택대출자금을 상환할 수 있도록 판매되어 왔다. 주택자금을 차입한 후 주기적으로 원금과 이자를 상환하면, 기간이 지날수록 미상환 주택자금이 감소하게 되므로 정기보험 가입금액을 미상환 잔액으로 설정하면 대출자가 사망할 경우 사망보험금으로 잔여 대출금을 상환할 수 있다.

나. 재가입정기보험은 갱신정기보험처럼 계약연도 말에 적격성 심사 없이 계약을 갱신할 수 있는 상품이다. 갱신정기보험과 다른 점은 피보험자가 보험기간 종료 시점에 적격 피보험체 여부를 증명하여 보험회사 언더라이팅 기준을 통과하면, 예정된 보험료보다 더 낮은 보험료로 계약을 갱신할 수 있다는 점이다.

13 ②

② 전기납 종신보험은 피보험자 사망 시점까지 보험료를 계속 납입하는 보험이다. 단기납은 전기납에 비해 보험료 납입기간이 짧으므로 보험료 수준이 높아져 소득수준이 높은 기간 동안 집중적으로 보험료를 납부하려는 사람들에게 적합하다.

14 ②

② 변액종신보험과 마찬가지로 계약자적립액은 특별계정으로 운용되며, 보험계약자가 계약자적립액 투자에 대한 옵션을 선택하고 투자위험을 부담한다.

15 ③

③ 변액연금은 투자실적에 따라 연금재원이 변동하기 때문에 납입한 보험료보다 계약자적립액이 더 낮아질 위험도 존재한다. 이런 위험을 관리하기 위해 대부분의 변액연금상품은 투자실적에 상관없이 연금개시 시점에서 최소한 원금을 연금재원으로 보증하고 있는데 최저보증수수료는 보험계약자가 부담한다.

16 ②

〈장애인전용 보장성보험과 일반 보장성보험 세액공제 비교〉

구분	일반 보장성보험	장애인전용 보장성보험
세액공제 대상 보험료	기본공제대상자를 피보험자로 하는 일반보장성 보험료	기본공제대상자 중 장애인을 피보험자 또는 보험수익자로 하는 장애인전용 보장성보험료
한도금액	연 100만원 한도	연 100만원 한도(단, 일반 보장성보험과 별개)
세액공제 비율	13.2%(지방소득세 포함)	16.5%(지방소득세 포함)

17 ③

〈단체보장성보험의 세제혜택〉

세제혜택	회사부담 연 70만원 이하	회사부담 연 70만원 초과
회사	전액 손금(비용) 인정 (종업원의 복리후생비에 해당)	전액 손금(비용) 인정 (70만원 초과분 종업원의 급여에 해당)
종업원	근로소득으로 과세되지 않음	70만원 초과분 근로소득으로 과세

18 ③

〈보험계약 유지를 위한 제도 비교〉

구분	보험료	보험금(보장내용)	보험(보장)기간	비고
보험계약대출	동일	동일	동일	대출원리금 상환 부담
중도인출	동일	동일	동일	해약환급금 감소
보험료 납입 일시중지	일시중지	동일	동일	해약환급금 감소
보험료 자동대출납입	미납	동일	동일	대출원리금 상환
감액	감액	감액	동일	감액부분은 해지처리
감액완납	미납	감액	동일	해약환급금 미지급
연장정기보험	미납	동일	단축	해약환급금 미지급

19 ④

④ 보험회사는 보험계약자 또는 피보험자가 고의 또는 중대한 과실로 중요한 사항에 대하여 사실과 다르게 알린 경우에는 계약해지나 보장제한을 할 수 있다.

20 ④

④ 보험약관에서는 보험금 또는 해약환급금 등의 청구가 있을 때는 3영업일 이내에 보험금 또는 해약환급금을 지급하도록 규정하고 있다. 다만, 보험금지급사유 조사나 확인이 필요한 때에는 청구서류 접수 후 10영업일 이내에 지급한다. 만약 10영업일 이내에 보험금을 지급하지 못할 것으로 예상되는 경우에는 지급 지연사유, 지급예정일 및 보험금 가지급제도(보험회사가 추정하는 보험금의 50% 이내를 지급)에 대하여 피보험자 또는 보험수익자에게 즉시 통지해야 하고, 이때는 서류를 접수한 날부터 30영업일 이내에 보험금을 지급해야 한다.

21 ③

③ 청약철회는 보험증권을 받은 날로부터 15일(청약일로부터 30일) 이내에 가능하다.

22 ④

① 계속보험료가 약정한 시기에 납입되지 아니한 때에는 보험회사는 상당한 기간을 정하여 보험계약자에게 최고하고 그 기간 내에 납입되지 아니한 때에는 그 계약을 해지할 수 있다. 보험회사는 제2회 이후의 보험료를 납입기일까지 납입하지 않아 보험료 납입이 연체중인 경우에 14일(보험기간이 1년 미만이면 7일) 이상의 기간을 납입최고기간으로 정하여 보험계약자(보험수익자와 보험계약자가 다른 경우 보험수익자를 포함)에게 납입최고기간 내에 연체보험료를 납입하여야 한다는 내용과 납입최고기간이 끝나는 날까지 보험료를 납입하지 않을 경우 납입최고기간이 끝나는 날의 다음 날에 계약이 해지된다는 내용을 서면(등기우편 등), 전화(음성녹음) 또는 전자문서 등으로 알려주어야 한다.
② 보험회사는 계약이 해지되기 전 발생한 보험금 지급사유에 대해서는 보험계약내용을 보장한다.
③ 계속보험료를 납입하지 못하여 계약이 해지되었으나 해약환급금이 지급되지 않은 경우에 해지된 날로부터 3년 이내에 보험회사가 정한 절차에 따라 계약의 부활을 청구할 수 있고, 보험회사의 승낙이 있으면 부활절차가 완료된다.

23 ③

〈의료비 발생 및 보장구조〉

국민건강보험		
급여		비급여
건강보험공단부담(A)	법정본인부담(B)	본인부담(C)

←─────────────── 국민건강보험 보장 ───────────────→ ←───── 실손보험 보장 ─────→

국민건강보험 급여항목 중 법정본인부담금과 국민건강보험 비급여항목인 법정비급여를 대상으로 한다.

24 ②

가. 사망, 후유장해에 대해서는 다른 손해보험에서 적용되는 실손보상원칙이 적용되지 않고 정액방식으로 보상한다.
라. 실손의료보험은 자기부담금과 함께 연간 보상금액 한도가 존재하므로 피보험자가 지출한 담보대상 의료비 전부를 보장하지는 않는다.

25 ③

• 일상생활장해상태 : 재해 또는 질병으로 특별한 보조기구(휠체어, 목발, 의수, 의족 등)를 사용하여도 생명유지에 필요한 기본 동작들을 스스로 할 수 없는 상태로서, 이동 동작을 다른 사람의 도움 없이는 할 수 없는 상태로 음식물 섭취, 화장실 사용하기, 목욕하기, 옷 입고 벗기 중 어느 하나라도 스스로 할 수 없는 상태를 말한다.
• 중증치매상태 : 치매라 함은 정상적으로 성숙한 뇌가 질병이나 외상 후 기질성 손상으로 파괴되어 한번 획득한 지적기능이 지속적 또는 전반적으로 저하되는 경우를 말한다. 치매 장해 평가는 임상적인 증상뿐 아니라 뇌 영상검사(CT 및 MRI, SPECT 등)를 기초로 진단돼야 하며, 중증치매상태는 재해나 질병으로 전문의에 의해 인지기능의 장애척도(CDR : Clinical Dementia Rating) 검사결과가 3점 이상인 상태를 말한다.
• 일반적으로 일상생활장해보장의 경우 면책기간을 90일로 설정하고 있으며 중증치매보장의 경우 면책기간을 2년으로 두고 있다. 다만, 재해로 인하여 일상생활장해상태가 되거나 중증치매상태가 되는 경우에는 면책기간 중에도 보장을 하고 있다.

26 ①

• 요율조정 $= \dfrac{\text{실제손해율} - \text{예정손해율}}{\text{예정손해율}} = \dfrac{50\% - 40\%}{40\%} = 25\%$

• 실제손해율이 예정손해율을 초과함에 따라 25% 요율인상이 발생하였다. 따라서 기존 요율을 25% 상향 조정하게 된다.

27 ①

〈보험가입금액별 지급보험금〉

계약내용		지급보험금	
		일부손해	전부손해
전부보험	보험가입금액 = 보험가액(100%)	손해액 전액	손해액 전액
일부보험	보험가입금액이 보험가액의 80% 이상 100% 미만	손해액 전액(보험가입금액 한도)	보험가입금액
	보험가입금액이 보험가액의 80% 미만	비례보상	보험가입금액
초과보험	보험가입금액 > 보험가액	손해액 전액(보험가액 한도)	손해액 전액(보험가액 한도)

28 ③

① 화재보험 보통약관에서 직접손해, 소방손해, 피난손해 등 재산손해와 잔존물 제거비용, 손해방지비용, 대위권보전비용, 잔존물보전비용, 기타 협력비용 등 비용손해를 보상한다.

② 자동담보물건은 다른 약정이 없어도 보험의 목적에 포함되는 것으로 건물의 경우 다음과 같다.

> • 건물의 부속물 : 피보험자 소유인 칸막이, 대문, 담, 곳간 등
> • 건물의 부착물 : 피보험자 소유인 간판, 네온사인, 안테나, 선전탑 등

골동품은 명기물건으로 보험가입증서(보험증권)에 기재하여야 보험의 목적이 된다. 통화, 유가증권, 인지, 우표, 귀금속, 귀중품(무게나 부피가 휴대할 수 있으며, 점당 300만원 이상), 보석, 서화, 골동품, 조각물, 원고, 설계서, 도안, 물건의 원본, 모형, 증서, 장부, 금형(쇠틀), 목형(나무틀), 소프트웨어 등이 있고, 실외 및 옥외에 쌓아 둔 동산이 해당된다.

④ 자동차손해배상보장법에 의하여 자동차를 보유한 사람이 의무적으로 가입해야 하는 자동차보험은 대인배상Ⅰ과 대물배상(보상한도 2천만원)이다.

29 ④

모두 적절한 설명이다.

30 ①

나. 대인배상Ⅰ은 자동차손해배상보장법에 의한 손해배상책임에 한하여 보상하며 사망과 후유장해의 경우 최고 1억 5천만원, 부상인 경우 최고 3천만원 한도 내보상하며, 대인배상Ⅰ에서의 보상한도가 초과되는 경우에는 대인배상Ⅱ에서 그 초과되는 금액을 보험가입금액 한도로 보상한다(무한으로 가입한 경우에는 한도 없이 보상).

라. 자기차량손해(자차)에 대한 설명이다. 대물배상은 피보험자가 피보험자동차를 소유, 사용, 관리하는 동안에 생긴 피보험자동차의 사고로 인하여 타인의 재물을 없애거나 훼손한 때에 법률상 손해배상책임을 짐으로써 입은 손해를 보상한다.

투자설계

31 ①

① 개인은 변동성보다는 손실이 발생할 가능성을 위험으로 인식하는 경향이 있다.

32 ③

③ 자본시장법에 따르면, 최대 원금손실 가능 금액이 원금의 120%를 초과하는 파생상품이나 파생결합증권 그리고 위험평가액이 자산총액의 20%를 초과하는 파생상품펀드 등은 고난도금융투자상품으로 분류된다.

33 ②

- GDP디플레이터 $= \dfrac{\text{명목 GDP}}{\text{실질 GDP}} \times 100 = \dfrac{55,000}{29,500} \times 100 = 186.44$

- 경제성장률 $= \dfrac{\text{금년도 실질 GDP} - \text{전년도 실질 GDP}}{\text{전년도 실질 GDP}} \times 100 = \dfrac{29,500 - 23,000}{23,000} \times 100 = 28.26\%$

34 ②

- 국민소득 3면 등가의 원칙 : 생산국민소득 = 지출국민소득 = 분배국민소득
- 지출국민소득 = 소비 + 투자 + 정부지출 + 순수출
- 가계소비 = 생산국민소득 12.49조 − 국내투자 8.75조 − 정부지출 2.36조 + 순수출 0.72조 = 2.1조

35 ②

- 경제활동인구 = 취업자 + 실업자 = 2,870만명 + 68만명 = 2,938만명

- 실업률 $= \dfrac{\text{실업자}}{\text{경제활동인구}} \times 100 = \dfrac{68만명}{2,938만명} \times 100 = 2.31\%$

- 생산연령인구(만 15세 이상 인구) = 경제활동인구 + 비경제활동인구 = 2,938만명 + 1,610만명 = 4,548만명

- 경제활동참가율 $= \dfrac{\text{경제활동인구}}{\text{생산연령인구(만 15세 이상 인구)}} \times 100 = \dfrac{2,938만명}{4,548만명} \times 100 = 64.6\%$

36 ④

가. 자금 수요량이 공급량을 초과하여 초과수요가 발생하면 금리는 초과수요가 해소될 때까지 상승한다. 반대로 현재 금리가 시장금리보다 높아서 자금의 공급량이 수요량을 초과한다면 금리는 자금의 초과공급이 해소될 때까지 하락한다.

나. 경기가 호전될 것으로 예상되면 기업은 투자를 증가시키기 위해 자금차입을 증가시킨다. 자금차입이 증가한다는 것은 자금수요곡선이 우측으로 이동한다는 것을 의미하고 현 시장금리 수준에서는 자금의 초과수요가 발생하여 시장금리는 상승한다. 반대로 경기가 침체될 것으로 예상되면 기업은 투자를 축소하므로 자금수요곡선이 좌측으로 이동하게 되고 이에 따라 시장금리는 하락한다.

37 ④

가. 근원물가지수
나. 생산자물가지수

38 ②

- 요구수익률 = 명목무위험이자율 + 위험보상률
- A주식 요구수익률 = 5.0% + 2.45% = 7.45% > 기대수익률 5.5% → 고평가상태
- B주식 요구수익률 = 5.0% + 3.5% = 8.5% < 기대수익률 9.5% → 저평가상태
- C주식 요구수익률 = 5.0% + 4.55% = 9.55% > 기대수익률 8.57% → 고평가상태
- D주식 요구수익률 = 5.0% + 5.25% = 10.25% > 기대수익률 9.0% → 고평가상태

39 ②

- A주식의 평균 ±2σ가 0%~20%이므로 미래의 수익률이 평균 ±2σ안에 있을 확률은 95.45%이고, 해당 범위를 벗어날 확률은 4.55%이다.
- 정규분포 형태이므로 0% 이하일 확률과 20% 이상일 확률은 각각 2.28%이다.

40 ④

- 상관계수(A, B) $= \dfrac{COV}{\sigma A \times \sigma B} = \dfrac{-0.35\%}{4.04\% \times 11.93\%} = -0.7262$

41 ①

② 무상증자는 자본금을 늘리기 위해 기업 내부의 잉여금을 자본금으로 바꾸기 위해서 활용하는 방법이다. 이를 위해서 이사회의 결의로 준비금 또는 자산재평가적립금 등을 자본에 전입하고 전입액만큼 발행한 신주를 기존 주주에게 소유 주식 수에 비례하여 무상으로 교부하기 때문에 무상증자라고 부른다. 무상증자 후 기업과 주주의 실질재산에는 변동이 없다.

③ 주식병합에 대한 설명이다. 주식분할은 보다 많은 투자자들에게 그 기업의 주식을 매수할 수 있게 하기 위해 주식의 시장가격을 낮추고자 할 때 발생한다.

④ 방어주(비순환주)에 대한 설명이다. 경기순환주는 경기가 호황일 때에는 매출과 이익이 급증하여 주가가 큰 폭으로 상승하지만, 경기가 침체국면으로 진입하면 실적이 악화되면서 주가도 하락하는 주식을 말한다. 일반적으로 경기에 따라 수요의 변화가 심한 자동차산업, 반도체산업, 철강, 조선업 및 건설업종의 주식이 경기순환주로 분류된다.

42 ②

- 배당성향 : $\dfrac{\text{주당배당금(DPS)}}{\text{주당순이익(EPS)}} = \dfrac{500원}{5,000원} = 10\%$

- 배당수익률 : $\dfrac{\text{주당배당금(DPS)}}{\text{현재주가}} = \dfrac{500원}{40,000원} = 1.25\%$

- 배당률 : $\dfrac{\text{주당배당금(DPS)}}{\text{주당액면금액}} = \dfrac{500원}{2,000원} = 25\%$

43 ④

① ㈜토마토전자 주식의 PER : $\dfrac{\text{주가}}{\text{주당순이익(EPS)}} = \dfrac{10,000원}{1,000원} = 10배$

② 동일 산업 평균 PER로 산출한 적정주가 : 1,000×8배=8,000원
  - 현재 거래되는 시장가격이 10,000이면 동일 산업의 평균 PER로 산출한 적정주가 8,000원보다 2,000원 과대평가되어 있다.

③ 시장 전체의 평균 PER로 산출한 적정주가 : 1,000×12배=12,000원
  - 현재 거래되는 시장가격이 10,000이면 시장 전체의 평균 PER로 산출한 적정주가 12,000원보다 2,000원 과소평가되어 있다.

④ (8,000+12,000+10,000)÷3=10,000원

44 ③

- 시가총액 변화율 $= \dfrac{393,000,000}{370,000,000} - 1 = 6.22\%$

- 기준시점의 주가지수를 100으로 한다면 평가시점의 주가지수는 106.22임

45 ③

- 채권가격과 채권수익률(매매수익률)은 서로 반대방향으로 움직인다. 채권가격은 미래의 현금흐름을 채권수익률로 할인하여 구하기 때문이다. 즉, 채권수익률이 상승하면 채권가격은 하락하고 채권수익률이 하락하면 채권가격은 상승한다.

- 채권수익률은 원점에 대해서 볼록한 모습을 보이는데 이는 채권수익률 하락에 따른 가격상승과 채권수익률 상승에 따른 가격 하락이 비대칭적이라는 것을 의미한다.

46 ④

① 일반적으로 채권은 거래단위가 크고 금리에 민감하게 수익률이 계산되므로 베이시스포인트(bp)로 표시하는데 1bp는 1/100%(0.01%)를 의미한다. 따라서 100bp는 1%와 같다.

② 할인채와 복리채에 대한 설명이다. 이표채는 채권을 실물로 발행할 때, 채권의 권면에 이표가 붙어 있고 이자지급일에 이표와 이자를 교환했기 때문에 붙여진 이름이다. 이표채는 정해진 주기로 이자를 지급하며 만기에 원금을 상환받는 채권이다.

③ 할인채는 만기에 액면을 상환하고 매매 시에 할인하여 거래하는 채권이다. 가령 액면이 10,000원이고 만기가 2년인 할인채를 매매수익률 5%로 매수하면 가격은 $\frac{10,000}{(1+0.05)^2} = 9,070.29$원이다.

47 ①

다. 전환권을 행사하면 채권이 소멸한다.

라. 전환권을 행사하면 해당 기업은 부채감소와 자본증가의 재무상태 변화가 나타난다.

48 ④

옵션부채권의 관점으로 보았을 때, 채권 발행자는 발행 이후 금리가 하락할 것이라고 예상되면 수의상환채권을 발행하는 것이 유리하고(발행 시점보다 낮은 금리로 채권을 재발행할 수 있기 때문에), 채권 투자자는 투자 시점에 향후 금리가 오를 것이라고 예상되면 수의상환청구채권에 투자하는 것이 유리하다(발행 시점보다 높은 금리로 재투자할 수 있기 때문에).

49 ③

• 선물환율 = 현물환율 × $\left(\frac{1+국내금리}{1+해외금리}\right)$ = 1,300 × $\left(\frac{1+0.03}{1+0.01}\right)$ = 1,325.74원

50 ③

가. 활동성 비율에 해당한다.

나. 레버리지 비율에 해당한다.

51 ②

다. 추세분석은 주가의 동적인 움직임을 관찰하여 추세의 방향을 예측하지만, 패턴분석은 정적으로 패턴을 지정해 놓고 전환시점을 파악한다.

라. 시장구조이론에 대한 설명이다. 지표분석의 기법으로는 추세추종형 지표(MACD, MAO), 추세반전형 지표(스토캐스틱, RSI), 거래량 지표(OBV, VR)가 있다.

52 ④

〈국내펀드의 가입 및 환매 일정〉

구분	주식형펀드(주식혼합형펀드 포함)		채권형펀드(채권혼합형펀드 포함)	
	마감시간	기준가 적용일	마감시간	기준가 적용일
가입	15:30분	1영업일 후	17:00시	1영업일 후
환매	15:30분	1영업일 후 (3영업일 후 환매금 수령)	17:00시	2영업일 후 (환매금은 채권형은 2영업일 후 채권혼합형은 3영업일 후 수령)

53 ②

① 베타계수가 1보다 크면 시장이 상승할 경우에는 시장보다 높은 수익률을 얻을 수 있지만 하락할 경우에는 시장보다 낮은 수익률을 얻을 수도 있다. 따라서 주식시장이 상승할 것이라고 판단되면 베타계수가 1보다 높은 고베타 주식을, 하락할 것이라고 예상되면 베타계수가 1보다 낮은 저베타 주식을 선택하는 것이 투자의 방법이 될 수 있다.

③ 금리민감도(듀레이션)를 기준으로 장기일수록, 신용도를 기준으로 하로 분류될수록 투자위험이 커진다.

④ 펀드는 환매 요청 후 환매자금을 현금으로 수령한 이후에 재투자할 수 있지만, ETF는 주식시장에서 횟수에 제한 없이 실시간으로 매매할 수 있다. ETF는 펀드와 비교하여 운용보수가 낮고 판매보수나 수수료가 없어서 보수비용이 저렴하다. 단, ETF를 시장에서 매매할 때 주식처럼 매매수수료가 발생한다.

54 ①

가. CBO

나. CLO

55 ③

가. 증거금은 선물거래를 위해서 중개회사에 예치하여야 하는 금액으로서 선물계약의 매수자뿐만 아니라 매도자도 예치하여야 한다.

나. 선물매수자의 손익 = (만기일의 현물가격 − 매수가격) × 선물거래승수 × 선물계약수 = (204 − 202) × 250천원 × 5계약 = +2,500천원

다. 선물매도자의 손익 = (매도가격 − 만기일의 현물가격) × 선물거래승수 × 선물계약수 = (202 − 204) × 250천원 × 1계약 = (−)500천원

56 ④

외가격(OTM)옵션은 권리행사를 하면 옵션매수자에게 손실이 발생하는 옵션을 말한다. 콜옵션에서는 기초자산가격보다 높은 권리행사가격의 종목을 말하고, 풋옵션에서는 기초자산가격보다 낮은 권리행사가격의 종목을 말한다.

57 ④

풋옵션을 매도할 경우 기초자산의 가격이 상승하면 수익을 얻지만, 반대로 하락하면 기초자산 가격의 하락에 비례하여 손실이 증가한다. 기초자산 가격이 행사가격 밑으로 하락하면 풋옵션매수자가 풋옵션의 권리를 행사할 것이고 이 경우 풋옵션매도자는 만기일의 기초자산 가격보다 더 높은 행사가격으로 기초자산을 매수해야 하기 때문이다. 풋옵션을 매도하는 경우 만기 시점의 손익분기점은 기초자산 가격이 '행사가격 − 옵션프리미엄' 과 같아지는 점에서 발생한다.

58 ③

- 콜옵션매수자의 만기 시점 손익분기점 : 행사가격 + 옵션프리미엄 = 350 + 2 = 352pt
- 풋옵션매도자의 만기 시점 손익분기점 : 행사가격 − 옵션프리미엄 = 350 − 2 = 348pt

59 ③

- 선물계약수 = $\dfrac{5,000,000천원}{(200 \times 250천원)} \times 1.5 = 150계약$

60 ①

가. 주식롱숏전략에 대한 설명이다.

나. 글로벌매크로전략에 대한 설명이다.

세금설계

61 ④

세법에 정하는 과세요건의 충족에 의하여 이미 성립 또는 확정된 납세의무는 소멸할 수 있다. 그 소멸의 원인은 납부, 충당, 부과처분의 취소, 조세부과제척기간의 만료, 조세징수권의 소멸시효 완성과 같이 구분할 수 있다.

62 ③

① 이의신청을 한 경우에는 감사원 심사청구는 제기할 수 없으며, 국세청에 심사청구를 하거나 조세심판원에 심판청구를 제기할 수 있다.
② 불복청구인은 이의신청절차를 거치지 않고 국세청에 심사청구를 제기하거나, 조세심판원의 심판청구 또는 감사원에 심사청구를 제기할 수 있다.
④ 국세행정심판전치주의는 법령에 의하여 위법 · 부당한 행정행위에 대한 행정심판이 인정되고 있는 경우에는 그 행정심판의 재결을 거칠 것을 행정소송의 제기 요건으로 하는 제도이다. 이 경우 행정심판이란 이의신청 · 심사청구 · 심판청구 등 명칭 여하를 불문하고 일체의 불복신청을 말하나, 행정소송을 제기함에 있어서 행정심판을 먼저 거치도록 하는 것은 행정관청으로 하여금 그 행정처분을 다시 검토하게 하여 시정할 수 있는 기회를 줌으로써 행정권의 자주성을 존중하고 아울러 소송사건의 폭주를 피함으로써 법원의 부담을 줄이고, 납세자의 권리를 신속하게 구제하고자 하는 데 그 취지가 있다.

63 ③

③ 근로소득이 있는 자와 성실사업자에 해당하는 경우 본인 및 기본공제대상자가 지출한 보장성보험료(성실사업자 제외), 의료비 및 교육비로 지출한 금액에 대하여 일정 비율을 산출세액에서 한도를 두어 공제한다. 단, 의료비의 경우 실손의료보험금으로 보전받은 금액은 공제대상에서 제외된다.

64 ②

〈소득세의 과세기간과 신고 및 납부기한〉

구분	과세기간	신고 및 납부기한
원칙	① 1월 1일~12월 31일 ② 사업자의 경우 사업장을 신규로 개업하거나 폐업을 하는 경우에도 과세기간에 영향을 받지 않는다.	① 다음 연도 5월 1일~31일 ② 성실사업자에 해당하는 경우에는 다음 연도 5월 1일~6월 30일
사망한 경우	1월 1일~사망한 날	상속개시일이 속하는 달의 말일부터 6개월이 되는 날
출국하는 경우	1월 1일~출국한 날	출국일 전일

• 원천징수하지 않은 금융소득(국외금융소득 포함), 출자공동사업자의 배당소득은 무조건 종합과세대상이므로 금액에 관계없이 종합과세신고를 해야 한다.

65 ③

〈종합소득금액 구성〉

구분	소득금액 산출방법
이자소득금액	총수입금액(세법상 인정되는 필요경비 없음)
배당소득금액	총수입금액 + Gross - up금액(세법상 인정되는 필요경비 없음)
사업소득금액	총수입금액 - 필요경비
근로소득금액	총수입금액(급여액) - 근로소득공제(근로소득공제로 필요경비를 대체함)
연금소득금액	총수입금액(연금액) - 연금소득공제(연금소득공제로 필요경비를 대체함)
기타소득금액	총수입금액 - 필요경비

④ 각 공동사업자의 소득금액은 공동사업장을 1거주자로 보아 그 사업장의 총수입금액에서 필요경비를 차감하여 계산한 그 공동사업자의 소득금액을 각 사업자가 약정된 손익분배비율에 따라 공동사업자별로 분배한 다음 각 공동사업자가 자신에게 분배된 소득금액을 자신의 종합소득에 합산한다. 다만, 조세회피목적 등으로 공동사업을 영위하는 경우에는 특수관계인의 소득금액을 주된 공동사업자의 소득으로 합산한다.

66 ③

- 소득세 환급금, 전년도부터 이월된 소득금액, 부가가치세 매출세액 등은 총수입금액에 산입하지 않는다.
- 사업소득금액의 계산에 있어서 필요경비에 산입할 금액은 당해 연도의 총수입금액에 대응하는 비용으로서 일반적으로 용인되는 통상적인 것의 합계액으로 한다.
- 소득세, 가산세, 벌금, 과태료, 업무무관경비, 가사 관련 경비, 접대비(2024.1.1. 이후 기업업무추진비) 한도초과액 등은 필요경비에 산입하지 않는다. 또한 법인사업자의 대표이사 급여는 법인의 손금으로 인정되지만, 개인사업자인 경우 본인에 대한 급여는 필요경비로 인정받지 못한다.

67 ④

- 일반 부동산임대업에서 발생한 결손금은 다른 소득금액에서 공제하지 않고 다음 과세기간으로 이월하여 일반 부동산임대소득에서만 공제한다. 따라서 올해 사업소득금액은 3억원이 된다.

68 ②

〈간주임대료 계산방법〉

구분	기장에 의한 경우	추계에 의한 경우
일반적인 부동산	(보증금 등 적수 − 건설비 적수)×정기예금이자율×1/365(윤년은 366) − 임대사업부분에서 발생한 금융수익	보증금 등 적수×정기예금이자율×1/365(윤년은 366)
주택	(보증금 등 − 3억원)의 적수×60%×정기예금이자율×1/365(윤년은 366) − 임대사업부분에서 발생한 금융수익	(보증금 등 − 3억원)의 적수×60%×정기예금이자율×1/365(윤년은 366)

- 간주임대료 : 200,000천원×3.5%＝7,000천원

69 ①

- 종업원이 받는 공로금 · 위로금 · 개업축하금 · 학자금 · 장학금(종업원의 수학 중인 자녀가 사용자로부터 받는 학자금 · 장학금 포함) 기타 이와 유사한 성질의 급여는 소득세법 시행령을 통하여 근로소득으로 열거하여 규정하고 있다.
- 업무와 관련된 교육 또는 훈련을 위하여 회사의 지급기준에 따라 지급된 학자금(다만, 교육 또는 훈련기간이 6개월 이상인 경우 해당 교육기관을 초과하여 근무하지 않는 때에는 반납하는 조건으로 지급받을 것)은 비과세 근로소득으로 소득세를 부과하지 않는다.

70 ③

배우자공제는 배우자의 연간 소득금액이 100만원(근로소득만 있는 경우에는 총급여 500만원) 이하여야 한다.

71 ②

① 직계존속은 60세 이상이어야 기본공제대상자가 될 수 있다.
③ 기본공제에 해당하는 자가 70세 이상인 경우 경로우대공제로 인당 100만원의 추가공제를 적용받을 수 있다.
④ 해당 거주자가 부녀자공제와 한부모공제 모두에 해당하는 경우에는 한부모공제만 적용한다.

72 ①

- 종합소득금액 : 사업소득금액 60,000 + 근로소득금액 25,000＝85,000천원
- 종합소득 과세표준 : 종합소득금액 85,000 − 종합소득공제 10,000＝75,000천원
- 종합소득 산출세액 : 종합소득 과세표준×기본세율
    − 소득세법상 산식을 적용하는 방법 : 6,240 + (75,000 − 50,000)×24%＝12,240천원
    − 누진공제방식을 적용하는 방법 : 75,000×24% − 5,760＝12,240천원

73 ②

종합소득세 자진납부세액＝종합소득 결정세액 − 기납부세액＝40 − 66＝ − 26만원

74 ④

① 〈사업자의 구분〉

유형	구분 기준	납부세액 계산구조
일반과세자	개인사업자와 법인사업자	매출세액 − 매입세액
간이과세자	직전 연도 공급대가의 합계액이 8,000만원(2024년 7월 이후 1억 4백만원)에 미달하는 개인사업자	공급대가×부가가치율×10% − 매입액(공급대가의 0.5%)

② 간이과세자의 과세기간에 대한 설명이다. 일반과세자의 과세기간은 1년 중 전반기 6개월(1월 1일~6월 30일)을 1기, 후반기 6개월(7월 1일~12월 31일)을 2기로 구분한다.

③ 부가가치세법의 과세대상은 재화 · 용역의 공급 및 재화의 수입이다.

75 ④

• 나머지는 모두 소득세법에서 규정하고 있는 과세대상 이자소득이다.

76 ③

① 금융소득은 비과세, 무조건 분리과세, 무조건 종합과세 그리고 조건부 종합과세의 4가지로 구분할 수 있다. 비과세 금융소득은 과세대상이 아니므로 소득세의 신고 및 납부의무가 없다. 무조건 분리과세 금융소득은 금융소득의 크기와 관계없이 해당 금융소득을 지급할 때 원천징수하기 때문에 해당 금융소득에 대한 납세의무가 종결된다. 따라서 금융소득 종합과세는 무조건 종합과세와 조건부 종합과세로 나눠진다.

② 비과세 · 분리과세하는 금융소득을 제외한 금융소득의 연간 합계액이 2천만원을 초과하는 경우에는 배당가산액(Gross − up)을 더하여 종합과세된다.

④ 종합소득 산출세액은 종합과세방식으로 산출한 금액과 분리과세방식으로 산출한 금액 중에서 큰 금액으로 한다.

77 ①

• 분리과세 : 5,000천원(직장공제회 초과반환금)
• 조건부 종합과세 : 21,000천원(은행이자 10,000 + 내국법인 배당 8,000 + 외국법인 배당 3,000)
• 금융소득과세금액 = 21,000천원
• 14% 세율이 적용되는 2천만원의 구성순서
  ① 은행이자 : 10,000천원
  ② 배당가산 대상이 아닌 배당소득 : 3,000천원(외국법인 배당)
  ③ 배당가산 대상 배당소득 : 1,000천원(20,000 − ① − ② = 7,000천원에 대해서는 배당가산을 하지 않으므로 내국법인 배당 8,000천원 중 7,000천원을 차감한 1,000천원이 배당가산 대상임)
• 배당가산 대상 배당소득액 = 1,000천원
• 배당가산액 = 1,000천원×10% = 100천원

78 ①

② 장기보유특별공제는 토지 및 건물에 한하여 3년 이상 보유 시 적용된다. 주식 등에 대해서는 장기보유특별공제를 적용하지 않으므로 양도차익과 양도소득금액이 동일하다.

③ 양도소득 기본공제는 부동산, 주식, 파생상품 등에 대해 각각 별개로 연간 250만원을 공제한다.

④ 주식양도소득에 대한 예정신고는 양도일이 속하는 반기의 말일부터 2개월 내에 하여야 한다.

79 ④

① 상장주식 등을 장내에서 거래하는 경우에는 한국예탁결제원이 매월분의 증권거래세를 다음 달 10일까지 신고·납부하고 있어 별도로 신고할 필요가 없다. 한편, 한국예탁결제원과 금융투자업자(증권사)가 거래징수하지 않은 상장·비상장주식의 장외거래에 대하여는 양도일이 속하는 반기의 말일부터 2개월 이내에 신고·납부하여야 한다.

② 증권시장과 한국금융투자협회를 통한 장외거래(K-OTC시장)에서 매매하는 경우에는 한국예탁결제원이 증권거래세의 납세의무자가 된다. 금융투자업자를 통하여 양도할 때에는 금융투자업자가 증권거래세를 납부하여야 한다. 그 외에는 매도자가 증권거래세의 납세의무를 진다.

③ 증권거래세 과세표준은 주권의 양도가액이다. 주식 양도 시 양도차손이 발생한 경우에도 증권거래세 납세의무가 있다.

80 ③

① 집합투자기구에 대해서는 법인세가 과세되지 않으므로 집합투자기구로부터의 이익에 대해서는 이중과세를 조정하기 위한 Gross-up을 하지 않는다.

② 법인과 달리 개인의 주식양도차익은 비상장주식의 양도와 상장주식 중 대주주의 보유주식 양도 등에 제한되어 과세한다. 즉 소액주주의 장내 상장주식 양도차익에 대해서는 과세하지 않지만, 대주주의 장내 상장주식 양도차익은 과세대상이며, 상장주식의 장외거래에 대하여는 소액주주 및 대주주 모두 과세한다.

④ 적격집합투자기구에 해당하는 경우, 집합투자기구에서 발생한 소득이 투자자에게 이전될 때 그 소득은 배당소득으로 구분한다. 즉, 적격집합투자증권의 환매·양도소득금액과 적격집합투자기구로부터 분배금은 그 원천과 관계없이 모두 배당소득세를 과세한다. 다만, 적격투자기구로부터의 이익 중 국내 증권시장 상장증권(채권 및 수익증권 등은 제외) 등에 해당하는 증권 또는 파생상품의 매매나 평가로 인하여 발생한 손익은 과세대상 소득에서 제외한다.

81 ④

• 취득이란 매매, 교환, 상속, 증여, 기부, 법인에 대한 현물출자, 건축, 개수, 공유수면의 매립, 간척에 의한 토지의 조성 등과 그 밖에 이와 유사한 취득으로서 원시취득, 승계취득 또는 유상·무상의 모든 취득을 말하며, 취득세란 일정한 자산의 취득에 대하여 그 취득자에게 부과하는 지방세를 말한다.

• 유상승계취득 : 매매, 교환, 현물출자, 공매, 경매, 수용 등에 의하여 대가를 지불하고 취득하는 유형

• 무상승계취득 : 상속, 증여, 기부 등으로 부동산이나 권리의 대가를 지불하지 아니하고 취득하는 유형

• 원시취득 : 건물의 신축·증축·재축·개수 등, 공유수면매립 및 간척에 의한 토지의 조성 등

• 간주취득 : 선박, 차량과 기계장비의 종류를 변경함으로써 그 가액이 증가한 경우, 토지의 지목을 사실상 변경함으로써 그 가액이 증가한 경우, 법인의 주식 또는 지분을 취득함으로써 과점주주가 되었을 때

82 ①

종합부동산세 과세기준일은 재산세 과세기준일과 동일한 매년 6월 1일이다.

83 ①

〈재산세 납기〉

구분	납부기한
토지	매년 9월 16일부터 9월 30일까지
주택	해당 연도에 부과·징수할 세액의 1/2을 매년 7월 16일부터 7월 31일, 매년 9월 16일부터 9월 30일까지(다만, 해당 연도에 부과할 세액이 20만원 이하인 경우에는 납부기한을 7월 16일부터 7월 31일까지로 하여 한 번에 부과·징수)
건축물	매년 7월 16일부터 7월 31일까지

84 ①

나. 주식 및 파생상품 등을 제외한 양도소득세 과세대상 자산은 토지·건물, 부동산에 관한 권리, 기타자산으로 구분한다. 부동산에 관한 권리란 부동산을 취득할 수 있는 권리, 지상권, 전세권 및 등기된 부동산임차권을 말한다.

다. 장기보유특별공제는 토지 및 건물에 한하여 3년 이상 보유 시 적용된다.

85 ②

양도차익 = 양도가액(20억원) − 취득가액(12억원) − 기타 필요경비(2억원) = 6억원

86 ③

① 2년 이상 보유할 것(취득 당시 조정대상지역 주택은 2년 이상 보유 및 거주)
② 1세대란 거주자 및 그 배우자(법률상 이혼을 하였으나 생계를 같이 하는 등 사실상 이혼한 것으로 보기 어려운 경우 포함)가 그들과 동일한 주소 또는 거소에서 생계를 같이하는 자(거주자 및 그 배우자의 직계존비속(그 배우자를 포함) 및 형제자매를 말하며 취학, 질병의 요양, 근무상 또는 사업상의 형편으로 본래의 주소 또는 거소에서 일시 퇴거한 사람을 포함)와 함께 구성하는 가족단위를 말한다.
④ 1세대 1주택 비과세 요건을 구비하고 있다고 하더라도 양도 당시의 실지거래가액이 12억원을 초과하는 경우에는 양도소득세 비과세대상에서 제외되는데, 고가주택(겸용주택 등의 경우 주택 외의 부분은 주택으로 보지 않음) 양도차익과 장기보유특별공제액을 일정한 산식에 의하여 계산함으로써 양도가액 중 12억원을 초과하는 부분은 양도소득세가 과세되도록 하고 있다.

87 ③

가. 퇴직소득세는 근속기간과 금액에 따라 결정된다. 퇴직소득세는 연분연승이라는 독특한 과세체계를 가지고 있기 때문에 동일한 퇴직금이라면 근속연수가 길수록 세부담이 감소한다. 반대로 동일한 근속연수라면 퇴직금이 클수록 세부담이 증가한다.
다. 공적연금소득은 2002.1.1. 이후에 납입한 연금기여금 및 사용자부담금(국가 또는 지방자치단체의 부담금)을 기초로 하거나, 2002.1.1. 이후 근로의 제공을 기초로 하여 받는 연금소득이다. 따라서 공적연금소득은 2001년 이전 분에 대해서는 과세에서 제외된다.

88 ②

〈연금계좌세액공제〉

종합소득금액(총급여액)	연금저축 세액공제 적용 납입액 한도(퇴직연금 포함 통합 한도)	공제율
4,500만원 이하(5,500만원)	연 600만원(연 900만원)	15%
4,500만원 초과(5,500만원)		12%

89 ②

① 원천이 운용수익 및 세액공제받은 자기부담금이라면 연령에 따라 3~5%(지방소득세 포함 3.3~5.5%)의 세율로 원천징수하되 사적연금 분리과세 한도인 1,500만원 이하이면 분리과세(3~5%)를 선택할 수 있다. 그 외 소득을 원천으로 연금수령할 때 1,500만원 초과 시에도 종합과세와 분리과세(15%) 중에서 선택할 수 있다.
③ 종류를 불문하고 운용수익에 대해서 과세한다. 단, 인출할 때까지는 과세를 이연하였다가 인출하는 시점에 과세한다.
④ 연금계좌에서 인출할 때 소득세법에서는 과세제외금액 → 이연퇴직소득 → 그 외 소득(운용수익 및 소득·세액공제받은 자기부담금)의 순서대로 인출하였다고 본다.

90 ①

② 배우자가 연금계좌를 승계하는 경우에는 승계한 날에 상속인이 연금계좌에 가입한 것으로 본다.
③ 연금계좌를 승계하려는 상속인(배우자)은 피상속인이 사망한 날이 속하는 달의 말일부터 6개월 이내에 연금계좌취급자에게 승계신청을 하여야 한다. 이 경우 상속인은 피상속인이 사망한 날부터 연금계좌를 승계한 것으로 본다.
④ 승계신청을 받은 연금계좌취급자는 사망일부터 승계신청일까지 인출된 금액에 대하여 이를 피상속인이 인출한 소득으로 보아 세액을 정산하여야 한다.

MEMO

토마토패스 친절한 홍교수 합격비기
AFPK® 모의고사문제집
———

초 판 발 행	2017년 06월 15일	
개정9판1쇄	2025년 06월 20일	
저 자	홍영진	
발 행 인	정용수	
발 행 처	(주)예문아카이브	
주 소	서울시 마포구 동교로 18길 10 2층	
T E L	02) 2038 – 7597	
F A X	031) 955 – 0660	
등 록 번 호	제2016 – 000240호	
정 가	20,000원	

홈페이지 http://www.yeamoonedu.com

ISBN   979-11-6386-480-6   [13320]